쉽게 배우는

# 인사쟁이
# 노무관리
## 교과서

**경영지원팀 세무 대리인 직원은 반드시 봐야 할 책**

**손원준** 지음

근로계약서
임금명세서

연차휴가
연차수당

포괄임금제
임금계산

연장·휴일
근로수당

합법적인
해고관리

지식만들기

이론과 실무가 만나 새로운 지식을 창조하는 곳

# 머리말

세상의 변화만큼이나 노사관계의 변화도 빠르게 진행되고 있다.

중소기업의 경우 종전의 정, 의리 위주의 노사관계가 상당수 실리 위주의 노사관계로 변해가고 있다.

이와 같은 현상은 좋게 말하면 합리화의 현상이요. 나쁘게 말하면 경제적 실리에 따른 물질만능주의 중심의 사회적 현상의 반영이기도 하다.

따라서 이제 아무리 작은 회사라고 해도 사업주는 철저히 노동법을 지켜야만 경영 리스크를 최소화할 수 있으며, 분쟁에 사전 대비할 수 있다. 즉 현재는 인사담당자뿐만 아니라 중소기업의 경리실무자도 업무를 하는데, 노동법이 필수가 되었다.

근로계약서의 작성에서부터 수당 등 급여계산에 이르기까지 수시로 발생하는 업무로 인해 모르면 직장생활이 힘들 정도에 이르렀다.

이에 본서는 초보자도 이해할 수 있게 최소한의 노동법 지식을 실무 위주로 설명해 줌으로써 근로계약서 및 연봉계약서 작성에서부터 시간외근로수당, 연차휴가, 퇴직금 계산까지 회사에서 필수적으로 발생하는 노무문제와 각종 계산 문제를 더욱 쉽고 신속히 공부할 수 있도록 사례와 공식, 예시를 곁들여 설명하고 있다.

- 채용, 근로계약, 취업규칙과 관련한 노무문제
- 임금, 퇴직금, 상여금, 수당, 임금체불과 관련한 노무문제
- 근로시간과 휴게와 관련한 노무문제
- 휴일과 휴가와 관련한 노무문제
- 근로계약의 종료와 이전과 관련한 노무문제
- 포괄임금과 관련해 발생하는 임금계산과 명세서 작성 문제
- 위의 모든 내용을 사례와 함께 공식화해 이해와 암기가 쉽게 서술하였다.

우리 회사는 각종 수당과 퇴직금을 급여에 포함해서 지급하는데, 문제가 없는지?

직원 입사 시 구두로 근로계약을 했는데 퇴사 후 해당 직원이 고발한 경우 임금이나 퇴직금을 지급해야 하는지?

저 인간이 매일 지각하고 결근을 밥 먹듯이 해서 자르고 싶은데 그냥 내 마음대로 잘라도 되는지?

1년 일한 직원에게 연차휴가를 줘야 한다고 하는데 계산은 어떻게 해야 하는지?

아르바이트 주휴수당을 지급해야 하는데 주휴수당은 어떻게 계산해야 하는지?

등등 사장과 직원 간에 자주 발생하는 사례를 법률적 근거에 따라 명쾌히 해설하고자 한 책이다.

본서를 읽는 많은 독자 분들에게 조금이나마 도움이 되는 책이 되기를 바라고, 댁내에 항상 즐거운 일만 생기시기를 기원합니다.

손원준 올림

# 제목 차례

**제1장** 근로기준법의 기본원리와 적용대상

제4장 임금 · 급여 관리와 퇴직금

제1장

근로기준법의 기본원리와
적용대상

# 01 근로기준법의 기본원리

## 근로기준법의 의의

근로기준법과 이 법에 따른 대통령령은 국가, 특별시·광역시·도, 시·군·구, 읍·면·동, 그 밖에 이에 준하는 것에 대해서도 적용된다(근로기준법 제12조).

일반적으로 근로조건이란 임금, 근로시간, 취업 장소와 종사업무, 법 제96조(단체협약의 준수)의 규정 사항 등을 의미한다. 단, 채용은 근로기준법에서 말하는 근로조건에서 제외된다(근로기준법 제1조).

근로기준법에서 정하는 근로조건은 최저기준이므로 근로관계 당사자는 이 기준을 이유로 근로조건을 낮출 수 없다(근로기준법 제3조). 여기서 이 기준을 이유로 근로조건을 저하시킬 수 없다는 의미는 근로기준법의 기준이 그렇게 정하고 있다는 이유로 근로조건을 저하시켜서는 안된다는 의미이다. 따라서 사회경제적 상황 변화나 경제여건의 변화, 직무재설계, 사업악화에 따른 노사합의에 의한 근로조건의 저하 등 다른 이유로 인한 근로조건의 저하는 가능하다는 것을 의미한다.

근로조건은 근로자와 사용자가 동등한 지위에서 자유의사에 따라 결정해야 한다(근로기준법 제4조).

# 근로기준법의 기본원칙

## ⇨ 근로자 평등 대우의 원칙

사용자는 근로자에 대해서 남녀의 성(性)을 이유로 차별적 대우를 하지 못하고, 국적·신앙 또는 사회적 신분을 이유로 근로조건에 대한 차별적 처우를 하지 못한다(근로기준법 제6조). 만약 이 규정을 위반해 차별적 처우를 하는 경우는 무효가 되고, 사용자는 500만원 이하의 과태료에 처하게 된다. 여기서 근로조건에 대한 차별은 임금, 교육, 배치, 복리후생, 정년 등에서 성, 국적, 신앙, 사회적 신분만을 이유로 다른 합리적인 이유 없이 차별대우하는 것을 말하며, 특히 성을 이유로 해서는 남녀 고용평등과 일가정 양립지원에 관한 법에서 근로조건 외에 별도로 모집과 채용에 있어서도 남녀의 차별을 금지하고 있으며, 여성의 결혼, 임신, 출산을 이유로 퇴직시키거나 이를 이유로 하는 근로계약을 체결하는 것을 금지하고 있다.

## ⇨ 강제근로의 금지

사용자는 폭행, 협박, 감금, 그 밖에 정신상 또는 신체상의 자유를 부당하게 구속하는 수단으로써 근로자의 자유의사에 어긋나는 근로를 강요하지 못한다(근로기준법 제7조). 만약 이 규정을 위반해 강제근로를 시킬 경우는 5년 이하의 징역 또는 3천만원 이하의 벌금이라는 강력한 처벌규정을 두고 있다.

여기서 금지되는 것은 근로자의 자유의사에 어긋나는 근로를 강요하는 것이므로 그 수단이 폭행, 협박, 감금, 기타 정신상 또는 신체상의 자유의 부당한 구속뿐 아니라 위약금의 예정, 전차금 상계, 강제저축, 사직서 수리 지연 등도 그로 인해 근로자의 자유의사에 반하는 근로를 강요하는 수준에 이른다면 부당한 구속 수단에 해당할 수 있을 것이다.

## ⇨ 폭행의 금지

사용자는 사고의 발생이나 그 밖의 어떠한 이유로도 근로자를 폭행하지 못한다(근로기준법 제8조). 만약 이 규정을 위반하게 되면 5년 이하의 징역 또는 3천만원 이하의 벌금에 처하도록 하고 있다. 즉, 근로자가 고의 또는 과실로 사고를 유발했거나, 기타 질서유지에 위반했거나, 어떤 이유가 있더라도 민·형사상 책임을 물을 수는 있지만, 보복 또는 징계 차원에서 근로자를 폭행해서는 안 된다. 여기서 말하는 폭행에는 직접적인 물리적 유형력뿐만 아니라 수차례의 폭언 반복, 몸수색 등도 해당한다.

## ⇨ 중간 착취의 배제

누구든지 법률에 따르지 않고는 영리로 다른 사람의 취업에 개입하거나 중간 인으로서 이익을 취득하지 못한다(근로기준법 제9조). 위반 시에는 5년 이하의 징역 또는 3천만원 이하의 벌금에 처한다고 규정하고 있다. 즉, 직업안정법이나 파견법 등 다른 법률의 근거가 없이 반드시 직업적이 아니더라도 영리를 목적으로 타인의 취업에 개입하거나, 중간 인으로서 이익을 얻은 자는 누구나 처벌 대상이 된다.

## ⇨ 공민권 행사의 보장

사용자는 근로자가 근로시간 중에 선거권, 그 밖의 공민권(公民權) 행사 또는 공(公)의 직무를 집행하는데, 필요한 시간을 청구하면 거부하지 못한다. 다만, 그 권리 행사나 공(公)의 직무를 수행하는 데에 지장이 없으면 청구한 시간을 변경할 수 있다(근로기준법 제10조). 이 규정을 위반해 근로자의 공민권 행사 청구를 거부하거나, 근로시간 외의 시간으로 변경하는 것은 법 위반이 된다.

그러나 공직선거법, 민방위기본법, 향토예비군설치법 등 다른 법률에 특별히 유급으로 하도록 정한 경우가 아니면, 공민권 행사시간에 대해 무급으로 하는 것은 무방하다.

## 근로자와 사용자의 의무

### ⇨ 근로계약의 준수 및 이행의무

근로자와 사용자는 각자가 단체협약, 취업규칙과 근로계약을 지키고 성실하게 이행할 의무가 있다(근로기준법 제5조).

### ⇨ 보고, 출석의 의무

사용자 또는 근로자는 이 법의 시행에 관해서 고용노동부 장관·노동위원회법에 따른 노동위원회 또는 근로감독관의 요구가 있으면 지체없이 필요한 사항에 대해서 보고하거나 출석해야 한다(근로기준법 제13조).

## ⇨ 법령 요지 등의 게시

사용자는 이 법과 이 법에 따른 대통령령의 요지(要旨)와 취업규칙을 근로자가 자유롭게 열람할 수 있는 장소에 항상 게시하거나 갖추어 두어 근로자에게 널리 알려야 한다.

사용자는 위의 대통령령 중 기숙사에 관한 규정과 제99조 제1항에 따른 기숙사 규칙을 기숙사에 게시하거나 갖추어 두어 기숙(寄宿)하는 근로자에게 널리 알려야 한다.

# 02 근로기준법의 적용 대상과 사업장

## 근로기준법의 적용 대상과 사업장

근로기준법 제1조(목적) 이 법은 헌법에 따라 근로조건의 기준을 정함으로써 근로자의 기본적 생활을 보장, 향상시키며, 균형 있는 국민경제의 발전을 꾀하는 것을 목적으로 한다.

근로기준법 제11조(적용 범위) ① 이 법은 상시 5명 이상의 근로자를 사용하는 모든 사업 또는 사업장에 적용한다. 다만, 동거하는 친족만을 사용하는 사업 또는 사업장과 가사(家事) 사용인에 대해서는, 적용하지 아니한다.

② 상시 4명 이하의 근로자를 사용하는 사업 또는 사업장에 대하여는 대통령령으로 정하는 바에 따라 이 법의 일부 규정을 적용할 수 있다.

③ 이 법을 적용하는 경우 상시 사용하는 근로자 수를 산정하는 방법은 대통령령으로 정한다.

위의 근로기준법 제1조를 보면 "근로자의 기본적 생활을 보장, 향상시키며, 균형 있는 국민경제의 발전을 꾀하는 것을 목적으로 한다"라고 규정하고 있고, 근로기준법 제11조에서는 "근로기준법은 상시 5인 이상의 근로자를 사용하는 모든 사업 또는 사업장에 적용한다"라고 규정하고 있다. 즉 근로기준법은 근로자를 보호하기 위한 법으로 사용자는 그 적용에서 제외하고 있다.

여기서 사용자는 일반적으로 법인의 대표이사 및 임원을 말한다. 다만, 법원은 임원이라고 해도 대표이사의 지휘·감독 아래 노무의 대가로 일정한 보수를 지급받아 왔다면 실제로는 근로기준법에 따른 근로자라고 판시하고 있다.

> **대표이사(임원 포함) 연차휴가 인정여부**
> 정관에 등기임원으로 등재되어 업무대표권 또는 업무집행권을 가지고 주주총회 결의에서 정한 바에 따라 보수가 지급되는 경우 근로기준법상의 근로자에 해당되지 않으므로 근로기준법상 연차휴가 및 연차휴가미사용수당 지급대상에서 제외된다.

또한 상시 5인 이상의 근로자를 사용하는 모든 사업 또는 사업장에 적용하므로 상시 4인 이하의 근로자를 사용하는 사업장은 근로기준법의 혜택을 못 보는 일부 규정(적용 제외)이 있다. 대표적인 규정이 연장근로 등 초과근로 시 가산임금 지급과 연차휴가 규정이다.

> 근로기준법 제2조 제1항 제1호의 '근로자' 라 함은 임금을 목적으로 사용종속관계 하에서 근로를 제공하는 자를 의미하며, 원칙적으로 통상 회사로부터 일정한 사무처리를 위임받아 업무대표권 또는 업무집행권을 가진 이사 등 임원은 근로기준법상의 근로자가 아니라고 본다(근로기준팀-6863, 2007.10.05 질의회시, 근로조건지도과 -88, 2009.01.06 질의회시 등).
> 이사의 업무를 실질적으로 수행하고 출퇴근이 비교적 자유롭고 회사의 경영을 위한 업무(이사회 참석 등)를 한 경우에는 근로자성이 부정(사용자로 봄)되고, 등기이사이나 실제로는 매일 출근하여 대표이사의 지시하에 근로를 제공한 경우는 근로자로 인정될 수 있다.

# 외국기업(외국인 근로자) 및 해외법인의 근로기준법 적용

기본적으로 근로기준법은 속지주의를 원칙으로 한다.

최근 국제적 근로 계약관계가 문제 되는 경우가 많이 발생하는데, 이 경우를 유형화하면 다음과 같다.

| 구 분 | 근로기준법 적용 |
|---|---|
| 외국인과 외국기업이 외국에서 근로계약을 체결한 후 외국인이 한국에서 근로를 제공하는 경우 | 판례는 외국법인과 외국인이 외국에서 근로계약을 체결한 후 외국법인의 한국사무소(영업소 또는 지점)에서 근무하던 중 해고를 당한 경우 근로기준법이 적용된다고 판단했다. 근로자가 일상적으로 노무를 제공하는 국가의 법이 적용된다. |
| 한국인과 외국기업이 한국에서 근로계약을 체결하고 한국에서 근로를 제공하는 경우 | 근로제공지가 한국이므로 근로기준법이 적용된다. 만약 외국기업과 한국인이 근로계약을 체결하면서 준거법을 외국법으로 약정하더라도 국제사법상 근로제공지인 한국의 근로기준법보다 근로자에게 불리할 경우에는 근로기준법이 적용된다(제28조 제1항). |
| 한국기업과 외국인이 외국에서 근로계약을 체결하고 외국인이 외국에서 근로를 제공하는 경우 | 근무 제공지가 한국이 아닌 이상 근로기준법이 적용되지 않는다. |
| 외국기업과 한국인이 외국에서 근로계약을 체결하고 한국인이 외국에서 근로를 제공하는 경우 | |
| 한국기업과 한국인이 한국에서 근로계약을 체결하고 한국인이 파견돼 외국에서 근로를 제공하는 경우 | 한국기업과 한국인 간에 체결된 근로계약의 경우 근로제공 장소와 무관하게 근로기준법이 적용된다. |

# 03 근로기준법 판단이 모호한 경우 (근로기준법과 회사 규정 충돌)

사업주와 근로자가 근로관계를 유지하는 기간 내내 양 당사자를 규율하는 많은 규범이 있다. 가장 대표적인 규범은 사업주와 근로자가 직접 작성한 근로계약이다. 또한 근로기준법을 비롯한 노동관계법령 그리고 사규(취업규칙), 노동조합과 체결한 단체협약 역시 양 당사자 모두에게 적용된다.

각각의 규범은 같은 시점에 동일한 당사자가 합의한 계약도 아니고, 각각 다른 이름으로 존재한다. 또한, 최초 근로계약을 제외한 여타 규범들은 시간이 지남에 따라 제·개정되기 때문에 규범 상호 간에 충돌하는 때도 많다.

근로계약 또는 취업규칙이 근로기준법과 충돌할 수 있고, 단체협약의 규정과 취업규칙의 내용이 상반되는 때도 있을 수 있다. 이같이 규범 상호 간 충돌했을 때, 어느 규범을 기준으로 분쟁을 처리해야 할지가 문제가 된다.

결론은 근로기준법에 어긋나는 규정이나 계약은 무효이며, 근로기준법과 회사규정이 충돌하는 경우 근로자에게 유리한 내용이 적용된다.

## 상위법 우선 원칙

두 개 이상의 규범이 충돌한 경우, 일반적인 법 해석 및 적용은 상위법 우선 원칙에 따른다. 헌법 > 관계 법률 > 단체협약 > 취업규칙 > 근로계약 순으로 상위법을 우선 적용하는 방식이다.

## 유리한 조건 우선 원칙

그러나 근로관계에서는 일반적인 법 적용 원칙과 달리, 상위법 우선의 원칙과 함께 유리한 조건 우선 원칙도 적용된다.

유리한 조건 우선 원칙이란 노동법의 여러 법원(法源) 가운데 근로자에게 가장 유리한 조건을 정한 법원을 먼저 적용하는 것을 말한다. 노동관계를 규율하는 규범에는 헌법, 근로기준법이나 노동조합 및 노동관계조정법 등의 법률 및 시행령, 단체협약, 취업규칙, 근로계약, 노동관행 등이 있는데, 이중 근로자에게 가장 유리한 조건을 정한 규범을 우선해 적용한다는 의미다.

노동시장에서 사용자보다 상대적인 약자인 근로자를 보호하겠다는 노동법의 취지에 따라 규범 상호 간 충돌이 발생할 때는 근로자에게 유리한 규범을 적용하겠다는 것이다.

유리한 조건 우선 원칙을 직접 명시한 법률 규정도 있다. 근로기준법 제15조 제1항은 근로기준법에서 정하는 기준에 미치지 못하는 근로조건을 정한 근로계약은 그 부분에만 무효로 한다고 명시하고 있다. 근로기준법에 미달하는 근로조건을 정한 근로계약은 위법하다는 것이다.

만일 근로기준법을 위반한 근로계약 효력 전부를 무효로 하는 경우 민법에 따르면 근로계약을 체결하기 이전의 상태에 놓이게 된다. 근로계약 전부 무효는 근로자 보호라는 근로기준법 취지에 반하기 때문에 근로기준법에 미달하는 근로조건 부분만 무효가 되고, 나머지 근로기준법을 상회하는 근로조건은 유효하다고 선언함으로써 유리한 조건 우선 원칙을 분명히 했다.

## ⇨ 법정 정년(60세)과 회사 정년이 충돌한다면

강행적 효력 및 대체적 효력은 근로기준법 이외 다른 노동관련법률에서도 인정된다.

회사의 취업규칙에 정년을 55세로 정한 경우 법 시행일 이후에는 취업규칙상의 정년 55세와 법정 정년 60세가 충돌하게 된다. 이 경우 취업규칙보다 상위 법원인 연령차별금지법을 적용해 60세 정년을 보장해야 한다. 상위법 우선의 원칙이 적용되는 것과 함께 근로기준법상 대체적 효력이 작동하는 것이다.

반대로 상위 법원인 연령차별금지법 상 법정 정년은 만 60세인 데, 하위 법원인 취업규칙상 정년 규정을 65세로 정한 경우 상위법 우선 원칙은 적용되지 않는다. 유리한 조건 우선 원칙이 적용되기 때문에 사업주는 취업규칙상의 정년을 보장해야 한다.

## ⇨ 회사 사규와 근로계약서 내용이 충돌한다면

근로기준법에는 취업규칙과 근로계약 상호 간 유리한 원칙 적용을 명시하고 있다. 근로계약 시 약정한 사항이 취업규칙의 규정보다 미달할 때는 그 미달하는 해당 조항은 무효가 되며 취업규칙의 규정을 적용한다.

근로계약 시 사용자와 근로자 간 협상을 통해 계약 내용을 자유롭게 정할 수 있다.

그러나 근로계약의 내용이 해당 사업장 취업규칙에 미달한다면(예컨대 취업규칙에 휴일수당 가산율을 200%로 정하고 있으나 근로계약시 150% 적용을 약정한 경우), 해당 조항은 따라 무효가 되며, 취업규칙에 정한 내용을 적용해야 한다. 반대로 취업규칙상 규정보다 유리한 조건으로 근로계약을 체결할 때는 근로계약의 내용을 적용해야 한다(취업규칙에 휴일수당 가산율을 150%로 정하고 있으나 근로계약시 200% 적용을 약정한 경우).

## ⇨ 회사 사규와 단체협약이 충돌한다면

앞의 내용을 정리하면 근로기준법, 취업규칙, 근로계약 상호 간에는 유리한 원칙이 적용된다는 것이다.

그러나 단체협약과 취업규칙이 충돌하는 경우 유리한 조건 우선 원칙이 무조건 적용되는 것은 아니라는 점에 유의해야 한다. 우리 법원은 단체협약과 취업규칙이 충돌하는 때는 개별적 구체적 사정을 고려해 유리한 조건 우선 원칙 적용 여부를 판단한다.

# 04 너무 자주 나오니 꼭 알고 계세요.

| 구 분 | 내 용 |
|---|---|
| 평균주수 계산 | 4.345주 = 365일을 12개월로 나누고 이를 다시 7일로 나누면 된다.<br>[예시] (365일 ÷ 12월) ÷ 7일 = 4.345238…… |
| 소정근로시간 | 소정(所定)근로시간이란 법정근로시간의 범위 내에서 근로자와 사용자 사이에 정한 근로시간을 말한다. 소규모 기업에서는 법정근로시간보다 더 많은 시간을 근무시간으로 정하는 경우가 많다. 소정근로시간은 상호 약정된 근로시간으로 실제 근로시간과는 관계가 없으며, 연장근로수당, 휴일근로수당, 연차수당을 산정할 때와 법률상, 일, 주, 월 등에 의한 통상임금을 산정할 때 중요하다.<br>소정근로시간은 반드시 단체협약, 취업규칙, 개별 근로계약에서 법정근로시간 범위 내에서 규정해야 한다.<br>소정근로시간 = 법정근로시간인 일 8시간 또는 주 40시간을 넘지 못한다. |
| 유급 근로시간 계산 | 유급 근로시간은 흔히 급여 계산에 포함된 시간으로 통상임금이나 최저임금 계산에 기준이 되는 시간이다.<br>209시간 = (월~금(또는 토) 근로시간(소정근로시간) + 주휴시간) × 4.345주 또는 월~금(또는 토) 근로시간(소정근로시간) × 120% × 4.345주 |

| 구 분 | 내 용 |
|---|---|
| | [예시] 일 8시간, 주 40시간 근무시 |
| | 40시간 × 120% × 4.345주 = 209시간 |
| | [예시] 일 8시간, 주 44시간 근무시(주40시간을 못넘는다.) |
| | 40시간 × 120% × 4.345주 = 209시간 |
| | [예시] 일 7시간, 주 35시간 근무시 |
| | 35시간 × 120% × 4.345주 = 183시간 |
| | [예시] 일 4시간, 주 20시간 근무시 |
| | 20시간 × 120% × 4.345주 = 105시간 |
| 단시간 근로자 | 같은 일을 하는 다른 근로자보다 상대적으로 근로시간이 짧은 근로자로서, 예를 들어 다른 직원은 1일 8시간 근무를 하는데, 8시간보다 짧게 근로를 하는 경우 단시간 근로자가 된다. |
| 초단시간 근로자 | 소정근로시간이 4주 동안을 평균하여 1주 동안 15시간 미만인 근로자를 통상 초단시간 근로자라고 한다.<br>일반적으로 4대 보험 가입대상을 판단할 때 쓰이는 시간 개념이다. |
| 일용근로자 | 1일 단위의 계약기간으로 고용되고, 1일의 종료로써 근로계약도 종료하는 계약 형식의 근로자를 일용근로자라고 한다.<br>참고로 세법상으로는 3개월(건설업은 1년) 미만 고용된 근로자를 말한다. 이같이 노동법과 세법은 일용근로자의 범위를 다르게 규정하고 있으므로 세법은 적용할 때는 3개월 기준, 노동법은 1일 단위 계약기준으로 판단한다. |

# 05 상시근로자수 계산방법과 사례

## 상시근로자수의 계산방법

| 구 분 | 내 용 |
|---|---|
| 계산방법 | • 해당 사업 또는 사업장에서 법 적용 사유 발생일 전 1개월 동안 사용한 근로자의 연인원(延人員)을 같은 기간 중의 가동 일수로 나누어 산정한다.<br><br>**상시근로자 수 = 근로자의 연인원 ÷ 가동일 수**<br><br>• 예를 들어 7월 1일 기준, 5인 이상 사업장인지? 여부를 판단하기 위해서는 바로 전 달인 6월 한 달간의 상시근로자 수를 계산하여 판단하는데, 산정기간(6월 1일~6월 30일) 동안 사용한 연인원을 산정기간 중의 가동 일수로 나누어 산정한다. |

| 근 로 자<br>연 인 원 | 포함 | 불포함 |
|---|---|---|
| | • 고용 형태를 불문하고 근로하는 모든 근로자(아르바이트, 임시, 일용, 상용 등 모두 포함)<br>• 통상 근로자<br>• 기간제근로자<br>• 단시간·일용직 근로자<br>• 외국인 근로자(불법도 포함) | • 파견근로자<br>• 하청업체 소속 근로자<br>• 근로기준법상 근로자가 아닌 자<br>• 대표자는 근로자에 해당하지 않는다. |

| 구 분 | 내 용 |
|---|---|
|  | • 사업에 동거하는 친족과 함께 직접 고용된 근로자가 1명이라도 있는 경우에는 동거하는 친족(배우자 포함)인 근로자도 상시근로자 수 산정에 포함. 단, 동거친족이 근로자성을 인정받지 못하거나 개인사업자의 경우 근로자 수에 포함되지 않는다.<br>• 오전 오후 나누어 일한 경우 오전 1명, 오후 1명 총 2명으로 본다.<br>• 건설업의 경우 전체 사업장의 인원을 합산한다.<br>• 단시간 근로자가 하루에 4시간만 일해도 0.5명이 아니라, 1명으로 인정된다.<br>• 외국인 근로자도 포함된다. 유의할 것은, 외국인 근로자가 불법체류자라 할지라도 상시근로자 수에는 포함된다.<br>• 교대제 근로자와 통상근로자가 아닌 특정 요일만 출근하는 근로자는 해당 요일에만 연인원에 포함한다. |
| 가동일수<br>의 계산 | • 사업장의 휴무일 및 휴일을 제외한 순수하게 일한 날로만, 계산한다. 따라서 보통 일을 안 하는 토요일과 일요일은 제외되며, 중간에 빨간 날이 있어 쉬는 경우도 그날은 제외된다.<br>• 예를 들어 한달 30일 중 토요일 4일, 일요일 4일이 있는 경우 한 달간 총 가동일수는 30일 – 8일 = 22일이 된다. 유의할 점은 다른 요일에 비가 와서 모든 공사 현장이 쉬었다면 가동 일수에서 제외되고, 한 현장에 1명이라도 나와서 일했다면 가동 일수에 포함된다. |
| 상시근로<br>자 수 5인<br>이상으로<br>보는 경우 | • 앞서 계산 방법에서 상시근로자 수가 5명 이상으로 계산되고, 전체 가동 일수 중 5인 이상인 날이 2분의 1 이상의 경우 5인 이상 사업장이다. 따라서 1개월간 5명 미만을 사용한 가동일수가 전체 가동일수의 1/2 이상인 경우 5인 이상 사업장이 아니다.<br>• 위의 계산 방법에서 상시근로자 수가 5명 미만으로 계산되었어도 전체 가동 일수 중 5인 이상인 날이 2분의 1 이상이면 5인 이상 사업장이다. |

| 일 | 월 | 화 | 수 | 목 | 금 | 토 |
|---|---|---|---|---|---|---|
| | | 1 | 2 | 3 | 4 | 5 |
| | | 휴무 | 4명 | 4명 | 4명 | 휴무 |
| 6 | 7 | 8 | 9 | 10 | 11 | 12 |
| 휴무 | 5명 | 5명 | 5명 | 5명 | 5명 | 휴무 |
| 13 | 14 | 15 | 16 | 17 | 18 | 19 |
| 휴무 | 6명 | 6명 | 6명 | 6명 | 6명 | 휴무 |
| 20 | 21 | 22 | 23 | 24 | 25 | 26 |
| 휴무 | 7명 | 7명 | 1명 | 7명 | 5명 | 휴무 |
| 27 | 28 | 29 | 30 | 31 | | |
| 휴무 | 5명 | 5명 | 7명 | 1명 | 사유<br>발생일 | |

이 회사는 사유발생일 직전 1개월 중 사업장을 가동한 날이 총 22일이고, 매일 사용한 근로자 수를 합하면 112명이 된다. 따라서 이 사업장의 상시근로자 수는 112 ÷ 22 = 5.09명이고, 전체 가동 일수 22일 중 5인 이상인 날이 17일로서, 전체 가동일수의 2분의 1 이상 요건을 충족하므로, 상시근로자 수 5인 이상 사업장에 해당한다. 단, 상시근로자 수가 5명 미만으로 산정되더라도 1개월간 5명 이상을 사용한 가동일수가 전체 가동일수의 1/2 이상인 경우 상시근로자수 5인 이상 사업장으로 본다. 즉 앞에서 가동일수가 22일이고 연인원도 100명이라고 가정하면, 상시근로자 수가 4.54명으로 5명 미만으로 계산되지만, 5명 이상을 사용한 날이 17일로 전체 가동 일수의 1/2 이상이 된다고 가정하면 5인 이상 사업장이 된다는 의미이다.

**대표이사(사장)의 가족 및 친인척 상시근로자수에 포함 여부**

1. 상시근로자수 판단시 대표이사(사장)의 가족 및 친인척 포함 여부

대표자는 근로자에 해당하지 않는다. 다만, 원칙적으로 함께 일하는 가족(배우자, 자녀)과 친인척은 일반 직원이 없는 경우 제외되나 일반 직원이 있어 일반 직원과 같이 출퇴근 시간, 업무장소, 업무 내용이 정해져 있고 기본급, 고정급을 받으며 사업장의 취업규칙을 적용받는 실질적인 근로자라면 근로자 수에 포함된다.

예를 들어 허위 가족 2명, 직원 3명인 회사의 경우 대표이사가 5인 미만 사업장으로 주장하는 경우 실질적으로는 3명으로, 5인 미만 사업장에 해당하나 형식적으로는 5인 이상 사업장에 해당한다. 따라서 대표이사가 5인 이상 사업장에 적용하는 시간외 근로수당이나 연차휴가 등을 적용하지 않는 경우 가족이 허위직원임을 스스로 인정하는 모순이 발생한다.

2. 불법체류 외국인과 신용불량자도 상시근로자 수에 포함한다.

3. 하나의 법인사업주 밑의 지점 직원 수도 합산해 상시근로자 수를 판단한다.

근로자란 직업의 종류와 관계없이 임금을 목적으로 사업이나 사업장에 근로를 제공하는 사람을 말하고, 사용자란 사업주 또는 사업 경영 담당자, 그 밖에 근로자에 관한 사항에 대하여 사업주를 위하여 행위하는 자를 말한다.

명칭을 떠나서 실질적으로 근로자인지, 사용자인지를 해석하게 된다.

사장의 지휘 · 감독을 받지 않고, 자유롭게 출퇴근하며, 오히려 근로자(직원)를 지휘 · 감독하는 자리에 있다면(임원) 근로자가 아니고 사용자이다.

반대로 임원이라고는 하나 출 · 퇴근 시간 결정권이 없고, 사업주에게 지시받는 입장이라면 근로자라고 봐야 한다.

근로기준법은 동거하는 친족만을 사용하는 사업 또는 사업장에는 적용하지 않는다(근기법 제11조 단서).

동거란 세대를 같이 하면서 생활을 공동으로 하는 것을 의미하며, 친족이란 민법 제767조에서 규정하는 친족 즉, 8촌 이내의 혈족, 4촌 이내의 인척과 배우자를 말한다.

따라서 동거의 친족 이외의 근로자가 1명이라도 있으면, 동거의 친족만을 사용하는 사업장이 아니므로 근로기준법이 적용된다. 즉, 상시근로자 수를 산정함에 있어서 대표이

사의 가족 이외에 일반 근로자가 있는 경우에는 실제 근로를 제공하는 가족도 포함하여 산정된다.

친족 외 근로자가 1명 이상이 있는 사업장은 근로기준법이 적용되며, 배우자나 자식 등 친족들이 법인 대표의 지휘·명령하에 임금을 목적으로 근로를 제공하는 경우라면 근로자에 해당하므로 동거의 친족을 포함하여 5인 이상인지를 판단해야 할 것이다.

## 상시근로자 수에 따라 지켜야 하는 노무관리

| 상시근로자수 | 적용되는 법률 내용 |
|---|---|
| 1인~4인(4인 이하 또는 5인 미만) | • 최저임금<br>• 근로계약서 작성<br>• 해고예고<br>• 휴게, 주휴일, 근로자의 날<br>• 연소근로자와 임산부의 사용 및 근로시간 제한<br>• 출산휴가급여, 육아휴직 등, 배우자 출산 휴가, 육아 돌봄 서비스<br>• 2010년 12월 1일부터 퇴직금 적용. 단 2012년 12월 31일까지는 50%만 지급<br>• 직장 내 성희롱 예방 교육(상시 10인 미만 사업장, 사업주 및 근로자 모두가 남성 또는 여성 중 어느 한 성으로 구성된 사업은 교육자료를 게시 또는 배포하는 것으로 직장 내 성희롱 예방 교육을 실시할 수 있다.)<br>• 직장 내 장애인 인식개선 교육(상시근로자 50인 미만의 사업주는 교육자료를 배포, 게시하거나 전자우편을 보내는 등의 방법으로 교육을 실시할 수 있다.)<br>• 개인정보보호 교육<br>• 4대 보험 적용 |

| 상시근로자수 | 적용되는 법률 내용 |
|---|---|
| 5인~9인(5인 이상 또는 10인 미만) | • 해고 등의 제한(경영상 이유에 의한 해고의 제한, 해고 사유 등의 서면 통지, 부당해고 등의 구제신청)<br>• 휴업수당<br>• 생리휴가(무급)<br>• 연차유급휴가. 따라서 5인 미만 연차유급휴가(연차수당도 지급 안함)를 부여하지 않아도 됨<br>• 연장근로수당, 야간근로수당, 휴일근로수당 지급. 따라서 5인 미만 사업장은 연장근로수당, 야간근로수당, 휴일근로수당을 지급하지 않아도 됨<br>• 기간제근로자 사용기간의 제한<br>• 주 52시간 근로시간의 제한(2021년 7월 1일부터)<br>• 관공서 공휴일 민간 적용(2022년 1월 1일부터)<br>• 산업안전보건교육 |
| 10인 이상 | • 취업규칙 제정<br>취업규칙을 신고할 때는 작성된 취업규칙 전체, 변경된 취업규칙 전체, 신구조문 대비표, 근로자 의견청취서, 단체협약(있는 경우) 등을 제출한다.<br>• 직장 내 성희롱 예방 교육 |
| 30인 이상 | • 노사협의회 설치 및 고충처리제도 운영<br>• 채용 절차의 공정화에 관한 법률 준수<br>• 주 52시간 근로시간의 제한(2021년 1월 1일부터) |
| 50인 이상 | • 장애인 의무 고용<br>• 주 52시간 근로시간의 제한(2020년 1월 1일부터)<br>• 직장 내 장애인 인식개선 교육 |
| 100인 이상 | • 장애인 미고용에 따른 부담금 납부<br>부담금 산정식 = {(상시근로자수 × 의무고용율) − 장애인 근로자 수} × 부담기초액 × 해당 월수 |

| 상시근로자수 | 적용되는 법률 내용 |
|---|---|
| 300인 이상 | • 주 52시간 근로시간의 제한(2018년 7월 1일부터)<br>• 고용형태 공시제 |
| 500인 이상 | • 직장 어린이집 설치. 다만, 사업장의 사업주가 직장어린이집을 단독으로 설치할 수 없을 때는 사업주 공동으로 직장어린이집을 설치·운영하거나, 지역의 어린이집과 위탁계약을 맺어 근로자 자녀의 보육을 지원해야 한다. |

## 5인 이상인 사업장에만 적용되는 근로기준법

| 구 분 | 5인 미만 | 5인 이상 |
|---|---|---|
| **해고의 제한, 해고의 서면통지** : 근로자에게 정당한 이유 없이 해고, 휴직, 정직, 감봉 그 밖의 징벌을 하지 못하며, 근로자를 해고하려면 해고 사유와 해고시기를 서면통지 해야 한다. | X<br>(구두통지 가능) | O |
| **부당해고 등의 구제신청** : 부당 해고 등을 하면 근로자는 노동위원회에 부당해고 등이 있었던 날로부터 3개월 이내에 구제신청을 할 수 있다. | X | O |
| **휴업수당** : 사업주의 귀책사유로 휴업을 하는 경우 사용자는 휴업기간동안 근로자에게 평균임금의 70% 이상의 수당을 지급해야 한다. | X | O |
| **연장, 야간 및 휴일근로** : 연장근로와 야간근로 또는 휴일근로에 대하여 통상임금의 50%를 가산하여 지급해야 한다. | X | O |
| **연차유급휴가** : 1년간 80% 이상 출근한 근로자에게 15일의 유급휴가를 주어야 한다. | X | O |

| 구 분 | 5인 미만 | 5인 이상 |
|---|---|---|
| **생리휴가** : 사용자는 여성근로자가 청구 시 월 1일의 무급 생리휴가를 주어야 한다. | X | O |

## 5인 미만 사업장에도 적용되는 근로기준법

다음의 규정은 5인 미만 사업장이라도 반드시 챙겨야 할 규정들이다.

| 구 분 | 내 용 |
|---|---|
| 근로조건의 명시 | 근로계약을 체결할 시 서면으로 근로계약서를 2부 작성하여, 1 부는 근로자에게 발급해야 한다(미작성시 벌금 500만원). |
| 해고의 예고 | 근로자를 해고하려면 30일 전에 예고해야 하고, 30일 전에 예 고하지 않았을 때는 30일분의 통상임금을 지급해야 한다. |
| 휴게 | 근로시간이 4시간인 경우 30분, 8시간인 경우 1시간 이상의 휴 게시간을 주어야 한다. |
| 주휴일 | 사용자는 1주일 동안 소정의 근로일 수를 개근한 노동자에게 1 주일에 평균 1회 이상의 유급휴일을 주어야 한다고 명시하고 있다. 이를 주휴일이라 하며, 대부분 일요일을 주휴일로 한다. |
| 퇴직금 | 1년 이상 근무하는 경우 30일분 이상의 평균임금을 퇴직금으로 지급해야 한다. |

# 06 일용근로자 고용시 신고 의무사항

| 구 분 | 해 설 |
|---|---|
| 일용근로자 고용 시 신고 의무사항 | • 일용근로자 4대 보험 가입 및 근로내용확인신고서 제출<br>근무 다음 달 15일까지 제출한다. 근로내용확인신고서를 제출함으로써 고용보험 및 산재보험 가입이 함께 진행된다.<br>타 업체에서 근무한 날짜와 같은 날짜에 우리 회사에서 근무하였다고 신고가 되는 경우, 근무내용이 사실인지 소명 요구를 받을 수 있다.<br>• 원천세 신고/납부 : 급여를 지급한 달의 익월 10일까지<br>신고납부를 한다.<br>• 지급명세서 제출 : 다음 달 말일 제출한다(매달 말일 제출).<br>근로내용확인신고서 제출시 제출 생략 가능 |
| 근로내용확인 신고서 제출 | 산재보험, 고용보험은 매달 15일 일용근로자 근로내용확인신고서를 제출해야 한다.<br>❶ 매월별로 각각 신고(여러 달을 한 장에 신고할 수 없음)해야 한다.<br>❷ 일용근로자 고용정보 신고대상이 10인 이상의 경우는 전자신고를 해야 한다.<br>❸ 1개월간 소정근로시간이 60시간 미만인 근로자에 대해서는 산재보험 고용정보신고(근로내용확인신고서를 제출한 경우 일용근로자는 산재보험 고용정보신고를 한 것으로 봄)를 하지 않을 수 있다. 따라서 이 경우 근로내용확인신고서를 제출하지 않은 경우 |

| 구 분 | | 해 설 |
|---|---|---|
| | | 는 다음연도 3월 15일 보수총액신고서의 "그 밖의 근로자 보수총액"란에 기재하며, 근로내용확인신고서를 제출한 경우는 보수총액신고서의 "일용근로자의 보수총액"란에 기재한다. |
| 원천징수세액 계산 | | (일당 − 15만원) × 2.7% × 근로일수<br>[주] 지방소득세는 10%이다.<br>[주] 납부액이 1,000원 미만의 경우는 납부하지 않는다.<br>일당을 매일 지급하면서 일당이 187,000원 이상인 경우 납부할 세액이 있고, 이하인 경우는 없다.<br>[주] 식사대, 교통비 등은 비과세된다. |
| 신고<br>및<br>납부 | 원천징수<br>신고 | ❶ 납부세액이 있는 경우<br>원천징수이행상황신고서 일용근로자 란을 작성해서 제출하고 납부세액은 금융기관에 납부<br>❷ 납부세액이 없는 경우<br>원천징수이행상황신고서 일용근로자 〉 총급여액 란만 작성해서 제출 |
| | 지급명세<br>서 제출 | 지급일의 다음 달 말일까지 제출<br>매월 15일까지 「근로내용확인신고서」를 제출하는 경우 지급명세서의 제출을 생략할 수 있다. |
| 증빙<br>관리 | 법정증빙 | 원천징수영수증(지급명세서), 원천징수이행상황신고서 |
| | 내부증빙 | 일용근로자 임금(노임)대장, 주민등록등본(또는 주민등록증 사본) 및 계좌이체 내역 |
| 지급명<br>세서<br>가산세 | | 미제출 · 불분명 제출 등은 0.25%, 지연제출은 0.125% 가산세가 부과된다. 미제출은 법정기한까지 제출하지 않은 경우를 말하며, 불분명 제출은 지급자 또는 소득자의 주소 · 성명 · 납세번호 · 고유번호(주민등록번호) · 사업자등록번호, 소득의 종류 · 지급액 등을 적지 않았거나 잘못 적어 지급사실을 확인할 수 없는 경우다.<br>지연제출은 제출기한이 경과된 후 1개월 이내 제출한 경우를 말한다. |

# 07 수습근로자 근로기준법

| 구 분 | 내 용 |
|---|---|
| 범　위 | • 일정기간 교육을 받는다는 내용이 포함된 근로계약을 체결한 근로자. 다만, 수습기간만을 정한 근로계약을 체결하는 것은 수습으로 보기 어렵다.<br>• 정규직 근로계약을 체결하고, 3개월 수습기간을 정한 경우는 유효하나, 근로계약 전체를 수습기간으로 정한 건 불법 |
| 특　징 | • 수습에 관한 사항은 근로계약서에 명시한다.<br>• 수습근로자의 수습기간은 3개월 이내로 한다.<br>• 수습기간도 퇴직금과 연차휴가 등의 산정을 위한 근속연수에 포함한다.<br>• 수습기간 중의 임금은 최저임금의 90% 이상이 되어야 한다. 단, 근로계약기간이 1년 미만인 수습 사용 근로자 및 1~2주의 직무훈련만으로 업무수행이 가능한 단순 노무 종사자는 최저임금액을 감액하지 않고 100%를 지급한다.<br>• 수습근로자도 정당한 사유 없이 해고하는 경우 불법 해고에 해당한다. |
| 수습기간 | • 수습기간은 근로기준법에서 특별히 정한 것이 없어 자유롭게 정할 수 있다. 즉 6개월을 수습기간으로 할 수도 있다. 다만, 최저임금 감액 관련해서 최저임금법 제5조에서 '수습을 사용한 날부터 3개월 이내'로 제한하고 있다. |

| 구 분 | 내 용 |
|---|---|
| | • 결론은 수습기간은 자유롭게 정할 수 있지만, 최저임금의 감액은 3개월 이내에서만 가능하다. 따라서 수습기간을 6개월로 해도 최저임금의 감액은 3개월 이내에서만 가능하다. |
| 급여지급 | • 원칙 : 수습근로자라도 근로기준법이 동일하게 적용된다.<br>• 예외 : 다음의 경우는 최저임금 감액을 적용할 수 있다. 다만, 최저임금 감액을 적용할 수 있는 기간은 최대 3개월이고, 최저임금의 90%(2023년 기준 8,658원) 이상은 지급해야 한다.<br>① 근로계약기간이 1년 이상이고,<br>② 단순노무업무가 아닌 업무를 수행하는 경우<br>따라서 근로계약기간이 1년 미만이거나 단순노무업무인 경우에는 최저임금을 감액할 수 없다.<br>• 유의 사항 : 최대 3개월간 최저임금의 90%(2023년 기준 8,658원) 미만을 지급하지 못하는 것이지 급여의 90% 아니다. 즉, 제한선이 최저임금의 90%이지 급여의 90%가 아니다. 따라서 회사의 급여규정에 따라 책정된 급여를 기준으로 감액해서 지급하는 경우 해당 급여가 최저임금의 90%를 넘으면 법적 문제는 없다. |
| 보수월액 신고 | 다음의 2가지 방법 중 하나의 방법을 적용한다.<br>• 수습기간의 급여로 보수총액을 신고 후 정상 급여를 받을 때 변경신고를 하는 방법<br>• 1년간 급여는 이미 정해져 있으므로 총연봉 ÷ 12를 적용해서 신고하는 방법. 단, 1년 미만의 경우 해당 근무기간의 보수총액을 기간으로 나누어 신고한다. |
| 계속근속 연수 | • 수습기간도 퇴직금 계산을 위한 계속근속연수에 포함이 된다. |
| 연차휴가 | • 상시근로자 5인 이상 사업장에서 4주 동안을 평균하여 1주간 소정근로시간이 15시간 이상인 근로자인 경우라면 연차유급휴가가 발생 |

| 구 분 | 내 용 |
|---|---|
| | 한다. 즉, 1년 미만 기간에 월 개근 시 1일의 연차휴가(최대 11일)와 1년간 80% 이상 출근율에 따라 15일에 대하여 연차유급휴가가 발생한다. |
| | • 위의 규정은 수습근로자도 동일하게 적용된다. 따라서 수습기간에도 1개월 개근 시 1일의 연차휴가가 발생하고, 수습기간 포함 1년에 80% 이상 개근 시 15일의 연차휴가가 발생한다. 또한 미사용 시 연차수당을 받을 수 있다(연차휴가사용촉진시 예외). |
| 해고 | • 수습기간 종료 자체가 해고사유가 될 수는 없다. 업무부적격에 대한 객관적 평가 근거와 사회통념상 타당한 사유가 필요하다.<br>• 상시근로자수 5인 이상 사업장의 경우, 수습근로자를 해고할 때도 해고사유와 해고시기를 적은 해고통지서를 수습근로자에게 교부해야 한다. |

# 08 단시간근로자 근로기준법

## 근로계약의 체결

사용자는 단시간근로자를 고용할 경우 임금, 근로시간, 그 밖의 근로조건을 명확히 적은 근로계약서를 작성해서 근로자에게 교부해야 한다.

단시간근로자의 근로계약서에는 계약기간, 근로일, 근로시간의 시작과 종료시각, 시간급 임금, 그 밖에 고용노동부 장관이 정하는 사항이 명시되어야 한다.

단시간근로자의 소정근로시간은 근로계약서에 의하되, 1주 40시간 이내로 약정한다. 연장근로는 소정근로시간 외에 1주 12시간 이내로 약정할 수 있다.

## 임금의 계산

단시간근로자의 임금 산정 단위는 시간급을 원칙으로 하며, 시간급 임금을 일급 통상임금으로 산정할 경우는 1일 소정근로시간 수에 시간급 임금을 곱하여 산정한다.

단시간근로자의 1일 소정근로시간 수는 4주 동안의 소정근로시간을 그 기간의 통상 근로자의 총 소정근로일수로 나눈 시간 수로 한다.

| 1주 | 2주 | 3주 | 4주 | 주 평균 |
| --- | --- | --- | --- | --- |
| 25시간 | 21시간 | 25시간 | 21시간 | 23시간 |

**4주간의 총근로시간은 92시간이고 평균 1주 소정근로시간은 23시간(92÷4)이다.**

## 초과근로수당(시간외근로수당)

사용자는 단시간 근로자를 소정근로일이 아닌 날에 근로시키거나 소정근로시간을 초과해서 근로시키고자 할 경우는 근로계약서나 취업규칙 등에 그 내용 및 정도를 명시해야 하며, 초과근로에 대해서 가산임금을 지급하기로 한 경우에는 그 지급률을 명시해야 한다.

사용자는 근로자와 합의한 경우에만 초과근로를 시킬 수 있다.

단시간근로자에 해당하는 경우 1일 8시간, 1주 40시간을 초과하지 않더라도 사전에 정한 소정근로시간을 초과했다면 연장근로에 해당하여 가산임금을 지급해야 한다.

예를 들어 시급 10,000원으로 월요일부터 수요일까지 1일 8시간, 목요일 1일 10시간 근무한 경우 : 총 34시간 근무(연장 2시간 포함)

● 기본급 = 소정근로일수에 대한 임금 + 주휴수당(총소정근로시간 ÷ 5) = (10,000원 × 8시간 × 4일) + (10,000원 × 32시간 ÷ 5) = 32만원 + 64,000원 = 384,000원

● 연장수당 = 10,000원 × 2시간 × 1.5 = 30,000원

# 휴일·휴가의 적용

❶ 사용자는 단시간근로자에게 유급주휴일을 주어야 한다.

❷ 사용자는 단시간근로자에게 연차유급휴가를 주어야 한다. 이 경우 유급휴가는 다음의 방식으로 계산한 시간 단위로 하며, 1시간 미만은 1시간으로 본다.

$$\text{통상 근로자의 연차휴가일수} \times \frac{\text{단시간근로자의 소정근로시간}}{\text{통상 근로자의 소정근로시간}} \times 8\text{시간}$$

[예시1]

예를 들어 근로계약서에 1일 4시간씩 5일 근무가 정해진 근로자 A의 연차휴가 15일 × (20시간 ÷ 40시간) × 8시간 = 60시간을 사용할 수 있다.

연차휴가는 1일 단위의 소정근로시간만큼 소정근로일에 부여해야 하므로, 단시간 근로자는 1년 동안 1일 4시간에 해당하는 연차휴가 15일(60시간 ÷ 4시간)을 사용할 수 있다.

연차수당(연차미사용 시 미사용수당 계산할 경우(시급 9,160원 적용시))

60시간 × 9,160원 = 549,600원

[예시2]

예를 들어 근로계약서에 1일 8시간씩 3일 근무가 정해진 근로자 A의 연차휴가 15일 × (24시간 ÷ 40시간) × 8시간 = 72시간을 사용할 수 있다.

연차휴가는 1일 단위의 소정근로시간만큼 소정근로일에 부여해야 하므로, 단시간 근로자는 1년 동안 1일 8시간에 해당하는 연차휴가 9일(72시간 ÷ 8시간)을 사용할 수 있다.

연차수당(연차미사용 시 미사용수당 계산할 경우(시급 9,160원 적용시))

72시간 × 9,160원 = 659,520원

[예시3]

예를 들어 근로계약서에 1일 4시간씩 6일 근무가 정해진 근로자 A의 연차휴가 15일 × (24시간 ÷ 40시간) × 8시간 = 72시간을 사용할 수 있다.

연차휴가는 1일 단위의 소정근로시간만큼 소정근로일에 부여해야 하므로, 단시간 근로자는 1년 동안 1일 4시간에 해당하는 연차휴가 18일(72시간 ÷ 4시간)을 사용할 수 있다.

연차수당(연차미사용 시 미사용수당 계산할 경우(시급 9,160원 적용시))

72시간 × 9,160원 = 659,520원

[예시4]

| 1주 | 2주 | 3주 | 4주 | 주 평균 |
| --- | --- | --- | --- | --- |
| 25시간 | 21시간 | 25시간 | 21시간 | 23시간 |

4주간의 총 근로시간은 92시간이고 평균 1주 소정근로시간은 23시간이다.

15일 × (23시간 ÷ 40시간) × 8시간 = 69시간 연차휴가는 1일 단위의 소정근로시간만큼 소정근로일에 부여해야 하므로, (69시간 ÷ 1일 소정근로시간)을 1년 동안 연차유급휴가로 제공한다.

❸ 사용자는 여성인 단시간근로자에 대하여 생리휴가 및 출산휴가를 주어야 한다.

단, 4주 평균 1주 소정근로시간이 15시간 미만인 단시간근로자는 주휴일, 연차유급휴가, 법정 퇴직금을 지급하지 않는다.

# 취업규칙의 작성 및 변경

사용자는 단시간 근로자에게 적용되는 취업규칙을 통상근로자에게 적용되는 취업규칙과 별도로 작성할 수 있다.

취업규칙을 작성하거나 변경하고자 할 경우는 적용대상이 되는 단시간 근로자 과반수의 의견을 들어야 한다. 다만, 취업규칙을 단시간 근로자에게 불이익하게 변경하는 경우는 그 동의를 받아야 한다.

단시간 근로자에게 적용될 별도의 취업규칙이 작성되지 아니한 경우에는 통상 근로자에게 적용되는 취업규칙이 적용된다. 다만, 취업규칙에서 단시간 근로자에 대한 적용을 배제하는 규정을 두거나 다르게 적용한다는 규정을 둔 경우에는 그에 따른다.

단시간 근로자에게 적용되는 취업규칙을 작성 또는 변경하는 경우는 단시간 근로자의 근로조건에 어긋나는 내용이 포함되어서는 안 된다.

# 09 아르바이트(알바) 근로기준법

파트타임 근로자는 일반적으로 1일 8시간보다 적은 시간을 일하는 근로자를 말하나, 시급으로 일하는 근로자를 편하게 파트타임 근로자로 일컫기도 한다.

아르바이트 근로자란 일반적으로 계약기간을 정하여 일하는 임시직 근로자를 말하는데 full-time 또는 part-time 형태로 근로하며, 파트타임 근로자와 동일하게 근로기준법이 적용된다. 따라서 기간제 근로자 및 단시간 근로자로 일컬어지는 파트타임 근로자와 아르바이트 근로자에게도 1주일에 평균 1회 이상의 유급휴일을 주어야 하며(근로기준법 제55조), 주소정근로 일수를 개근한 자에게 유급휴일을 주어야 한다. 개근하지 않은 자에 대해서는 주휴일을 무급으로 부여해도 무방하다.

| 구 분 | 내 용 |
|---|---|
| 근로계약서를 써야 한다. | • 출근하기 전이나 출근하는 날 반드시 서면으로 작성한다.<br>• 근로계약서 안 쓰고 2~3일 출근하고 안 나오는 근로자의 급여 지급과 관련해 곤란한 경우가 발생할 수 있다. |

| 구 분 | 내 용 |
|---|---|
| 4대 보험 가입 | • 1주일 15시간 이상의 단시간근로자는 국민연금, 고용보험, 건강보험 의무가입 대상이다.<br>• 산재보험은 무조건 가입해야 한다. 1주 15시간 미만 근로자는 근로내용확인신고서는 산재보험만 신고하고, 세법상 일용근로자 지급명세서를 별도로 제출한다. |
| 주휴수당 | • 1주일 15시간 이상 아르바이트의 경우 1주일 결근 없이 출근 시 주휴수당을 지급해야 한다.<br>• 1주일 월~금(또는 토) 소정근로시간 ÷ 5<br>• 주 20시간 근로 : 20시간 ÷ 5 = 4시간 × 시급<br>• 별도 규정이 없으면 월급에 주휴수당이 포함된 것으로 본다. |
| 연장, 야간,<br>휴일근로수당 지급 | • 5인 이상 사업장은 근무하기로 한 시간보다 초과근무 한 경우 연장, 야간, 휴일근로수당을 지급해야 한다.<br>• 1일 8시간 또는 주 40시간을 초과하는 경우가 아닌 근로하기로 계약한 시간을 초과하는 경우 연장근로수당을 줘야 한다.<br>• 4시간 일하기로 했는데 사업장 상황 때문에 총 6시간을 일한 경우 2시간의 연장근로 가산수당 50%를 가산한 150%를 지급해야 한다(4시간은 100%, 2시간은 150%).<br>• 근로계약상에 빨간 날 근무하기로 되어있는 경우(휴일 대체) 해당일은 휴일이 아니라 평일로 휴일근로수당을 지급하지 않아도 된다.<br>• 월 화 수 근무하기로 했는데, 금요일 바쁘다고 나와서 일해달라고 하는 경우 금요일은 휴일로 휴일근로수당을 지급해야 한다. 단, 5인 미만 사업장은 50%의 가산수당을 지급하지 않고 100%의 원래 시급만 지급한다. |

| 구 분 | 내 용 |
|---|---|
| 연차휴가 발생 | • 5인 이상 사업장은 1주일 15시간 이상 근무의 경우 근로시간에 비례해서 연차휴가도 줘야 한다.<br>• 아르바이트 근로자의 연차휴가 일수를 산정하는 산식은 통상근로자의 연차휴가일수 × (단시간 근로자의 소정근로시간 ÷ 통상근로자의 소정근로시간) × 8시간으로 계산된다. 예를 들어 월~금 하루 6시간 근무하는 단시간근로자가 366일을 근무한 때 연차휴가는 15일 × (6시간 ÷ 8시간) × 8시간 = 90시간으로 계산된다. |
| 퇴직금 지급 | • 계속 근로기간이 1년 이상이고, 4주 평균해 1주 근로시간이 15시간이라면 퇴직금을 지급해야 한다. |
| 산재 처리 | • 일하다 다친 때 아르바이트생도 산재 처리가 가능하다.<br>• 건설현장에서 이른바 막노동하는 건설 일용직 노동자도 일하다 다치면, 산재가 가능하다.<br>• 마트 계산대에서 하루 2~3시간 일하는 노동자들도 산재 신청이 가능하다.<br>• 현장 실습생도 일하다 다치면 산재 신청을 할 수 있다.<br>• 요양급여 신청서를 작성한 후에 근로복지공단에 제출하면 된다. |

# 10 근로관계의 종료

| 구 분 | | 내 용 |
|---|---|---|
| 사 유 | 해고<br>(합의해지) | 근로자의 의사에 상관없이 사용자가 일방적으로 근로관계의 효력을 소멸시키는 행위이다. 사용자의 일방적인 의사로 근로관계가 종료되는 것이기 때문에 해고는 법적 요건을 갖추어야 하며, 요건을 갖추지 못한 경우에는 부당해고에 해당한다. |
| | 사직<br>(합의해지) | 근로자의 의사에 의한 경우(개인사유로 인한 사직)와 회사의 사직 권유를 근로자가 받아들이는 경우(권고사직, 희망퇴직 등)로 구분된다.<br>해고와 권고사직은 다른 개념이다. 해고는 사용자의 일방적인 의사로 이루어지고, 권고사직은 사용자의 퇴사 권유를 근로자가 받아들여야만 이루어지는 것이다. 즉, 권고사직은 해고가 아니라 노사간 합의에 의해 근로관계가 종료되는 것이므로 그만둘 의사가 없는 경우는 권고사직서를 절대 쓰면 안 된다.<br>권고사직서를 쓰면 상호합의에 의해 회사를 그만두는 것이 된다.<br>퇴사를 원하지 않는 근로자에게 계속하여 퇴사를 권유하는 것은 직장 내 괴롭힘에 해당할 수 있다. |
| | | 사직의 경우 사직서 제출일뿐만 아니라 퇴사 희망일을 적어서 제출하는 경우가 많은데, 사직서에 적힌 퇴사 희망일보다 사업주가 먼저 내보내는 경우는 해고에 해당한다. 따라서 상호협의를 통해 퇴사일자를 조율할 필요가 있다. |

| 구 분 | | 내 용 |
|---|---|---|
| | 근로관계<br>자동종료 | 근로계약 기간만료, 정년 도달, 당사자 사망과 같은 사유가 발생하면 자동으로 근로관계가 종료되는 것을 말한다.<br>정년퇴직, 사망, 기간만료가 이에 해당한다.<br>기간만료 즉 계약만료는 당사자의 의사표시가 필요 없는 자동 종료이다. 따라서 이는 해고가 아니다. 다만, 계약갱신이나 계약연장조항이 있는 경우로서 실수로 계약기간이 지난 경우 지나고 나서 계약을 해지하면 해고에 해당한다. 즉 계약갱신 조항이 있는 상황에서 기간이 지나면 동일한 기간이 자동으로 연장된 것으로 본다.<br>반면 근로자의 경우 계약기간이 며칠 지나서 회사를 그만두게 되면 계약기간의 만료로 인한 퇴사가 아니라 사직에 해당해 실업급여를 받지 못하게 된다.<br>따라서 항상 계약기간을 확인해야 문제가 발생하지 않는다. |
| 해<br>고<br>절<br>차 | 절대 해고<br>금지 기간 | 5인미만 사업장 여부에 관계없이 다음의 경우 해고는 절대 금지된다.<br>❶ 근로자가 업무상 부상 또는 질병의 요양을 위하여 휴업한 기간과 그 후 30일<br>❷ 출산전후휴가기간과 그 후 30일<br>위반시 5년 이하의 징역 또는 5천만원 이하의 벌금이 부과될 수 있다.<br>❸ 육아휴직기간<br>위반시 3년 이하의 징역 또는 3천만원 이하의 벌금이 부과될 수 있다. |
| | 해고예고 | 5인 미만 사업장 여부와 관계없이 근로자를 해고하려면 적어도 30일 전에 예고해야 하고, 30일 전에 예고하지 않으면 30일분 이상의 통상임금을 해고수당으로 지급해야 한다.<br>단, 아래의 경우는 해고예고가 적용되지 않는다. |

| 구 분 | 내 용 |
|---|---|
| | ① 근로자가 계속 근로한 기간이 3개월 미만인 경우 |
| | ② 천재·사변, 그 밖의 부득이한 사유로 사업을 계속하는 것이 불가능한 경우 |
| | ③ 근로자가 고의로 사업에 막대한 지장을 초래하거나 재산상 손해를 끼친 경우로서 고용노동부령으로 정하는 사유에 해당하는 경우 |
| | 위반시 2년 이하의 징역 또는 2천만원 이하의 벌금이 부과될 수 있다. |
| 해고의 서면통지 | 5인 이상 사업장은 근로자를 해고할 때 해고사유와 시기를 적은 문서(해고통지서/해고통보서)를 근로자에게 교부해야 한다. 문서없이 구두로 해고를 통보하는 것은 부당해고로서 효력이 없다. |
| | 근로자를 해고하기 위해서는 정당한 사유가 인정되어야 한다. |

## 해고의 정당성

| 구 분 | 처리방법 |
|---|---|
| 5인 미만 사업장 | 30일 전에 해고예고를 안 하고 즉시 해고 시는 해고예고수당 지급 |
| 5인 이상 사업장 | 30일 전에 해고예고를 안 하고 즉시 해고 시는 해고예고수당 지급 + 해고의 정당성 요건을 충족해야 한다. |
| | 해고의 정당성 |
| | 1. 해고 절대 금지 기간에 해고하면 안 된다. |
| | • 출산휴가기간 이후 30일간 |
| | • 업무상 재해로 휴업한 기간 이후 30일간 |

| 구 분 | 처리방법 |
|---|---|
| 5인 이상 사업장 | • 육아휴직기간<br>어긴 경우 해고는 무효가 되고 형사처벌을 받는다.<br>2. 해고절차 위반<br>• 해고의 사유와 시기를 서면으로 명시해 통보해야 한다[해고통지서를 주고(안주면 부당해고) 사직서를 받는다(받으면 스스로 나가는 것이 됨.)].<br>• 취업규칙이나 단체협약에서 정하고 있는 해고절차를 준수해야 한다.<br>3. 해고사유가 없는 해고<br>사회통념상 고용관계를 계속 유지할 수 없을 정도의 사유 : 근로자의 계속적인 무단결근, 회사공금의 횡령 등 단, 절대적인 것은 아니며 사유마다 개별판단해야 한다.<br>해고사유에 대한 소명자료를 모아야 한다. 예를 들어 무단 결근이 지속되는 경우 문자 내용이나 대화 내용 녹취, 내용증명 등 |

## 해고의 사유

일반적으로 정당한 해고사유는 사회 통념상 근로계약을 계속할 수 없을 정도로 근로자에게 책임이 있는 경우 또는 부득이한 경영상의 필요가 있는 경우 등 크게 두 가지로 나눌 수가 있다. 즉, 근로자 측의 사유에 의한 일반해고 및 징계해고가 있으며, 사용자 측의 사유에 의한 정리해고가 있다.

| 구 분 | 처리방법 |
|---|---|
| 일반해고 | 일반(통상)해고는 근로자의 일신상 사유에 의한 해고를 말한다.<br>❶ 부상, 질병, 장해 등으로 근로능력이 상실되거나 장기간 요양이 필요한 경우를 말한다. 단, 업무상 사고, 질병, 장애의 경우 산재요양 기간 및 그 후 30일간 해고가 금지된다. 즉, 산재인 경우는 해고가 안 된다고 보면 된다.<br>❷ 업무에 필요한 자격을 상실한 경우<br>❸ 취업규칙, 근로계약서상 당연 퇴직 사유에 해당하는 경우 |
| 징계해고 | 징계해고는 근로자가 직장의 질서 및 계약의무를 위반한 것이 중대한 경우에 그에 대해 제재로써 하는 해고를 말한다.<br>❶ 근로자가 고의 또는 중과실로 사업에 손해를 입힌 경우<br>❷ 무단결근을 반복하는 등 불성실한 근무태도<br>❸ 업무상 지시위반<br>❹ 동료 근로자에 대한 폭행 등<br> **구체적인 예시** <br>• 무단결근을 한 경우<br>• 불성실한 근무를 한 경우<br>• 인사명령, 업무명령을 위반한 경우<br>• 이력서를 거짓으로 기재한 경우<br>• 횡령, 배임 등 회사에 손해를 끼친 경우<br>• 유죄판결을 받은 경우<br>• 폭언, 폭행 등을 한 경우<br>• 위법한 조합 활동을 한 경우<br>• 회사 및 상사에 대한 비방을 한 경우<br>• 위법한 쟁의행위를 한 경우<br>• 사생활에 비행이 있는 경우<br>근무평정 결과 근무성적이 저조해서 해고하거나 근로계약갱신을 하지 않은 것 자체가 부당하다고 할 수는 없다(서울 고판 2006.7.28., 2005 |

| 구 분 | 처리방법 |
|---|---|
| | 누 29947). 다만, 근무성적이 나빠도, 나쁜 정당한 사유가 있거나 일시적이면 징계해고의 정당성을 인정받기는 어렵다(대판 1991.11.26., 90다4914). |
| 정리해고 | 정리해고란 기업의 긴급한 경영상 필요에 의해서 근로자를 해고하는 것을 말한다. 이러한 정리해고는 통상의 해고와 달리 근로자에게 아무런 잘못이 없음에도 사용자 측의 경영 사정으로 인해서 행해진다는 측면에서 다소 엄격한 상황에서 허용되게 된다.<br>정당한 정리해고가 되기 위해서는 계속되는 경영의 악화, 생산성 향상을 위한 구조조정과 기술혁신 또는 업종의 전환 등 긴박한 경영상의 필요성이 인정되어야 한다.<br>긴박한 경영상의 필요성이란 기업이 당면한 경영상의 어려움을 타개하기 위해서 실현 가능한 경영상의 조치를 생각하였으나 그러한 노력만으로는 경영상의 곤란을 극복할 수 없었거나, 해고 이외의 다른 경영상의 조치를 하는 것이 기대하기 곤란한 사정이 있어 부득이 정리해고할 수밖에 없는 경우를 말한다. |

## 해고 절차

사용자가 근로자를 해고하려면 ❶ 적어도 30일 전에 해고예고를 해야 하고 ❷ 해고사유와 해고시기를 서면으로 통지해야 한다. ❸ 또한, 단체협약과 취업규칙 등에 징계나 해고절차가 규정되어 있는 경우 그 절차를 거쳐야 하며, 이와 같은 절차를 거치지 않은 해고는 원칙적으로 무효이다.

단체협약이나 취업규칙에 사전 통보, 소명기회 부여 등의 해고 절차 규정을 두고 있는 경우 동 절차를 따라야 적법한 해고가 되나, 대법원은 단체협약이나 취업규칙에 사전 통보, 소명기회 부여 등의 해고 절차 규정을 두지 않은 경우는 사용자가 근로자에게 사전 통보를 하지 않거나, 소명절차를 주지 않고 해고를 해도 해당 해고는 유효하다고 판단하고 있다. 따라서 단체협약이나 취업규칙에 해고 절차에 관한 규정이 없는 경우 근로자에게 사전 통보와 소명기회를 주지 않고 한 해고는 유효하다.

## ⇨ 해고 절차의 제한

해고의 정당한 사유에 해당하더라도 적법한 해고절차를 거치지 않는 해고는 무효이다. 그렇다면 적법한 해고 절차란 무엇일까?

해고는 근로자가 직장을 상실하게 하는 사인인 만큼 근로자의 생존권을 엄격하게 보호하자는 취지에서 징계의 사유가 정당하다 해도 절차상의 하자가 있는 경우 그 해고를 무효로 간주한다. 취업규칙 등에 징계위원회 등을 구성해서 징계 절차를 밝게 되어있는 경우 이러한 절차를 거치지 않으면 그 해고는 무효가 된다. 대개 징계 절차는 먼저 징계위원회의 개최를 징계대상자에게 사전 통보한다.

징계 절차의 진행을 알리는 사전통지는 특별한 사정이 없으면 징계해고 대상 근로자 본인에게 직접 해야 한다.

징계해고 대상 근로자가 행방불명되어 해당 근로자에게 통지하는 것이 불가능한 경우가 아닌 한 징계해고 대상 근로자 본인에게 하지 않은 사전통지는 효력이 없다.

## ⇨ 징계위원회 개최

징계위원회를 개최하여 징계대상자에게 소명의 기회를 준 후 징계를 결정한다. 물론 재심절차가 있는 경우에는 재심절차를 거쳐야 한다. 이때 징계위원회 개최를 통보하는 것은 꼭 서면이어야 하는 것은 아니다. 실제 징계대상자가 징계위원회에서 소명의 기회를 얻도록 하는 것이 그 목적인 이상 전화내지 구두 통보도 가능하다. 징계위원회의 구성은 단체협약 등에 별도의 규정이 있는 경우 그에 따라야 하며, 그 외의 규정이 없는 경우는 관례나 상식적으로 이루어진다. 부당한 해고를 방지하기 위해서 단체협약에 노사 동수의 징계위원회 조항을 두는 경우도 많다.

## ⇨ 경영상 정리해고절차

첫째, 정리해고는 긴박한 경영상의 필요성이 있어야 한다.

경영악화 방지를 위해 사업을 양도·인수·합병을 하게 된 경우는 물론, 객관적으로 보아 경영합리화 조치로서 합리성이 있거나 감원하지 않으면 장래 기업재정이 악화될 우려가 있을 경우도 긴박한 경영상의 필요성이 있다고 본다.

둘째, 사용자는 사전에 정리해고를 피하기 위한 노력을 다했어야 한다. 즉 일부 부서를 폐쇄한 경우에는 그 소속근로자를 다른 부서로 전직시킬 수 없는 사정이 있고, 신규채용 중지, 희망 퇴직자 우선퇴직, 임원수당 삭감, 기간이 정해진 계약직의 경우에는 계약갱신 중단, 잔업규제, 휴직제실시, 교대제 근로 전환 등 가능한 모든 조치를 다 했음에도 경영상 감원이 여전히 필요할 때 비로소 최후의 수단으로서 정리해고가 정당했다고 보는 것이다.

셋째, 해고대상자의 선정 기준은 합리적이고 공정해야 한다. 일반적인 기준은 없지만, 판례에 따르면 사용자 측 사정과 근로자 측 사정을 모두 고려해야 한다.

넷째, 해고 회피 방법과 해고 기준 등에 관해서 사용자는 근로자 대표에게 정리해고하려는 날의 50일 전까지 통보한 후 성실하게 협의해야 한다.

여기서 근로자 대표란 그 사업장의 근로자 과반수로 조직된 노동조합을 말하고, 없다면 근로자의 과반수를 대표하는 자를 말한다.

다섯째, 1개월 이내에 일정 규모 이상을 해고할 경우는 고용노동부 장관에 신고해야 한다.

100인 미만 사업장에서는 10인 이상을 해고할 때, 100인 이상 1,000인 이하 사업장에서는 10% 이상을 해고할 때, 1,000인 이상 사업장에서는 100인 이상을 해고할 때는 해고사유와 해고예정인원, 근로자대표와의 협의내용, 해고일정을 신고해야 한다.

고용노동부 장관에 대한 신고여부는 해고의 정당성 여부에 영향을 미치지 않지만, 나머지 요건들은 모두 갖추어져야 해고의 정당성이 인정된다. 다만, 판례는 각 요건을 다른 요건의 충족 정도에 따라 유동적으로 판단하기 때문에 모든 사정들을 종합해서 판단해야 할 것이다.

또한, 사전통보 기간 준수 여부도 협의하는데 시간이 부족하지 않았다면 해고의 정당성 여부에 영향을 주지 않는다. 이와 별도로 단체협약에 정리해고를 노동조합과 합의해서 시행해야 한다는 일명 고용안정협약을 맺은 경우, 협약 체결 당시 예상치 못했던 급격한 경영악화가 있었던 경우가 아닌 한 이를 위반하면 부당해고가 된다.

정리해고 대상자가 확정된 이후에는 30일의 해고예고기간도 지켜야 한다.

사용자는 해고한 날부터 해고된 근로자가 해고 당시 담당했던 업무와 동일한 업무에 2년이 경과하기 전까지는 파견근로자를 사용해서도 안 되고, 3년 이내에 근로자를 채용하고자 할 때는 당해 해고된 근로자가 원한다면 그를 우선하여 고용해야 한다(근로기준법 제25조).

## 해고예고

사용자가 근로자를 해고하려면 해고의 사유·절차·내용이 정당해야 한다. 이때 해고예고를 한 경우에는 해고의 절차적 정당성이 인정되는지, 반대로 해고예고를 하지 않은 경우는 해고의 절차적 정당성이 부정되어 부당해고에 해당되는지가 문제된다.

정당한 해고 사유가 있더라도 근로자의 생계 보호를 위해 해고 30일 전 예고를 해야 한다. 예고하지 않으면 통상임금의 30일분 임금을 즉시 지급해야 한다.

해고예고의 방법엔 제한이 없지만, 서면이 바람직하다. 대상 근로자, 해고 사유, 시기를 명확하게 기재한다. 다만, 다음의 경우는 해고예고의 예외가 인정된다.

• 근로자의 계속 근로기간이 3개월 미만

- 천재사변, 그 밖의 부득이한 이유로 사업을 지속하기 어려울 때
- 근로자가 고의로 사업에 막대한 지장을 초래하거나 재산 손해를 끼쳤을 때

## ⇨ 해고예고를 하는 경우

해고예고의 경우 적어도 30일 전에 해야 한다. 해고예고를 30일 전에 해야 하는 것은 근로자 보호를 위해 최하 한을 규정한 것이므로 그 입법 취지를 고려해 볼 때 당사자 간 합의 등을 통해 이 기간을 연장할 수는 있지만 단축할 수는 없다.

사용자는 근로자를 해고하려면 해고사유와 해고시기를 서면으로 통지해야만 효력이 발생한다(근로기준법 제27조).

해고예고기간은 통지가 상대방에게 도달한 다음 날부터 역일(曆日)로 계산해 30일 만에 만료되며, 휴일·휴무일이 있더라도 연장되지 않는다.

사용자는 근로자에게 정당한 이유 없이 해고하지 못한다(근로기준법 제23조 제1항). 정당한 이유가 없는 해고의 경우는 해고예고를 했는지? 여부와 관계없이 그 효력은 무효이다.

반면 정당한 이유가 있는 해고의 경우 적법한 해고예고를 하지 않은 경우에도 해고는 유효하다는 것이 판례의 태도이다.

## ⇨ 해고예고를 하지 않은 경우

정당한 이유가 있는 해고의 경우 적법한 해고예고를 하지 않은 경우

에도 해고는 유효하다.

해고예고수당과 관련해서는 해고하기 30일 전에 해고예고통지를 하지 않은 경우에도 그 모자란 일수에 비례해서 해고예고수당을 지급하는 것이 아니라, 해고예고수당으로 30일분 이상의 통상임금 전부를 지급해야 한다는 것이 행정해석의 태도이다.

사용자가 해고예고의무를 위반한 경우 벌칙(근로기준법 제110조)을 적용받고 해고예고수당을 지급해야 하는 채무를 부담하게 되나, 해고예고를 하지 않았다고 하더라도 해고의 정당한 이유를 갖추고 있는 이상 해고의 효력에는 영향이 없게 된다(대법원 1994. 6. 14. 선고 93누20115 판결 참조).

 해고예고수당의 계산

월급 250만 원, 주 40시간(월 209시간) 근무하는 홍길동 씨 해고예고 수당은?

**해설**

시급 : 11,962원(250만 원 ÷ 209시간)
통상일급 : 시급 × 8시간 = 95,694원
단, 단시간 근로자의 임금 산정은 시간급이 원칙
통상일급(95,694원) × 30일 = 2,870,813원

# 사용자가 근로자를 해고할 수 없는 시기

## ⇨ 업무상 부상, 업무상 질병요양기간

사용자는 근로자가 업무상 부상 또는 질병의 요양을 위해서 휴업한 기간과 그 후 30일 동안은 해고하지 못한다. 다만, 사용자가 한 번에 전부 보상하였거나 사업을 계속할 수 없게 된 경우에는 업무상 부상, 업무상 질병 요양기간에도 근로자를 해고할 수 있다.

이를 위반한 자는 5년 이하의 징역 또는 3천만원 이하의 벌금에 처해진다.

## ⇨ 출산 전·후 휴가기간

사용자는 출산 전(産前)·후(後) 휴가기간과 그 후 30일 동안은 여성 근로자를 해고하지 못한다. 다만, 사업을 계속할 수 없게 된 경우에는 출산 전·후 휴가 기간에도 근로자를 해고할 수 있다(근로기준법 제23조).

이를 위반한 자는 5년 이하의 징역 또는 3천만원 이하의 벌금에 처해진다.

## ⇨ 육아휴직기간

사업주는 육아휴직을 이유로 해고나 그 밖의 불리한 처우를 해서는 안 되며, 육아휴직 중인 근로자는 해고하지 못한다. 다만, 사업을 계속할 수 없는 경우에는 육아휴직 중인 근로자를 해고할 수 있다.

이를 위반한 자는 3년 이하의 징역 또는 2천만원 이하의 벌금에 처해진다.

# 11 징계 및 인사발령

## 징계

징계란 근로계약상의 의무나 기업질서 위반 등 근로자의 귀책 사유를 이유로 사용자가 근로자에게 불이익한 처분을 하는 것을 말한다. 근로기준법은 근로자에 대한 정당성 없는 해고, 휴직, 전직, 감봉 등을 제한하고 있어 사용자가 근로자를 징계하기 위해서는 그 사유, 절차, 양정을 모두 고려해야 한다.

| 구 분 | 내 용 | |
|---|---|---|
| | **구 분** | **내 용** |
| 사유 | 업무지시 및 명령 위반 | 근로자가 사용자의 정당한 업무지시나 직무 명령을 거부하면 징계사유가 되나, 지시나 명령이 유효하지 아니한 경우에는 징계사유로 삼을 수 없다. |
| | 직장 질서 | 폭행 또는 폭언, 성희롱 등의 비위행위는 징계사유가 된다. |
| | 근로자의 사생활 | 근로자의 사생활에서의 비행은 사업 활동에 직접 관련이 있거나 기업의 사회적 평가를 훼손할 염려가 있는 것에 한해서 정당한 징계 사유가 될 수 있다. |

| 구 분 | 내 용 |
|---|---|
| 절차 | 징계사유가 인정된다고 하더라도 징계가 유효하기 위해서는 일정한 절차를 거쳐야 한다. 단체협약과 취업규칙 등에서 징계절차에 대해 정한 바가 있다면 그에 따라 징계위원회 등의 절차를 개최하여 당사자에게 소명기회를 부여해야 한다. 만일 규정에 따른 절차를 거치지 않았다면 해당 징계는 무효가 된다. |
| 징계의 정도 | 징계 수위는 징계사유의 수준에 맞게 이루어져야 한다. 징계에는 경고, 견책, 감급, 출근정지, 징계해고 등이 있다. 징계시 어떤 처분을 할 것인가는 징계권자에 재량이 인정되나, 사회통념상 현저하게 타당성을 잃어 징계권을 남용했다고 인정되는 경우는 위법한 징계가 된다. |

# 인사발령

인사발령이란 근로자의 업무 내용이나 장소를 변경하거나(전보, 배치전환), 근로자에게 일시적으로 업무를 부여하지 않는 등(휴직, 대기발령)과 같은 조치를 의미한다. 인사발령 역시 근로자에게는 일정한 불이익을 줄 수 있기 때문에 사용자가 마음대로 할 수 없으며, 정당성이 인정되어야 한다.

인사발령의 정당성이 인정되기 위해서는 ① 해당 인사발령을 해야 하는 업무상 필요성과 ② 그로 인하여 근로자가 입게 되는 생활상 불이익을 비교하였을 때 업무상 필요성이 더 커야 한다. 만일 인사발령으로 인하여 근로자가 입게 되는 불이익이 더 크다면 인사발령의 정당성은 인정되지 않는다. ③ 또한 인사발령을 하기 전에는 반드시 당사자와 사전에 성실한 협의를 거쳐야 한다.

**인사발령과 관련한 퇴직소득 판단**

근로자·종업원의 각 인사문제와 관련해서 퇴직금 등을 퇴직소득으로 보는 구체적인 상황을 비교해 보면 다음과 같다.

| 구분 | 퇴직소득이 되는 경우 | 퇴직소득 아닌 근로소득 또는 가지급금의 경우 |
|---|---|---|
| 관계회사 전출 | 특별 관계없이 임의적 전출인 경우 | 그룹 차원의 인사발령으로 통합되는 경우 |
| 임원에서 고문으로 | 사용인은 근로자가 아니므로 퇴직이다. | 해당 안 됨 |
| 조직변경·합병·분할 | 근로자와 회사 간에 모두 임의 합의로 사직 후 재취업하는 경우 | 모든 권리·의무를 포괄승계·계속 근무 |
| 사용인의 임원승진 | • 사용인과 임원 퇴직금 규정이 아주 다른 상황에서 퇴직정산이 쌍방 간에 이의 없이 완료<br>• 사용인 기간·임원 기간의 퇴직금이 각각 별도계산 되는 경우 | • 퇴직급여 규정이 별 차이 없고 사용인이 퇴직정산에 이의를 제기하는 경우<br>• 근속기간을 통산해서 임원에서 퇴임 시 합산지급 |
| 사업포괄 양수도 | 가법인의 사업을 나법인에 완전 양수도 종료 | 해당 안 됨 |

# 12 무단결근 시 해고와 대처 방법

## 무단결근의 기준과 해고의 정당성

결근은 근로계약서상 노사 당사자가 근로를 제공하기로 정한 날인 소정근로일에 근로자가 임의로 근로를 제공하지 아니한 날로 취업규칙 등 회사 규정에 의거 결근계를 제출하여 사전 승인 또는 사후 승인을 얻은 경우는 이를 결근으로 보고 있다. 반면 무단결근은 근로자가 정당한 사유 없이 근로계약서에서 정한 소정근로일에 사용자의 승인 없이 무단으로 출근하지 않거나, 출근독촉을 하였음에도 이에 따르지 않는 등 근로자로서의 기본적 의무인 근로제공의무를 이행하지 않음으로써 노사 간 신뢰를 깨트리는 행위를 무단결근으로 보고 있다.

무단결근과 결근의 중요한 차이점은 결근계를 제출하여 회사의 사전 승인을 받았는지, 만약 불가피한 사유로 사전 승인을 받지 못했다면 사후승인이라도 받았는지가 무단결근과 결근의 판단기준이라 할 수 있다.

무단결근과 결근 시 인사노무관리 측면에서 공통점은 무노동·무임금원칙에 의거 결근일 당일 임금 공제 및 해당 1주간 소정근로일에 개근하지 못한 것에 대한 유급 주휴수당이 공제된다는 점은 같으나, 무단결근은 결근과는 달리 특별한 사정이 없으면 회사의 사전 또는 사후 승인을 얻지 못하고 근로제공 의무를 불이행한 것으로 취업규칙 또는 단체협약의 징계 사유 또는 징계해고 사유(무단결근 일수에 따라)에 해당해서, 징계 또는 해고될 수 있다는 점이 다르다고 할 수 있다.

법원은 취업규칙에 무단결근에 대한 징계양정을 사전에 정해 둔 경우 1차로 이를 인정하고 있다. 구체적인 사례에서 연속 3일의 무단결근(대법원 1991. 3. 27선고, 90다15631 판결), 5일 이상 무단결근(대법원 2002. 12. 27.선고, 2002두9063판결)에 대한 해고처분을 정당한 것으로 인정했다.

반면, 취업규칙에 징계양정을 사전에 정해두지 않고, 단순히 '7일 이상 무단결근'을 해고 사유로 규정하였으면 이는 원칙적으로 '상당한 기간 내'에 합계 7일 이상의 무단결근을 의미하는 것으로 해석해야 한다고 하면서 1년 2개월에 걸쳐 7일 이상 무단결근한 것은 정당한 해고사유가 아니라고 판단한 사례 역시 존재한다(대법원 1995. 5. 28.선고, 94다46596판결).

## 무단결근 시 무조건 해고가 가능한가?

무단결근이 기업 경영에 미치는 영향 역시 기업의 업종, 규모, 근로자의 인원 수, 시기적 특성에 따라 차이가 있다. 즉, 어떤 경우가 무단결근에 해당하고, 무단결근 시 무조건 해고해도 된다. 안 된다는 다툼의 소지가 있으며, 명확히 무단결근은 해고해도 법적인 문제가 없다고 판단할 사항은 아니다.

회사와 해당 직원의 주장이 틀릴 수 있으므로 명확히 해고해도 된다. 안 된다 판단하기 곤란하다. 법적인 다툼을 통해 법원의 판단사항이다. 따라서 해고를 하고자 한다면 해고 후 법적인 문제가 발생할 것을 대비해 우선, 해고의 정당한 사유에 해당하는 증거들을 최대한 많이, 그리고 명료하게 수집해 놓아야 하며, 해고의 서면 통보 및 징계절차가 있는 경우 해고의 절차적 요건들을 빠짐없이 지키도록 해야 한다. 따라서 무단결근을 한 직원에 대해서 문자나 전화연락을 하고, 그에 대한 증빙자료를 보관하며, 3일 이상 무단결근을 하는 경우는 내용증명으로 출근독려를 하는 등 정상적인 출근을 요청하는 노력을 해야 한다.

## 무단결근한 근로자의 퇴직일

회사가 무단결근하는 직원에게 계속근로의사를 물었는데 이미 본인은 퇴사한 것이라고 주장한다면 마지막으로 근로를 제공한 날의 다음 날이 퇴직일이 된다.

예를 들어 8월 24일까지 근무하고 일주일간 무단결근으로 직원에게 '계속 근무하는 거면 내일부터 출근하고 그렇지 않을 때는 무단결근으로 인해 향후 불이익을 받을 수 있다.' 라고 8월 30일 문자를 보냈고, 사장님 8월 24일로 퇴직 처리 해주세요.' 라고 답변을 받은 경우 퇴직일은 8월 25일이 된다. 다만 회사의 취업규칙에 무단결근으로 인한 당연면직 조항 등을 별도로 정하고 있다면 이에 따라 처리한다.

그러나 근로자가 직접적으로 "오늘까지만 근무하고 퇴사하겠습니다.", "8월 30일로 퇴직처리 해주세요." 등 퇴직일을 명확히 밝힌 상황에서는 달리 해석해야 한다.

행정해석은 "근로자가 사용자에게 퇴직의 의사표시(사표 제출)를 한 경우 사용자가 이를 수리했거나, 당사자 간에 계약종료 시기에 관한 특약(단체협약, 취업규칙 및 근로계약 등)이 있는 경우 각각 그 시기(사표 수리한 시기 또는 특약에 의한 시기)에 계약해지의 효력이 발생할 것이다." 라고 정하고 있다(노동부 예규 제37호). 즉, 근로자가 특정한 일자를 지정하여 퇴사한다면 그 날짜까지 근로관계는 계속된다고 보아야 한다. 따라서 앞서 예시를 기준으로 하면 8월 30일이 퇴사일이 된다.

## 무단결근 시 퇴직금 계산 방법

업무 외 부상이나 질병, 그 밖의 사유로 사용자의 승인을 받아 휴업한 기간은 평균임금 산정에서 제외하도록 규정하고 있다(근로기준법 시행령 제2조 제1항 제8호). 즉, 개인적인 사유라 하더라도 사용자의 승인을 받아 휴업한 기간에 대해서는 평균임금 산정기간에서 제외하고 평균임금을 산정해야 한다. 따라서 정상적인 퇴직금과 차이가 없다. 반면, 개인적인 사유로서 사용자의 승인을 받지 않은 기간과 무단결근기간은 평균임금 산정기간에 포함한다. 이 경우 퇴직금이 줄어든다.

| 구 분 | 처리방법 |
|---|---|
| ❶ 업무 외 부상이나 질병, 그 밖의 사유로 사용자의 승인을 받아 결근한 기간 | 평균임금 산정기간에서 제외 |
| ❷ 개인적인 사유로서 사용자의 승인을 받지 않은 기간과 무단결근기간 | 평균임금 산정기간에 포함 |

예를 들어 90일간 급여 900만원(30일 300만원)에 30일을 결근한 경우

❶의 경우 30일 평균임금 = 600만원 ÷ 60일 × 30일 = 300만원

❷의 경우 30일 평균임금 = 600만원 ÷ 90일 × 30일 = 200만원

# 13 사직서 제출과 효력발생 시기

노동법에는 근로자의 사직 시기와 관련한 제한규정이 없으므로 기본적으로 언제든지 사직할 수 있다. 즉, 근로자에게는 사직 통보의 시기 제한은 없다.

사용자가 억지로 그만두지 못하게 하거나 "며칠 이내 퇴사 시 급여를 지급하지 않는다." 등 위약 예정을 하는 경우 강제 근로로써 처벌을 받게 될 수도 있다.

## 사직서를 수리하지 않을 때 퇴직의 효력 발생 시기

민법 제660조에 의하여 계약기간을 정하지 않은 근로자는 언제든지 사직을 통고할 수 있으며, 사업주가 사직서를 수리할 경우 수리한 날에 사직의 효력이 발생하나, 수리하지 않을 경우 통고일로부터 1월의 기간이 경과하면 효력이 발생한다. 다만 일정한 기간(월급제 등)으로 정하여 정기 지급하는 경우는 사용자가 근로자의 퇴직의사표시를 통고받은 당기 후의 1임금 지급기(사직서를 제출한 달의 다음 달)가 경과한 때에 계약해지의 효력이 발생한다. 임금지급기가 매월 1일부터 말일까지인 경우, 2023년 9월 20일에 사직을 통고했다면 2023년 11

월 1일에 사직의 효력이 발생한다.

| 구 분 | 처리방법 |
|---|---|
| ❶ 시급제 근로자가 퇴직의 사표시(사표 제출)를 했으나, 회사가 승낙(사표 수리)을 안 한 경우 | 시급제 직원의 경우 회사가 근로자의 퇴직 의사표시(사표 제출)를 받은 날로부터 1월이 경과하면 해지의 효력이 생긴다(민법 제660조 제2항). |
| ❷ 월급제 근로자가 퇴직의 사표시(사표 제출)를 했으나, 회사가 승낙(사표 수리)을 안 한 경우 | 월급제 직원의 경우 사표를 제출한 후의 1임금지급기(그다음 달)가 경과하면 효력이 생긴다(민법 제660조 제3항).<br>예를 들어 월급제 근로자의 임금산정기간이 매월 1일부터 말일까지 일 경우, 근로자가 10월 15일에 사직서를 제출한 경우 근로계약 해지의 효력은 10월이 지나고 나서 1임금지급기인 11월이 지나고 나서 12월 1일에 퇴직의 효력이 발생한다. |
| ❸ 일용직 근로자의 경우 | 매일매일 근로계약을 체결하고 임금을 지급받는 일용직 근로자는 퇴사 의사 표시 후 사용자의 의사와 관계없이 그다음 날로부터 퇴사한 것으로 처리된다. 즉, 건설현장 일용근로자와 같이 근로계약을 1일 단위로 체결하고 그날의 근로종료에 따라 사용종속관계가 종료되는 순수한 의미의 일용근로자인 경우는 근로자가 사표를 제출한 다음 날 퇴직의 효력이 발생한다. |
| ❹ 휴직 중에 퇴직한 경우 | 근로자가 휴직 중에 퇴직할 경우 퇴직시점은 사직서 수리일이 됨이 원칙이며, ❶, ❷에 따라 해석한다. |

# 최종근무일과 사직(퇴직)일

## ⇨ 퇴직(사직)일

공휴일과 평일 등의 구분 없이 마지막 근로일의 익일(다음날)이 퇴직(사직)일이다. 즉 금요일까지 근무하고 퇴사하는 경우 퇴직일은 토요일이 된다.

예를 들어 2023년 3월 10일(금)까지 최종 근무를 하였다면 익일 2023년 3월 11일(토)이 퇴직(퇴사)일이 된다.

## ⇨ 최종근로일(마지막 근로일)

공휴일과 평일 등의 구분 없이 근로가 종료된 당일이 마지막 근로일이다.

예를 들어 2023년 3월 10일(금)까지 최종 근무를 하였다면 2023년 3월 10일(금)이 최종근로일이 된다.

근로자의 사직서 제출과 사용자의 합의에 의해 근로계약이 종료되었다면 사직서에 작성된 사직일(퇴사일) 날짜를 퇴사일로 본다.

즉, 사직(퇴사) 일을 사용자와 합의로 월요일로 정하였다면 금요일까지 근로를 하였다 하더라도 근로관계는 일요일까지 존속하게 되며, 해당주의 주휴일 수당도 발생한다. 예를 들어 근로자와 사용자의 합의에 의거 2023년 3월 13일(월)에 사직(퇴사)하기로 하고, 2023년 3월 10일(금)까지 근로하였다면 퇴직(퇴사)일은 2023년 3월 13일(월)이 퇴직(퇴사)일이 되고, 임금은 2023년 3월 12일(일)까지 계산되어야 한다(주휴수당도 계산).

| 이직일 | 퇴사일(퇴직일) | 자격상실일 |
|---|---|---|
| 피보험자와 사업주 간의 고용관계가 사실상 종료한 날. 즉 근로 제공의 마지막 날<br>① 사업주가 사직서를 수리한 날<br>② 계약기간 만료일에 해당하는 날<br>③ 정년으로 정해진 날<br>④ 사업주가 해고한 날 | 근로제공 마지막 날(이직일)의 다음 날 | |

이직일, 퇴사일, 자격상실일의 관계

이직일 + 1일 = 퇴사일, 퇴직일, 자격상실일

2023년 1월 5일까지 근무했을 경우 이직일, 퇴사일, 자격상실일

① 이  직  일 : 2023년 1월 5일

② 퇴  사  일 : 2023년 1월 6일

③ 자격상실일 : 2023년 1월 6일

## 사직에 따른 업무

1. 사직서 결재

2. 근로자 사직 후 사직(퇴직) 일로부터 14일 이내 4대 보험 상실신고

3. 건강보험, 고용보험 퇴직정산 : 건강보험 및 고용보험 퇴직정산 금액 확인(환급 또는 징수분 발생) 후 급여 반영.

이때 징수분이 발생하고, 퇴사일 이후 지급해야 하는 급여가 없다면 퇴직금에서 징수한다.

4. 연차수당 등 각종 수당 정산

5. 퇴직금(퇴직연금) 지급 및 퇴직소득세 납부

1년 미만 근로자의 경우 특별한 규정이 없으면 퇴직금이 발생하지 않으므로 퇴직 전 지급되는 급여에서 퇴직에 따라 징수해야 하는 예상 금액을 징수해야 한다.

6. 근로소득 연말정산

7. 사원증 반납 및 각종 행정업무

# 14 실업급여의 요건과 이직확인서

| 구 분 | 해 설 |
|---|---|
| 요건 | 근로자가 실업급여를 지급받기 위해서는 ❶, ❷, ❸ 요건 모두 충족<br>❶ 이직(퇴직)전 18개월간 피보험단위기간이 180일 이상이어야 한다.<br>고용보험 가입기간 중 임금이 지급된 날로 보통 주5일 근무하는 근로자의 경우 1주 피보험단위기간은 6일이다(근무일 + 주휴일). 따라서 180일이 6개월이 이상이 된다.<br>❷ 비자발적으로 퇴사한 경우여야 한다.<br>대표적인 비자발적 퇴사는 해고, 권고사직, 계약기간 만료이다. 그러나 근로자가 사직서를 제출하는 등 스스로 회사를 그만둔 경우라고 하더라도 실업급여를 지급받을 수 있는 경우도 있다.<br>❸ 근로 의사와 능력이 있음에도 취업하지 못한 상태에 있어야 한다. |
| 지급액과 기간 | 1일 8시간 근무자 기준으로 1일 상한액은 66,000원, 하한액은 60,120원이다. 지급기간은 연령 및 고용보험 가입기간에 따라 달라지나, 최소 120일, 최대 270일까지 지급된다. |
| 이직 확인서 발급 | • 이직확인서는 근로자가 실업급여를 신청하기 위해 반드시 필요한 서류이다. 이직확인서에는 근로자의 피보험단위기간, 1일 소정근로시간, 이직 사유, 평균임금 등을 기재해야 한다.<br>• 근로자가 이직확인서 발급을 요청한 경우는 10일 이내에 발급해주어야 한다.<br>• 실무상 1차 위반 10만 원, 2차 위반 20만 원, 3차 이상 위반 30만 원 |

| 구 분 | | 해 설 |
|---|---|---|
| 실업급여와 지원금의 관계 | 중단되는 경우 | 사업장에 경영상 사유로 인한 권고사직, 해고, 임금체불 등 사업장의 귀책 사유로 인해 근로자가 퇴사하는 경우 |
| | 중단되지 않는 경우 | 계약기간 만료나 근로자 귀책 사유로 인한 권고사직, 질병 퇴사, 원거리 통근, 육아로 인한 퇴사 등을 이유로 근로자가 실업급여를 받는 경우 |
| 이직 사유 허위 기재 | | • 지원금이 중단될 것을 걱정해서 근로자가 실업급여를 못 받도록 이직 사유를 허위로 기재하는 경우는 최대 300만 원 이하의 과태료가 부과된다.<br>• 근로자가 피보험자격 확인 청구 등을 통해 이직 사유를 정정한다면 추후 지원금 지급이 중단될 수 있다. |

 **자발적 퇴사여도 실업급여를 받을 수 있는 경우**

자발적 퇴사여도 실업급여 수급자격이 인정되는 경우(고용보험법 시행규칙 [별표2])
• 이직 전 1년 이내에 2개월 이상 임금체불이 있는 경우
• 이직 전 1년 이내에 2개월 이상 주 52시간을 초과해서 근무한 경우
• 근로기준법에 따른 직장 내 괴롭힘을 당한 경우
• 성희롱, 성폭력, 그 밖의 성적인 괴롭힘을 당한 경우
• 사업장 이전, 전근 등으로 출퇴근이 왕복 3시간 이상인 경우
• 가족의 질병 등에 대해 30일 이상 간호가 필요하나 휴직 등이 허용되지 않는 경우
• 임신, 출산, 만 8세 이하 또는 초등학교 2학년 이하 자녀의 육아를 위해 퇴사하는 경우
• 업무상 재해로 인해 퇴사하는 경우
• 업무 외 질병에 대한 치료가 필요하나 휴직 등이 허용되지 않는 경우

제2장

# 근로계약과 취업규칙

# 01 근로계약서와 연봉계약서

| 구 분 | 내 용 |
|---|---|
| 작성 | • 서면으로 작성<br>• 원칙은 종이로 된 문서로 작성 및 발급하는 것이 원칙이지만, 2021년 1월 5일부터는 전자문서로 작성 및 발급해도 된다.<br>• 위반 시 500만 원 이하의 벌금 또는 과태료가 부과될 수 있으나 처음 위반은 20만 원 정도 부과 |
| 작성<br>내용 | • 근로계약서에는 임금(구성항목, 계산방법, 지급방법), 소정근로시간, 주휴일, 연차휴가, 취업장소와 업무내용 등을 명시해야 한다.<br>• 만약 기간제근로자라면 계약기간을<br>• 단시간 근로자라면 근로일 및 근로일별 근로시간도 명시해야 한다. 근로계약 기간, 임금의 구성항목, 계산 · 지급 방법, 근로일 및 근로일별 근로시간 → 안 지키면 과태료 50만 원<br>휴게시간, 휴일, 휴가, 근무장소, 업무내용 → 안 지키면 과태료 30만 원<br>• 근로계약서에 근로계약을 위반할 것을 대비하여 배상금을 정하면 안 된다. 즉 근로기준법 제20조에 의거하여 이러한 위약 예정은 금지된다. 예를 들어 자신이 발생시킨 회사손실에 대해 책임지겠다는 각서를 작성했어도 고의나 과실이 아니면 배상 책임이 없다(서울고법 1997.10.29, 선고 97나18136). |

| 구 분 | 내 용 |
|---|---|
| | 근로계약서에 필수 항목은 어떤 것이 있을까요?<br><br>1. 근무장소 및 업무내용<br><br>2. 임금 구성항목(급여, 상여금, 수당 등)<br><br>3. 임금 계산방법<br><br>4. 임금 지급방법<br><br>5. 소정 근로시간<br><br>6. 업무의 시작과 종료시간 및 휴게시간<br><br>7. 휴일 및 연차 유급휴가<br><br>연차휴가는 4인 이하 미적용 |
| 들어가면<br>안 되는<br>내용 | • 근로자의 자유의사에 어긋나는 근로를 강요하지 못한다(근로기준법 제7조 : 강제 근로의 금지).<br><br>(예) 후임자가 정해지지 않는 경우, 퇴사하지 못한다.<br><br>• 근로계약서에 명시된 근로조건이 사실과 다를 경우에 근로자는 근로조건 위반을 이유로 손해의 배상을 청구할 수 있으며 즉시 근로계약을 해제할 수 있다(근로기준법 제19조 : 근로조건의 위반).<br><br>• 근로계약 불이행에 대한 위약금 또는 손해배상액을 예정하지 못한다(근로기준법 제20조 : 위약 예정의 금지).<br><br>(예) 일하다가 실수하는 경우, 무조건 50만원씩 회사에 배상해야 한다.<br><br>퇴사 30일 전 알리지 않고 무단으로 퇴사하는 경우, 그달의 월급은 지급하지 않는다.<br><br>지각, 조퇴 시 벌금 10만원 등<br><br>• 강제저축 또는 저축금의 관리를 규정하는 계약을 체결하지 못한다(근로기준법 제22조 : 강제 저금의 금지).<br><br>(예) 월급 일부를 퇴직금으로 회사에서 보관한다.<br><br>월급 통장을 나누어 일부를 회사에서 관리한다(정부지원금을 받은 사업장). |

| 구 분 | 내 용 |
|---|---|
| 작성시기 | • 업무를 시작하기 전 미리 작성해서 사업주와 근로자가 한 부씩 나눠 가져야 한다. 출근 전 근로계약서 작성이 완료되어야 한다. |
| 보존기한 | • 근로계약에 관한 서류(근로계약서, 임금대장, 임금의 결정·지급방법과 임금계산의 기초에 관한 서류, 고용·해고·퇴직에 관한 서류, 승급·감급에 관한 서류, 휴가에 관한 서류, 근로시간 관련 근로자 대표 서면합의, 연소자 증명서 등)는 해당 근로자의 퇴사 여부에 상관없이 3년간 보존해야 한다. |
| 경력 증명서 발급 | • 근로자가 청구하면 사실증명서(경력증명서, 재직증명서 등)를 즉시 내주어야 한다.<br>• 사실증명서에는 업무 종류, 근무 기간, 지위, 임금 등에 대하여 근로자가 요구한 사항만을 적어야 한다. |
| 연봉계약서와 근로계약서의 관계 | • 연봉계약서는 근로계약 중 임금과 관련된 사항을 별도로 다룬 계약문서이며, 근로계약서와 함께 연봉계약서를 작성해야 한다. 따라서 근로자 입사 시 임금과 관련된 사항을 별도로 관리할 경우 근로계약서를 작성하고 임금과 관련된 사항을 연봉계약서를 통해 추가로 작성해야 한다.<br>• 그러므로 근로계약서 1부와 연봉계약서 1부, 총 2부의 계약서가 필요하다. 특히, 연봉제란 근로조건 중 임금산정을 연 단위로 계약한다는 의미일 뿐 근로계약의 기간을 의미하는 것은 아니므로, 연봉제 적용자라고 하여 연봉산정 기간 종료와 함께 근로계약 자체가 종료되는 것은 아니다. 즉, 연봉계약서상 계약기간 만료를 이유로 근로관계를 종료할 수 없다. 연봉제 회사의 경우 최초 입사일에 근로계약을 체결하고, 이후 연봉이 갱신되면 근로계약서 자체를 갱신할 필요 없이 연봉계약서만 갱신하는 방식으로 운영하면 된다.<br>• 연봉제는 근로계약을 1년마다 갱신한다는 의미가 아니라 개인별 연봉 금액을 1년 단위로 새롭게 설정하는 급여 산정 시스템에 불과하 |

| 구 분 | 내 용 |
|---|---|
| 연봉<br>계약서 | 다. 따라서 연봉계약서 외에 반드시 근로계약서를 별도로 작성해 두는 것이 필요하다.<br>• 연봉제를 시행하는 기업의 경우, 유의해야 할 점 중의 하나는 연봉계약서를 마치 근로계약서처럼 생각해서는 안 된다.<br>• 회사가 제시한 연봉액을 수용할 수 없어 서명을 거부하는 경우<br>1. 기간의 정함이 있는 근로계약의 경우<br>사용자와 근로자가 기간의 정함이 있는 근로계약을 체결한 경우, 근로계약이 갱신되거나 새로운 근로계약이 체결되지 않으면 해당 사용자와 근로자의 근로계약은 근로계약 기간의 만료로 종료하게 된다. 따라서, 사용자와 근로자 사이에 근로계약의 갱신 또는 새로운 근로계약을 체결하려는 의사가 있었더라도 임금에 관한 합의가 이루어지지 않아 새로운 근로계약이 체결되지 않았다면 근로계약 기간의 만료로 근로 계약관계는 종료하게 되는바, 회사가 제시한 연봉액을 수용할 수 없어 근로계약서(연봉계약서) 작성을 거부하는 경우는 근로기간 만료로 근로관계를 종료하면 된다.<br>2. 기간의 정함이 없는 근로계약의 경우<br>사용자와 근로자 사이에 기간의 정함이 없는 근로계약을 체결한 경우, 근로계약 내용 중 임금에 관한 내용을 변경하는 임금계약(이를 새로운 근로계약서로 작성하는 경우에도 동일함)이 체결되지 않았더라도 기존 사용자와 근로자 사이의 근로계약은 유지된다. 또한, 기존 임금계약에도 만료기간이 정해지지 않았다면 새로운 임금 계약이 체결될 때까지는 기존 임금 계약이 효력을 유지하게 된다.<br>원칙적으로 근로계약의 당사자는 근로계약의 주요 근로조건인 임금에 대한 의사의 불합치가 있는 경우 이를 이유로 근로계약을 해지할 수 있을 것이나, 사용자가 이를 이유로 근로계약을 해지할 것을 통보한다면 이는 '해고'에 해당하니(특히 연봉액 미수용만을 이유로 해고 시 부당해고에 해당) 유의해야 한다. 다만, 근로자가 연봉액을 수용할 |

| 구 분 | 내 용 |
|---|---|
| | 수 없음을 주장하며 무단결근 등 근무 태만이 발생한다면, 이러한 사정을 이유로 징계하거나 해고하는 것은 취업규칙 등의 규정에 따라 가능하다. |
| | • 연봉삭감으로 새로운 근로계약을 체결해야 하는 경우<br>취업규칙 등에 연봉제를 준용한다는 규정이 있다고 하더라도 연봉삭감에 대해서는 개별근로자의 동의가 필요하다.<br>만일 근로자의 동의를 받지 못한 경우에는 해당 근로자에게는 삭감된 연봉이 근로조건으로 적용될 수 없으므로 기존에 적용되었던 연봉이 계속 지급되어야 함에 유의해야 한다. |
| 근로계약서는 매년 재작성 해야 하나? | • 원칙 : 사용자는 근로계약을 체결할 때 근로계약서를 발급해야 하고, 단체협약, 취업규칙, 법령 등에 의해 근로계약 사항이 변경되는 경우 근로자의 요구가 있으면 그 근로자에게 발급해야 한다. 그러나 사용자에게 매년 근로계약서를 새로 작성해야 할 의무가 있는 것은 아니다(근로기준법 제17조). 근로조건이나 임금 조건이 변경되지 않는 경우 근로계약서를 재작성할 필요가 없다.<br>• 예외 : 근로계약 당시 기본적 근로조건 전반에 대해 규정한 근로계약서를 서면으로 작성하여 교부하고, 급여의 경우 연봉계약으로 매년 임금의 변화가 있는 경우 별도의 연봉계약서를 작성하면 된다. 호봉제의 경우 취업규칙이나 별도의 임금규정에 호봉승급표를 작성하고 근로계약서에는 취업규칙이나 임금 규정상의 호봉승급에 따른다고 정하면 된다.<br>• 임금은 호봉승급 등으로 연초에 변동되는 경우가 많은데, 이런 경우 원칙적으로 근로계약서를 재작성하거나 예외적으로 연봉계약서가 있는 경우 연봉계약서만 재작성 또는 취업규칙 등에 위임규정을 두는 것도 가능하다. 변경된 임금 등을 명시한 서면(연봉계약서)만을 교부할 때는 이를 입증할 수 있도록 근로자의 서명 또는 날인을 받아두어야 한다. |

| 구 분 | 내 용 |
|---|---|
| 법령, 취업규칙, 단체협약 등의 내용이 변경되어 근로조건이 변경되는 경우도 근로계약서를 작성해야 하는지? | • 법령, 취업규칙, 단체협약 등의 내용이 변경됨에 따라 근로조건이 변경되었다 하더라도 반드시 근로계약서를 새로 작성할 의무는 없다. 즉 단체협약이나 취업규칙, 법에 따라 근로조건도 자동으로 해당 내용을 따라간다. |
| 계약직에서 정규직으로 전환 시 근로계약서 재작성? | • 기존의 계약직 근로계약을 정규직으로 소급해서 변동하는 것이 아니라면 정규직 전환 시점을 기준으로 근로계약을 다시 하는 것이 원칙이다.<br>• 근로계약서를 다시 작성한다.<br>• 계약직으로 근무하던 중에 이어서 정규직으로 전환되어 일을 지속하게 될 때 별도로 신고할 사항은 없다.<br>• 계약직으로 근무하다가 1개월 이상 일을 중지한 후 정규직으로 전환되어 일하게 되는 경우 4대 보험 상실신고 후 다시 취득 신고를 진행해야 한다. |

 **근로계약서 작성 및 교부**

• 법률에 근거한 근로계약서를 서면 작성(2부)
• 간인 이후 근로자에게 1부 교부
• 교부대장에 교부일시 등 작성 후 서명날인을 받음
• 교부대장의 보관
간인과 교부대장 작성이 법률상 의무는 아니다.

**지각 · 조퇴 · 외출 시 업무상 유의 사항**

- 무단으로 지각 · 조퇴 · 외출 시에는 징계 절차를 진행한다.
- 사유발생 시에는 가능한 빠른 시간 내에 사건 경위를 파악하고, 해당자로부터 서면으로 소명서나 확인서를 받는다.
- 지각 · 조퇴 · 외출 시 시급 통상임금을 기준으로 임금을 공제한다(근기 68207-3181, 2000.10.31).
- 지각 · 조퇴 · 외출 3회를 1일 결근으로 처리하는 것은 위법이다. 즉, 지각 · 조퇴 · 외출을 수 시간 또는 수 회를 했더라도 결근으로 처리할 수 없다(근기 01254-156, 1988.01.07). 단, 근로기준법에 의한 감급이나 승급, 상여금 지급 등에 영향을 주는 제도는 채택할 수 있다(법무 811-4808, 1981.02.16.). 또한, 취업규칙 등에 월 3회 이상 지각 · 조퇴를 할 경우 1일 결근으로 규정하여 인사고과에 달리 반영하는 것은 무방하다(근기 01254-156, 1988.01.07.)
- 지각 · 조퇴 · 외출 후 종업시간 이후 연장근로를 한 경우 비록 종업시간 이후 연장근로라 하더라도 1일 8시간을 초과하지 않는 경우는 연장근로 가산수당을 지급하지 않는다.
- 지각 · 조퇴 · 외출 등이 있더라도 일반적으로 만근으로 해석함이 타당하다(근기 1455-8372, 1970.09.08).
- 조퇴를 이유로 주휴일 등을 공제할 수 없다(근기 01254-1103, 1987.01.23)
- 무단조퇴 · 무단결근, 근무성적 불량 등을 이유로 시용기간중인 근로자에 대한 해고를 부당해고라 볼 수 없다(중노위 96부해57, 1996.05.28.).

# 02 근로계약서에 꼭 기록해야 하는 사항과 작성 해 두면 좋은 사항

근로계약서에는 임금, 근로시간, 휴일, 연차, 유급휴가 등의 내용을 명시해야 하며, 고용노동부에서 배포하는 표준근로계약서를 참고하면 쉽게 쓸 수 있다.

## 꼭 기록해야 하는 사항

근로계약서에는 임금, 근로시간, 주휴일, 연차휴가에 관한 사항이 반드시 포함되어야 하며, 구체적으로는 다음과 같다.

| 구 분 | 내 용 |
|---|---|
| 임금 | 임금은 단순히 총급여뿐만 아니라<br>❶ 임금이 어떻게 구성되는지(예를 들어 기본급, 수당, 식대 등 항목과 금액을 확정했는지)<br>❷ 언세부터 인제까지 일한 임금을 지급하는 것인지(매월 ○○일부터 매월 ○○일까지)<br>❸ 어떤 주기로 어떤 날 입금을 하는지(다음 달 ○○일에 근로자 은행 계좌로 지급) 모두 기재해야 한다. |

| 구 분 | 내 용 |
|---|---|
| 근로시간 | 출근 시간과 퇴근 시간을 모두 기재해야 하며, 직원에게는 4시간마다 30분 이상의 휴게시간을 부여해야 하므로 휴게시간도 기재하는 것이 바람직하다. 하루 8시간을 일하는 직원이라면 언제부터 언제까지 1시간의 점심시간을 준다고 기재하면 된다. |
| 주휴일 | 주휴일이란 일주일에 하루씩 부여하는 유급휴일로서 근로계약서에는 언제가 주휴일인지를 명시해야 한다. 일반적으로 월요일부터 금요일까지 근무를 하는 경우가 많으므로 "주휴일은 일요일로 한다"와 같이 기재하면 되며, 다른 형태로 근무일을 운영하는 경우는 사정에 맞게 주휴일을 정하면 된다. |
| 연차휴가 | 연차휴가란 매년 직원에게 유급으로 부여해야 하는 15일의 휴가를 말하며, 매 년마다 하루가 증가하여 총 25일까지 휴가가 늘어나게 된다. 연차휴가는 근로기준법 제60조에 자세히 규정되어 있으므로, 이 조항을 기준으로 계약서를 작성하면 된다. 다만, 연차휴가는 5명 이상의 근로자를 사용하고 있는 회사에 적용되는 기준이므로 직원이 5명 미만인 기업은 연차휴가를 부여하지 않을 수 있다. |

## 작성해 두면 좋은 사항

작성의무가 있는 것은 아니지만 근로관계에 큰 영향을 미치는 사항들과 주의할 점은 다음과 같다.

| 구 분 | 내 용 |
|---|---|
| 근로기간 | 계약기간이 있는 직원을 고용할 때는 근로계약서에 정확한 근로기간을 명시하는 것이 필요하다. 최초 계약할 때 계약기간은 1년을 초과할 수 없으며, 총 2년까지 연장할 수 있다. 만약 계약직 직원의 연속 |

| 구 분 | 내 용 |
|---|---|
| | 된 근로기간이 2년을 초과한다면 '기간제 및 단시간근로자 보호 등에 관한 법률'에 따라 정규직 직원으로 전환해야 하므로 계약기간을 연장할 때는 이 점을 고려할 필요가 있다. |
| 근무지와 직무내용 | 근무지와 직무내용은 근로계약서에 꼭 넣어야 하는 사항은 아니지만, 계약 체결 시 구두로라도 해당 내용을 정해두는 것이 좋다. 실무상 회사가 입사할 때 정한 업무와 직원이 실제 수행하는 업무가 확연히 다른 경우에는 문제가 발생할 수 있으므로, 지나치게 좁은 범위로 근무지나 직무내용을 확정하는 것은 업무 유연성 차원에서 바람직하지 않다. |
| 취업규칙에서 정한 사항 | 취업규칙이란 사업주가 '소속 직원 모두에게 적용되는 사내규칙 또는 근로조건에 관하여 구체적으로 규정한 것'으로써, 취업규칙 외에도 '인사규정' 또는 '사규'라 불린다. 이런 취업규칙은 회사운영의 원칙이 되는 기준이므로, 근로조건에 있어 중요한 부분이 있다면 계약서에 해당 내용을 포함하여 당사자 간에 확인할 필요가 있다. |
| 근무일 | ❶ 특정한 날에만 근무하는 직원이나,<br>❷ 주5일제를 시행하는 회사나,<br>❸ 일요일이 아닌 주중의 일정한 날이 주휴일인 회사 등의 경우에는 근로계약서에 '근무일은 월요일부터 금요일까지' 또는 '근무일 : 매주 수요일, 토요일' 등 근무일을 명확히 기재하는 것이 법적인 다툼 방지에 도움이 된다. |

 **아르바이트 근로계약서에 더 들어가야 할 사항**

단시간 근로자인 아르바이트의 근로계약서에는 정규직 근로계약서의 내용 외에 근로일 및 근로일별 근로시간이 반드시 명시되어야 하고, 서면 명시 의무를 위반하게 되면 500만 원 이하의 과태료 처분을 받게 된다.

# 03 연봉계약서 작성 요령

## 필수기재 사항 및 교부 의무

| 구분 | 일반근로자 | 기간제 · 단시간 근로자 |
|---|---|---|
| 필수기재사항 | 1. 임금의 구성항목 · 계산방법 · 지급방법<br>2. 소정근로시간<br>3. 휴일<br>4. 연차유급휴가 등 | 1. 임금의 구성항목 · 계산방법 · 지급방법<br>2. 소정근로시간<br>3. 휴일<br>4. 연차유급휴가<br>5. 근로계약기간<br>6. 취업의 장소와 종사해야 할 업무<br>7. 근로일 및 근로일별 근로시간 (단시간근로자에 한함) |
| 위반 시 제재 | 500만원 이하 벌금 | 500만원 이하 과태료 |

### ⇨ 임금의 구성항목·계산방법·지급방법

임금의 구성항목 · 계산방법 · 지급방법이란 연봉 · 월급이 어떠한 항목으로 구성되어 있는지, 기본급 및 각종 수당 등이 어떻게 계산되어 있는지, 며칠에 급여가 지급되는지 등을 의미한다.

임금의 구성항목 · 계산방법 · 지급방법의 항목은 임금체불 등 금전적인 법적문제와 밀접한 관련이 있으므로 다른 항목에 비해 더욱 치밀히 작성되어야 한다. 특히 연봉 · 월급에 법정수당(연장 · 야간 · 휴일근로수당)을 포함해서 지급하고 있는 회사의 경우 반드시 연봉 · 월급에 포함된 법정수당의 금액이나 연장 · 야간 · 휴일근로시간을 기재해야 적법하게 법정수당을 지급한 것으로 인정받을 수 있으니 유념해야 한다.

## ⇨ 소정근로시간

소정근로시간이란 직원과 회사 간에 근무하기로 약정한 근로시간이다. 해당 항목에서는 법정근로시간인 1일 8시간, 1주 40시간 범위 내에서 시업 및 종업시간을 기재한다.

연장근로가 예상되는 경우 근로자의 동의가 있는 경우 1주 12시간 범위 내에서 연장근로를 할 수 있다는 별도의 동의란을 마련해야 근로기준법 제53조와 근로기준법 제70조 상의 동의 및 합의 의무를 이행할 수 있다.

## ⇨ 휴일 및 연차유급휴가

휴일 항목에서는 법정 유급휴일인 주휴일(전제 주간 만근한 경우)과 근로자의 날을 기재하고 필요한 경우 회사 창립일 등 약정휴일에 대해 기재한다.

연차유급휴가 항목에서는 계속근로연수 1년간 80%를 만근한 경우 15일의 연차유급휴가를 지급한다는 내용을 기재한다.

## ⇨ 근로계약기간

기간제근로자의 경우 가장 신경 써야 할 부분이 근로계약기간이다. 근로계약 종료일의 기재가 불명확한 경우 계약기간 만료로 근로관계를 종료할 수 없고, 무기계약직으로 전환되어 부당해고와 관련된 문제를 일으킬 수 있다. 따라서 기간제법상 사용기한의 제한 2년 범위에서 계약 종료일을 반드시 기재해 법적 논란을 줄여야 할 것이다.

## ⇨ 기타 기재 사항(수습 및 수습기간 명시)

채용 이후 일정기간 동안 수습직원으로 사용하는 경우 반드시 근로계약서상 채용일로부터 3개월간은 수습근로자임을 명시해야만 수습직원으로 인정된다.

수습에 대한 명시가 있는 경우에만 수습기간 중 근무태도나 업무수행 능력이 부족한 직원은 정식 채용을 거부해 해고유보권을 행사할 수 있으며, 그렇지 않은 경우 정식직원과 동일하게 간주되어 근로관계를 종료하기 곤란해질 수 있다.

## 개인정보동의서 상 필수기재 사항

1. 개인정보의 수집 · 이용목적
2. 수집하는 개인정보의 항목

3. 개인정보의 보유 및 이용기간
4. 동의를 거부할 권리가 있다는 사실 및 동의거부에 따른 불이익이 있는 경우 그 불이익

인사팀은 직원들의 정보를 직접적으로 다룰 수밖에 없으므로 인사노무관리에 있어서도 개인정보보호법이 적용된다.

인사노무관리에 있어서 개인정보는 표준 개인정보 보호지침 제12조 제6항에 따라 근로계약 체결, 임금지급, 교육, 증명서 발급, 근로자 복지제공을 위한 경우는 직원의 동의 없이 개인정보를 수집·이용할 수 있다. 또한, 고유 식별 정보(주민등록번호)의 처리는 원칙적으로 금지되나, 소득세법에 따른 연말정산 등과 같이 법령상 의무준수를 위해 불가피한 경우 직원 및 직원의 가족 등의 동의 없이 처리가능하다.

그러나 회사에서는 근로기준법 및 소득세법상 의무준수 외에도 제3 기관에 교육을 위한 인사정보의 제공, 계열사 간 인사교류를 위한 인사정보의 제공, 고객만족도 제고를 위한 담당자 업무 및 연락처 공개 등 개인정보를 활용하는 경우가 잦으므로 연봉계약서를 체결하면서 동시에 개인정보보호 동의를 받아 개인정보보호법을 준수하는 것이 바람직하다.

# 04 취업규칙의 작성

취업규칙이란 근로계약관계에 적용되는 근로조건이나 복무규율 등에 대해서 사용자가 일방적으로 작성해서 소속근로자에게 공통적으로 적용하는 규칙으로서 복무규정, 인사규정 등 그 명칭에 상관없이 복무규율과 임금 등 근로조건에 관한 준칙의 내용을 담고 있는 것은 취업규칙에 해당 된다.

## 취업규칙의 기재 사항

취업규칙에는 사용자가 반드시 기재해야 할 필요적 기재사항과 그밖에 사용자가 임의로 기재할 수 있는 임의적 기재사항이 있다. 사용자는 법령이나 단체협약에 위배되지 않는 한 어떠한 사항도 취업규칙에 기재할 수 있으나, 다음 사항은 반드시 기재해야 한다.

❶ 업무의 시작과 종료시각, 휴게시각, 휴일, 휴가 및 교대근로에 관한 사항

❷ 임금의 결정 · 계산 · 지급방법, 임금의 산정기간 · 지급시기 및 승급에 관한 사항

❸ 가족수당의 계산 · 지급 방법에 관한 사항

❹ 퇴직에 관한 사항

❺ 근로자퇴직급여보장법 제8조에 따른 퇴직금, 상여 및 최저임금에 관한 사항

❻ 근로자의 식비, 작업용품 등의 부담에 관한 사항

❼ 근로자를 위한 교육시설에 관한 사항

❽ 출산휴가 · 육아휴직 등 여성 근로자의 모성보호 및 일 · 가정양립 지원에 관한 사항

❾ 안전과 보건에 관한 사항 및 성별 · 연령 · 사회적 신분 등의 특성에 따른 사업장 환경개선에 관한 사항

❿ 업무 상과 업무 외의 재해부조에 관한 사항

⓫ 직장내 괴롭힘의 예방 및 발생 시 조치 등에 관한 사항

⓬ 표창과 제재에 관한 사항

⓭ 그 밖에 해당 사업 또는 사업장의 근로자 전체에 적용될 사항

## 취업규칙의 구성

취업규칙은 법에 의한 필요적 기재사항과 규정 체계 등을 고려해서 다음과 같은 장으로 구성되는 것이 일반적이다.

| 구 분 | 내 용 |
| --- | --- |
| 제1장 총칙 | 취업규칙의 목적, 용어의 정의, 적용범위 등 취업규칙 체계상 필요한 사항을 규정한다. |

| 구 분 | 내 용 |
|---|---|
| 제2장 채용 및 근로계약 | 채용원칙, 전형방법, 채용제한 사유, 채용 시 제출서류, 근로계약 체결방법, 수습 및 시용기간 등 고용과 관련된 제반사항을 규정한다. |
| 제3장 복무 | 복무의무, 출근·결근, 지각·조퇴·외출, 근로시간 중 공민권 행사시간·태아 검진시간·육아시간 부여, 출장, 비상시 출근, 신상변동 신고의무 등 근로제공과 관련된 복무규율을 규정한다. |
| 제4장 인사 | 인사위원회의 구성·기능 및 운영방법, 배치·전직·승진·대기발령 등 인사이동의 원칙, 휴직사유 및 기간, 휴직기간의 처우, 복직, 육아휴직 및 육아기 근로시간단축 등 회사 인사권과 관련된 사항을 규정한다. |
| 제5장 근로조건 | 근무형태, 근로시간 및 휴게시간, 각종 근로시간 유연화 제도, 연장·야간·휴일근로 제한 및 보상, 휴일, 연차휴가·출산휴가·배우자 출산휴가·생리휴가·병가·경조휴가 등 근로자에게 공통적으로 적용될 근로시간 및 휴일·휴가 등의 근로조건에 관한 사항을 규정한다. |
| 제6장 임금 | 임금 결정의 원칙, 구성항목, 계산 및 지급방법, 비상시 지급 및 휴업수당 등 근로조건 중 가장 중요한 임금에 관한 사항을 규정한다. |
| 제7장 퇴직 ·해고 등 | 퇴직사유 및 시기, 사직의 절차, 정년 및 재고용, 해고사유 및 시기제한, 해고예고 및 서면통지 등 퇴직에 관련된 사항을 규정한다. |
| 제8장 퇴직급여 | 퇴직급여제도의 설정, 퇴직금 및 퇴직연금제도의 운영 등 퇴직 시 지급되는 퇴직급여에 관한 사항을 규정한다. |
| 제9장 표창 및 징계 | 표창대상, 징계사유, 징계종류, 징계절차 등 근로자의 사기진작을 위한 표창 및 사업장 질서유지를 위한 징계에 관한 사항을 규정한다. |
| 제10장 교육 및 성희롱 예방 | 직무교육, 사외위탁교육, 성희롱예방교육 및 성희롱발생시 조치사항 등 직무능력향상과 안전한 근무환경 조성을 위해 실시하는 각종 교육훈련에 관한 사항을 규정한다. |

| 구 분 | 내 용 |
|---|---|
| 제11장<br>안전보건 | 사업주의 안전보건상의 의무, 산업안전보건법령의 요지 게시 및 안전보건표지 부착, 관리감독자의 의무, 안전보건교육, 건강진단, 질병자의 취업제한 등 사업장 내에서 발생할 수 있는 위험 및 건강장해를 예방하기 위한 안전보건에 관한 사항을 규정한다. |
| 제12장<br>재해보상 | 산업재해에 대한 보상, 업무 외 재해에 대한 사업주 책임 등 재해보상에 관한 사항을 규정한다. |
| 제13장<br>복리후생 | 복리후생시설 운영, 체육문예활동 지원, 경조금 지급, 식사제공, 재해부조 등 근로자의 사기진작을 위해 행해지는 각종 복리후생제도에 관한 사항을 규정한다. |
| 부칙 | 취업규칙의 비치, 변경절차, 시행일 등에 관한 사항을 규정한다. |

# 취업규칙의 작성 · 신고

## ▷ 작성·신고 의무

상시 10인 이상의 근로자를 사용하는 사용자는 법 소정의 필요적 기재사항을 기재한 취업규칙을 작성해서 고용노동부 장관에게 신고해야 하며, 이를 위반하는 경우 500만 원 이하의 과태료에 처해진다.

여기서 '상시 10인 이상의 근로자를 사용한다.' 라고 함은 근로기준법의 전부 또는 일부를 적용받는 근로자가 상태적으로 보아 10인 이상인 경우를 의미하는 것으로 해당 사업 또는 사업장에서 법 적용 사유 발생일 전 1개월(사업이 성립한 날부터 1개월 미만의 경우는 그 사업이 성립한 날 이후의 기간을 말한다) 동안 사용한 근로자의 연인원을 같은 기간 중의 가동 일수로 나누어 산정한다. 다만, 그 결과가 상시 10인 미만인 경우에도 산정기간에 속하는 일별로 근로자 수를 파악하였을 때 법 적용 기준에 미달한 일수가 2분의 1 미만인 경우에는 취업규칙 작성의무가 있지만, 상시 10인 이상인 경우라 하더라도 산정기간에 속하는 일별로 근로자 수를 파악하였을 때 법 적용 기준에 미달한 일수가 2분의 1 미만인 경우에는 취업규칙 작성의무가 없다.

취업규칙 작성의 장소적 기준은 사업장 단위로 보아야 하지만 사업의 종류에 따라 몇 개의 사업장이 동질성을 가지고 있는 경우에는 두 개 이상의 사업장에서 사용하는 근로자가 10인 이상인 경우에도 작성의무를 갖는다.

하나의 사업장이라고 하더라도 「근로기준법」 제5조(균등처우) 및 「기간제및단시간근로자보호등에관한법률」 제8조(차별적 처우의 금지)에 저촉되지 않는다면 직종, 고용형태별 등에 따라 별도의 취업규칙을 작성할 수도 있고, 하나의 사업에 수 개의 사업장이 있는 경우 모든 사업장에 적용할 통일된 취업규칙을 작성할 수도 있다.

## ⇨ 작성·신고의 절차

취업규칙의 작성 · 변경에 관한 권한은 원칙적으로 사용자에게 있으므로 단체협약 또는 노사협의회에서 다른 정함이 없는 한 사용자 단독으로 작성하고 변경할 수 있다. 다만, 취업규칙이 근로자의 근로조건에 직접 영향을 미치는 규범이기 때문에 근로기준법에서는 그 작성 또는 변경에 있어 근로자대표의 의견 청취 또는 동의를 요구(위반 시 500만 원 이하의 벌금)하고 있다.

따라서 사용자가 취업규칙을 작성·신고하고자 한다면 우선 사용자가 취업규칙을 작성해서 노동조합 또는 근로자에게 제시하고 근로자 과반수로 조직된 노동조합이 있는 경우에는 그 노동조합, 근로자 과반수로 조직된 노동조합이 없는 경우에는 근로자 과반수의 의견을 들은 후 그 의견을 적은 서면을 첨부해서 고용노동부 장관에게 신고해야 한다.

## 취업규칙의 효력

### ⇨ 효력 발생시기와 범위

취업규칙을 작성·변경할 권한은 기본적으로 사용자에게 있으나, 사용자는 각 사업장에 취업규칙을 게시 또는 비치해서 근로자에게 주지시킬 의무가 있으므로 취업규칙은 이러한 주지 상태가 되면 그 효력이 발생한다. 이 경우 취업규칙에 효력 발생 시기에 대한 명문규정이 별도로 있으면 그에 따른다. 물론, 사용자는 취업규칙을 작성할 때 근로자대표의 의견청취 또는 동의 등의 절차를 거쳐야 하나, 이러한 절차를 거치지 않았다고 해서 취업규칙의 효력이 없다고 할 수는 없다. 따라서 사용자가 일방적으로 취업규칙을 작성 또는 변경하면서 근로자대표의 의견 청취 또는 동의 등의 절차를 거치지 않았다고 하더라도 법규적 효력을 가진 취업규칙은 사용자에 의해 작성 또는 변경된 취업규칙이다. 다만, 불이익 변경의 경우 변경 후의 취업근로자와 달리 그 변경으로 기득이익이 침해되는 기존 근로자에 대해서는 종전 취업규칙이 적용되며, 불이익 변경이라 해도 사회통념상 합리성이 있다고 인정되는 경우는 기존 근로자에 대해서도 변경된 취업규칙이 적용된다.

취업규칙은 원칙적으로 사업 또는 사업장 단위의 모든 근로자에게 적용되며, 취업규칙 시행 당시에 근무하고 있는 근로자에게만 적용되는 것이지 이미 퇴직한 근로자에게까지 소급 적용되지 않는다.

일부 근로자에 대해 특별대우를 하고자 할 때는 취업규칙에서 특별규정을 두거나, 그들에게 적용되는 다른 취업규칙을 작성해야 한다.

## ⇨ 취업규칙과 법령·단체협약 및 근로계약과의 관계

취업규칙은 법령 또는 당해 사업 또는 사업장에 대해서 적용되는 단체협약에 반할 수 없으며, 취업규칙이 법령 또는 단체협약에 저촉되는 경우 고용노동부 장관은 이의 변경을 명할 수 있다.

취업규칙에 정한 기준에 미달하는 근로조건을 정한 근로계약은 그 부분에 관해서는 무효로 하며, 이 경우 무효로 된 부분은 취업규칙에 정한 기준에 의한다.

근로조건의 기준을 정하는 사항은 법령, 단체협약, 취업규칙, 근로계약이 있으며, 일반적인 우선순위는 법령, 단체협약, 취업규칙, 근로계약 순으로 되어있으나, 이러한 우선순위와 관계없이 근로자에게 유리한 조건이 우선해서 적용된다.

### ✦ 취업규칙과 관련해 유의할 사항

• 취업규칙은 원칙적으로 근로자에게 적용되며, 근로자가 아닌 자는 별도의 약정이나

정함에 의한다. 따라서 근로 형태나 근속기간 등이 다른 비정규직 직원은 별도의 정함으로 정규직 직원과 다른 근로조건을 정할 수 있다. 다만, 합리적인 사유가 없는 차별적 근로조건은 인정될 수 없다.

- 취업규칙에 정한 근로조건 등의 내용은 단체협약의 동일한 내용에 위배될 수 없다 (근기 68207-685).
- 정규직과 비정규직에 적용되는 각각의 취업규칙이 있더라도 그 전체를 합한 것을 하나의 취업규칙으로 볼 수 있다(근기 68207-1276, 2003.10.27).
- 별도의 정함이 없는 비정규직의 근로조건은 일반 취업규칙의 기준에 따라 처우해야 한다.
- 취업규칙의 변경이 법령 또는 단체협약에 어긋나는 경우 고용노동부 장관은 그 변경을 명할 수 있다(근기 01254-1484, 1989.02.01).

# 05 취업규칙의 변경

## 취업규칙의 변경 절차

취업규칙의 작성·변경에 관한 권한이 원칙적으로 사용자에 있으므로, 취업규칙의 변경은 사용자에 의해 일방적으로 이루어질 수 있다. 다만, 그 변경은 근로자의 근로조건 변동, 특히 불이익 변경은 근로조건의 저하를 초래하므로, 근로자대표의 의견 청취 또는 동의를 받아 고용노동부 장관에게 신고해야 한다.

따라서 사용자가 취업규칙을 변경하고자 하는 경우 취업규칙 변경안을 노동조합 또는 근로자에게 제시해서 불이익하지 않은 변경에는 근로자대표의 의견을 듣고, 불이익한 변경에는 근로자대표의 동의를 받아 그 의견 또는 동의 여부를 적은 서면을 첨부해서 고용노동부 장관에게 신고해야 한다.

## 불이익 변경과 근로자 동의

통상근무를 해온 특정 직종 근로자를 교대제 근무자로 변경할 경우, 인사고과에 따라 임금이 삭감될 수도 있는 형태의 연봉제를 도입할 경우 등은 불이익 변경에 해당하며, 일부 근로자에게 유리하고 일부 근로자에게 불이익한 경우에도 전체적으로 보아 불이익 변경으로 본다. 이러한 불이익 여부의 판단 시점은 취업규칙의 변경이 이루어진 시점이다. 불이익 변경 시의 근로자대표의 동의는 당해 사업장에 근로자의 과반수로 조직된 노동조합이 있는 경우에는 그 노동조합, 근로자의 과반수로 조직된 노동조합이 없는 경우에는 근로자들의 집단적 의사결정 방법(회의 기타 이에 준하는 방법 등)에 의한 근로자의 과반수의 동의를 얻어야 한다. 회람형식의 동의서에 개별적으로 동의의 내용을 기재하거나 노사협의회에서 근로자위원의 동의가 있다고 해서 근로자 과반수의 동의가 있었다고 할 수는 없다.

일부 직종 또는 고용 형태에게만 적용되는 취업규칙 변경이 불이익할 경우 그 적용을 받는 근로자 과반수의 동의를 얻는 외에 그 외의 근로자 과반수나 노동조합의 의견도 청취해야 한다.

##  고용노동부에 신고하지 않은 취업규칙의 효력

근로기준법 제93조의 취업규칙은 사용자가 근로자의 복무규율과 임금 등 당해 사업의 근로자 전체에게 적용될 근로조건에 관한 준칙을 규정한 것을 말하는 것으로서, 그 명칭에 구애받을 것(대법원 2001다77970, 2002. 6. 28)은 아니다.

한편, 근로기준법 제93조는 취업규칙의 작성 및 변경에 관하여 행정관청에의 신고 의무를, 같은 법 제94조 본문은 노동조합 또는 근로자 대표자의 의견 청취 의무를, 같은 법 제14조 제1항은 취업규칙의 게시 또는 비치에 의한 주지 의무를 정하고 있지만 이러한 규정들은 단속법규에 불과할 뿐 효력규정이라고는 볼 수 없으므로 사용자가 이러한 규정들을 준수하지 않았다고 하더라도 그로 인하여 바로 취업규칙의 작성 또는 변경이 무효로 되는 것은 아니다.

그러나 취업규칙은 사용자가 정하는 기업 내의 규범이기 때문에 사용자가 취업규칙을 신설 또는 변경하기 위한 조항을 정하였다고 하여도 그로 인하여 바로 효력이 생기는 것이라고는 할 수 없고 신설 또는 변경된 취업규칙의 효력이 생기기 위해서는 반드시 근로기준법 제13조 제1항(현행 근로기준법[법률 제123256호, 2014.1.21) 제14조 제1항)에서 정한 방법에 의할 필요는 없지만, 적어도 법령의 공포에 준하는 절차로서 그것이 새로운 기업 내 규범인 것을 널리 근로자가 알게 하는 절차 즉, 어떠한 방법이든지 적당한 방법에 의한 주지가 필요하다 할 것(대법원 2001다63599, 2004.2.12)이다.

###  고용노동부에 취업규칙은 언제까지 신고해야 하나?

근로기준법 제93조 취업규칙의 작성, 신고를 보면 상시 10인 이상의 근로자를 사용하는 사용자는 다음 각호의 사항에 관한 취업규칙을 작성하여 고용노동부 장관에게 신고하여야 한다고 규정되어 있는데 언제까지 신고하여야 한다는 별도의 내용이 없다.

이에 근로감독관 직무지침 상 근로감독 요령에 취업규칙이 신고 되어있지 않은 경우 25일의 시정기간을 부여하고 그래도 신고하지 않으면 과태료 처분을 한다고 규정하고 있지만, 판례에서는 사업장에서 상시근로자 수가 10인 이상 사업장이 된 지 8개월 만에 그리고 기숙사를 설립한 이후 2개월 후에 취업규칙과 기숙사규칙을 신고한 사례에서 동 취업규칙 및 기숙사규칙을 신고해야 할 최소한의 기간을 도과하였기 때문에 근로기준법 제93조 위반이라고 판시(전주지법 2005노105, 2005.6.14)한 바 있다.

즉, 취업규칙은 그 작성 의무가 발생하는 상시근로자수 10인 이상 사업장이 된 후 지체없이 신고하는 것이 원칙이다.

# 제3장

# 근로시간과
# 휴게·휴가·휴직

# 01 법정근로시간, 소정근로시간, 유급 근로시간, 실제 근로시간

## 근로시간의 개념

### ➪ 근로시간의 범위

근로시간이란 근로자가 사용자의 지휘·감독하에 근로계약상의 근로를 제공하는 시간으로서 작업의 개시로부터 종료까지의 시간에서 휴게시간을 제외한 실제 근로시간을 말한다.

> 근로시간 = 시업시간 ~ 종업시간 - 휴게시간
> 일반적으로 (09:00~18:00) - (12:00~13:00)

실제 근로시간은 노동력을 경제적 목적에 사용했느냐와 관계없이 사용자의 지휘·감독(묵시적인 것도 포함) 아래에 둔 시간을 의미한다. 따라서 대기시간이라도 사용자의 지휘·감독 아래에 있으면 근로시간이다. 소정근로시간이나 시업·종업시각 외에 시간외근로를 시키려면 근로자의 개별적인 동의가 필요하다.

## ⇨ 근로시간의 기산점과 종료점

특별한 사정이 없다면 근로시간의 기산점과 종료점은 단체협약, 취업규칙 등에 정해진 출근 시간과 퇴근 시간이 되는 것이다. 업무의 시작과 종료시각은 취업규칙의 필수적 기재 사항이다(근로기준법 제93조). 기산점은 근로자가 자기의 노동력을 사용자의 처분 하에 두는 시점이며, 종료점은 사용자의 지휘·명령에서 해방되는 시점이므로 근로자가 실제로 구속되는 시간을 기준으로 판단하게 된다.

| 구 분 | 내 용 |
| --- | --- |
| 법정근로시간, 소정근로시간, 유급근로시간 의 차이 | 법정근로시간은 근로기준법에 따라 1일 8시간, 1주 40시간이다. 법정근로시간 이내에서 사용자와 근로자는 자유롭게 근로시간을 정할 수 있다. 이것을 소정근로시간이라고 한다. 그리고 유급 근로시간은 소정근로시간에 주휴 근로시간을 더한 근로시간을 말한다. |

## 법정근로시간

법정근로시간은 휴게시간을 제외하고 1일 8시간, 1주 40시간이 원칙이다. 연소자(15세 이상 18세 이하)의 법정근로시간은 1일 7시간, 1주일에 35시간(당사자와의 합의에 의해 1일 1시간, 1주일 5시간 한도로 연장가능)을 초과하지 못한다. 잠함·잠수작업 등 고기압 하에서 행하는 작업에 종사하는 근로자는 1일 6시간, 1주 34시간을 초과해서 근로시킬 수 없다(산안보법 제46조, 산안보령 제38조의2).

| 구 분 | 내 용 |
|---|---|
| 개 념 | • 1일의 근로시간은 휴게시간을 제외하고 8시간을 초과할 수 없다.<br>• 1주간의 근로시간은 휴게시간을 제외하고 40시간을 초과할 수 없다.<br>• 18세 미만의 연소자는 1일 7시간, 1주 35시간을 초과할 수 없다. |
| 법 정<br>연장근로<br>한 도 | • 1주 12시간을 초과할 수 없다(휴일 포함)<br>• 임신 중인 근로자는 절대 불가능하다.<br>• 18세 미만의 연소자는 1일 최대 1시간, 1주 최대 5시간(합의 필요)<br>• 산후 1년 이하는 1일 2시간 1주 최대 6시간 1년 최대 150시간까지 가능하다. |
| 특 별<br>연장근로 | • 상시근로자 수 30명 미만 사업장은 2022년 12월 31일까지 근로시간을 초과할 필요가 있는 사유 및 기간, 대상 근로자의 범위를 정하여 근로자대표와 서면으로 합의하면 1주에 8시간까지 추가로 근로시간을 연장할 수 있다(1주 최대 60시간 근무 가능, 18세 미만 근로자에 대해서는 적용 불가능함).<br>• 자연재해, 재난 등의 사고가 발생하여 불가피하게 연장근로를 해야만 하는 경우는 '고용노동부 장관의 인가 및 근로자의 동의'를 받아 1주 12시간을 초과하는 연장근로를 시행할 수 있다. 특별 연장근로를 시행하기 위해서는 근로자 동의서를 첨부하여 사전에 사업장 관할 노동청에 인가를 받아야 하며(원칙), 만일 사태가 급박하여 인가를 받을 시간이 없는 경우 사후에 지체없이 승인을 받아야 한다(예외).<br>• 특별 연장근로를 시행하는 사업장에서는 근로자의 건강을 보호하기 위해 아래 세 가지 중 하나 이상의 조치를 해야 한다. 만일 하나 이상의 조처를 하지 않을 경우는 2년 이하의 징역 또는 2천만원 이하의 벌금이 부과된다.<br>❶ 12시간을 초과하는 추가 연장근로시간을 1주 8시간 내로 운영 |

| 구 분 | 내 용 |
|---|---|
| | ❷ 근로일 종료 후 다음 근로일 개시 전까지 연속 11시간 이상의 휴식시간을 부여<br>❸ 특별 연장근로 도중 또는 종료 후 특별 연장근로 시간에 상당하는 연속한 휴식시간을 부여 |

## 소정근로시간

소정근로시간이란 법정근로시간의 범위 안에서 근로자와 사용자 간에 정한 시간을 말한다. 일반근로자는 1일 8시간, 1주 40시간의 범위내에서 정해진 시간이며, 연소자의 경우에는 1일 5시간, 1주 35시간의 범위내에서 정해진 시간이 된다.

1주 소정근로시간은 월요일부터 기산하며, 1월 소정근로시간은 매월 초일부터 기산한다. 예를 들어 화요일 입사한 직원의 첫 주휴일은 1주 개근이 아니므로 무급으로 부여한다.

소정근로시간은 일반적으로 약정으로 정하게 되며, 이는 근로계약서나 연봉계약서 등에 명시해야 한다.

1일 근로시간이 불규칙한 경우 1주 또는 월 소정근로시간수를 계산, 이를 평균한 시간 수를 소정근로시간으로 한다(근기 68207-865, 1994.05.27.).

| 구 분 | 내 용 |
|---|---|
| | • 법정근로시간의 범위 내에서 근로자와 사용자 간에 정한 근로시간을 말한다. |

| 구 분 | 내 용 |
|---|---|
| 개　념 | • 소정근로시간에는 유급 처리되는 시간(예 : 주휴일)이 포함되지 않는다.<br>• 소정근로시간은 1주 40시간, 1일 8시간의 범위에서 근로관계 당사자가 임의로 정할 수 있으며, 1주 40시간을 근로할 때도 반드시 1일 8시간씩 5일간 근무해야 하는 것은 아니다. 따라서 1일 소정근로시간을 6시간 40분으로 정하거나, 1주 중 2일의 특정요일에는 1일 4시간, 다른 4일은 1일 8시간으로 정하여 1주 40시간을 근로케 하더라도 반드시 근로기준법 위반이라 보기는 어려울 것이다<br>• 소정근로시간(월)은 취업규칙, 근로계약서상에 명시해야 한다.<br>• 원래의 소정근로시간을 변경하지 않은 채 일시적으로 단축한 경우는 원래의 소정근로시간이 적용된다. 그러나 일정 시점으로부터 1일 근로시간을 단축하기로 노사 간 상호합의하에 변경했다면 단축된 시간이 소정근로시간이 된다.<br>• 탄력적 근로시간제는 특정 주 소정근로시간이 40시간을 초과할 수 있다. 예를 들어 특정주 4일 근무 10시간으로 근무체계가 변경된 경우 10시간이 소정근로시간이 된다. |
| 연장근로<br>시　간 | • 통상 근로자 : 법정근로시간(1일 8시간, 1주 40시간)을 초과하는 경우 연장근로로 근로시간 대는 상관이 없다.<br>• 따라서 오후 출근 후 퇴근 시간이 지났다고 연장근로수당이 발생하지 않고, 1일 8시간 초과 근무시간부터 연장근로수당이 발생한다.<br>• 또한 월요일 연차 사용 후 토요일 8시간 근무를 한 경우 화~토 주 40시간으로 연장근로수당이 발생하지 않는다.<br>• 단시간 근로자 : 당사자 간 합의한 소정근로시간보다 길게 하는 경우<br>• 단시간 근로(아르바이트, 파트타임, 시간제 근로)를 한 자의 경우 근로하기로 약속한 시간을 초과해서 근무한 경우 연장근로수당을 지급해야 한다. 즉 1일 4시간 일하기로 했는데 실제로 8시간을 근 |

| 구 분 | 내 용 |
|---|---|
| | 로한 경우 1일 8시간을 넘지 않았다고 추가 근무 4시간분에 대한 연장근로수당이 발생하지 않는 것이 아니라 약속한 4시간을 초과한 근무는 모두 연장근로에 해당한다. 예를 들어 8시간 근무 100% + 4시간 근무 가산 50%의 가산임금을 지급해야 한다. |

# 유급 근로시간

유급 근로시간은 월급을 계산할 때 월급책정에 들어간 시간을 말한다. 따라서 월급은 유급 근로시간만큼 줘야 하고 결근 등으로 월급에서 급여를 차감할 때도 유급 근로시간 분만 차감한다. 따라서 토요일이 무급의 경우 애초 급여계산 시 토요일 근무분을 월급에 포함해 지급하기로 계약을 안 했으므로, 급여 차감을 할 때도 처음부터 포함안 된 토요일 급여를 차감하면 안 된다. 만일 차감을 한다면 토요일 급여를 주지도 않았으면서 뺏어가는 결과가 된다.

중도 입사자와 중도 퇴사자의 월급을 일할계산할 때 유급 근로시간으로 계산하면 최저임금 문제가 발생하지 않는 장점이 있다.

| 구 분 | 내 용 |
|---|---|
| 개 념 | • 월급을 계산할 때 월급책정에 들어간 시간을 말한다.<br>• 최저임금의 계산기준이 되는 근로시간을 말한다. 따라서 월급은 최소 유급 근로시간만큼 줘야 하고 결근 등으로 월급에서 급여를 차감할 때도 유급 근로시간 분만 차감한다. |

| 구 분 | 내 용 |
|---|---|
| 실 무 상<br>활 용 | • 최저임금 계산<br>　2022년 기준 최저시급 9,160원<br>　2022년 기준 최저임금 9,160원 × 209시간 = 1,914,440원<br>• 중도 입사자와 중도 퇴사자의 월급을 일할계산할 때 유급 근로시간<br>　으로 계산하면 최저임금 문제가 발생하지 않는 장점이 있다.<br>• 통상시급 계산 시 기준이 되는 근로시간이다.<br>　월 통상임금이 209만 원, 1일 8시간 주40시간인 경우<br>　통상시급 = 209만원 ÷ 209시간 = 1만원<br>• 흔히 말하는 209시간은 유급 근로시간을 말한다.<br>① 평일 5일 동안 1일 8시간씩 근무(일반적인 경우)<br>➜ 기본 근로시간 = 1주 40시간<br>② 1주 15시간 이상 근로 시 1일분의 유급휴일 제공(주휴일).<br>➜ 유급휴일 = 주 40시간(월~금(또는 토) 각각 8시간) ÷ 5일 = 1주<br>8시간<br>③ 실제 근로시간 + 유급휴일<br>➜ 1주 48시간(① + ②)<br>④ 1년은 365일이며, 주로 환산하면 52.14285714주임<br>➜ 365일 ÷ 7일 = 52.14285714주<br>⑤ 1개월은 주로 환산하면 4.34523809주임<br>➜ 52.14285714주 ÷ 12개월 = 4.34523809주<br>⑥ 1개월의 유급 근로시간 = ③ × ⑤<br>➜ 48시간 × 4.34523809주 = 208.57142832 = 209시간<br>4.345주 = (365일 ÷ 12개월) ÷ 7일(1주일)<br>• 연장 · 야간 · 휴일 가산임금 계산을 위한 통상시급 계산<br>• 연차휴가 미사용 수당 계산을 위한 통상일급 계산 |

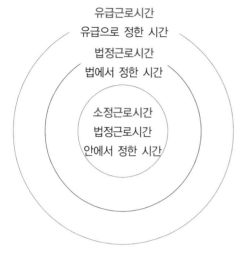

유급근로시간
유급으로 정한 시간      : 소정근로시간 + 주휴시간

법정근로시간
법에서 정한 시간      : 1일 8시간, 1주 40시간

소정근로시간
법정근로시간
안에서 정한 시간      : 1일 8시간, 1주 40시간 안에서
노사 상호 간에 정한 시간

## 실제 근로시간

실제 근로시간은 소정근로시간 + 시간외 근로시간을 말한다. 따라서 실제 근로시간과 소정근로시간이 일치하면 시간외 근로수당이 발생하지 않는다. 반면 실제 근로시간이 소정근로시간을 초과하는 경우 시간외 근로수당이 발생한다.

주 52시간 위반 여부 판단에는 실제 근로시간이 사용된다. 즉, 52시간 위반 여부의 판단은 '실제로 일한 시간'을 기준으로 한다. 유급휴일을 부여하기 위해 유급 처리되는 시간 또는 유급휴가를 사용한 시간은 주 52시간 위반 여부를 판단할 때 포함되지 않는다.

실제로 일한 시간이 일주일에 52시간을 초과하느냐가 판단의 기준이다. 예를 들어 토요일 유급휴일로 해도 실제로 근무하지 않은 경우 52시간에 포함되지 않는다. 또한 주중에 연차휴가 1일을 사용한 경우 실제 주 32시간을 일한 상태에서 토요일 8시간을 근무하고 1주일 연장근로 12시간이 발생해도 주52시간 위반에 해당하지 않는다.

## 법정근로시간 적용의 원칙

### ▷ 1일 및 1주의 의미

법정근로시간은 1일과 1주의 이중적인 제한이 있다. 즉, 1일 8시간을 초과할 수 없고, 1일 8시간을 초과하지 않더라도 1주에 40시간을 초과하지 못한다.

### 1일의 의미

1일은 통상 0시부터 24시까지를 의미하지만, 교대제 등으로 24시를 지나 달력상 이틀에 걸쳐 계속 근로하더라도 이는 업무를 시작 날의 근로로서 하나의 근무로 취급한다(근기 01254-1433, 1991.10.5).

그러나 다음날의 소정근로시간 대까지 계속 이어지는 경우는 근로계약·취업규칙 등에 의해서 당초 근로제공의무가 있는 소정근로이므로 이를 전일 근로의 연장으로는 볼 수 없으며 새로이 근로시간이 계산된다(근기 68207- 402, 2003.3.31).

### 1주의 의미

1주는 원칙적으로 일요일부터 토요일까지를 의미이지만 취업규칙 등에서 별도의 규정을 하면 특정일로부터 시작하는 7일간에 40시간을 초과하지 않으면 된다(근기 68207-2855, 2000.9.19).

## ▷ 휴게시간·휴일근로의 근로시간 포함 여부

휴게시간은 근로시간이 아니므로 법정근로시간에 포함되지 않는다(근로기준법 제50조). 또한, 휴일은 근로의무가 없는 날이므로 휴일에 근로하더라도 이는 연장근로시간이 아니라 휴일근로로서 휴일근로수당만 지급하면 된다. 다만, 휴일근로 중 1일 8시간을 넘는 부분은 연장근로시간이 된다(근기 68207-3125 , 2002.10.28).

## ▷ 40시간제와 주5일 근무제, 주6일 근무제

### 주6일 근무제 가능

주 40시간제가 확대되면서 주5일 근무제가 보편화되었다. 그런데 법정근로시간이 40시간으로 단축된 것일 뿐 주5일 근무를 강제하는 것은 아니므로 사업장 실정에 따라 주6일 근무제, 주5일 근무제를 선택할 수 있다. 5일은 7시간씩 근무하고 나머지 1일은 5시간을 근무하는 형태도 가능하며, 경우에 따라서는 1일 6시간 30분씩 39시간을 근무하는 형태도 가능하다.

### 주5일 근무제에서 무급휴무일의 처우

1일 8시간씩 5일을 근무하는 형태로 주5일 근무제를 선택할 수도 있다. 이 경우 나머지 2일 가운데 1일은 '유급 주휴일'이지만 1일은 단순한 '무급휴무일'이다. 무급휴무일에 8시간의 근로를 하는 경우 이미 5일간

주 40시간을 했다면 8시간은 연장근로가 되어 50%의 가산임금을 지급해야 한다(근로기준과-2325, 2004.5.10). 만약 주중에 휴일이 끼어있어 무급휴무일에 8시간 근로한 것을 포함하더라도 실제 근무시간이 40시간을 넘지 않으면 이는 법내 연장근로로서 가산임금의 지급대상이 아니다(근기 68207-2990, 2000.9.28).

## 주5일 근무제에서 주휴일이 아닌 휴일의 처우

주 40시간제를 시행하면서 1일은 유급 주휴일, 나머지 1일은 무급휴일이나 유급휴일로 약정하는 것도 가능하다. 휴일로 약정하는 경우 이날 8시간 근무하는 것은 연장근로가 아니고 휴일근로이므로 연장근로시간에는 포함되지 않으며 휴일근로에 대한 가산임금만 지급하면 된다.

## ⇨ 연소자와 유해 · 위험작업근로자의 법정근로시간

첫째, 연소자(15세 이상 18세 이하)의 근로시간은 1일 7시간, 1주일에 35시간을 초과하지 못한다. 다만, 당사자 간 합의로 1일 1시간, 1주일에 5시간을 한도로 연장할 수 있다(근로기준법 제69조).

둘째, 유해 · 위험작업으로서 잠함 · 잠수작업 등 고기압 하에서 행하는 작업에 종사하는 근로자에 대해서는 1일 6시간, 1주 34시간을 초과해서 근로하게 할 수 없다(산안보법 제46조).

# 탄력적 근로시간제

사용자는 취업규칙(취업규칙에 준하는 것을 포함한다)에서 정하는 바에 의해서 2주간 이내의 일정한 단위기간을 평균해서 1주 40시간의 근로시간을 초과하지 않는 범위 안에서 특정주에 40시간의 근로시간을, 특정일에 8시간의 근로시간을 초과해서 근로하게 할 수 있다. 다만, 특정주의 근로시간은 48시간을 초과할 수 없다(근로기준법 제51조). : 2주 단위 탄력적 근로시간제

● 양 당사자의 합의로 가능하며, 통상 근로계약서, 연봉계약서, 취업규칙에 명시한다.

● 연장근로시간에도 적용되며, 특정주의 최대 근로시간은 48 + 12(60시간)가 가능하다.

● 특정주에 연장근로가 많았다 하더라도 2주 단위 평균해서 12시간 이내의 경우 약정 연장근로시간 내 포함된 것으로 본다.

사용자는 근로자 대표와의 서면합의에 의해서 다음의 사항을 정한 때에는 3개월 이내의 단위기간을 평균해서 1주간의 근로시간은 휴게시간을 제하고 40시간의 근로시간을 초과하지 않는 범위 안에서 특정주에 40시간의 근로시간을, 특정일에 8시간의 근로시간을 초과해서 근로하게 할 수 있다. 다만, 특정주의 근로시간은 52시간을, 특정일의 근로시간은 12시간을 초과할 수 없다. : 3개월 단위 탄력적 근로시간제

❶ 대상 근로자의 범위

❷ 단위기간(3개월을 초과하고 6개월 이내의 일정한 기간으로 정하여야 한다)

❸ 단위기간에 있어서의 근로일 및 당해 근로일별 근로시간

❹ 서면합의의 유효기간

근로일 종료 후 다음 근로일 개시 전까지 근로자에게 연속하여 11시간 이상의 휴식 시간을 주어야 한다.

6개월 단위 탄력근로제는 최장 6개월 동안 주 52시간을 초과해 근로하게 할 수 있다. 6개월 단위 탄력근로제에서는 1주 52시간을 초과해 최대 64시간까지 근로하게 할 수 있다. 특정한 날에는 12시간을 초과할 수 없다.

또 특정한 날 소정근로를 초과해 근로한 경우는 다음 날까지 연속해 11시간 이상의 휴식시간을 보장해 줘야 한다. 단 천재지변 등 대통령령으로 정하는 불가피한 사유가 있는 경우에는 근로자대표와 서면합의를 통해 휴식시간을 단축할 수 있다.

3개월 단위 탄력근로제와 가장 큰 차이점은 임금보전 방안을 마련해야 한다는 것이다. 탄력근로제에서는 초과된 근로에 대해 가산수당을 지급하지 않기 때문이다. 가산수당 대신에 대체휴일을 부여하는 방식이기에 자칫 급여 수준이 낮아질 수 있다. 그러므로 임금 보전방안을 마련해서 고용노동부에 신고해야 한다. 단 근로자 대표와 서면합의로 임금 보전방안을 마련한 경우는 신고하지 않아도 된다.

6개월 단위 탄력근로제가 시행되면 기존 소정근로 주 40시간에 휴일근로 포함한 연장근로 주 12시간을 근로시키고 그 외에 12시간을 추가로 시킬 수 있다. 그럼 총 64시간을 1주에 시킬 수 있는 것이다. 급여는 52시간까지는 시급의 1배수만 지급하면 되지만 나머지 12시간에 대해서는 1.5배를 가산 지급해야 한다.

50인 이상 기업은 2021년 4월부터, 50인 미만 기업은 7월부터 적용된다.

위의 규정은 15세 이상 18세 미만의 근로자와 임신 중인 여성 근로자는 적용하지 않으며, 탄력적 근로시간제 규정에 의해서 당해 근로자를 근로시킬 경우에는 기존의 임금수준이 저하되지 않도록 임금보전 방안을 강구해야 한다.

### ⭐ 탄력적 근로시간제 유의사항

- 특정 일이나 특정 주의 근로시간이 소정근로시간을 초과하더라도 평균해서 소정근로시간 이내인 경우는 특정일 또는 특정 주의 초과한 근로시간에 대해 별도로 가산수당을 지급하지 않는다.
- 포괄연봉제 등에 의해 약정 연장근로시간이 설정된 경우는 평균해서 약정 연장근로시간 범위 내의 경우 별도로 연장근로시간에 대한 수당을 지급하지 않는다.
- 2주 단위의 탄력적 근로시간제를 도입하는 경우 소정근로시간이 40시간인 주에는 40시간을, 48시간인 주에는 48시간을 초과한 근로에 대해서 연장근로수당을 지급하면 된다(근기 68207-1542, 2003.11.26).
  탄력적 근로시간제를 도입했다는 이유로 시간외근로수당을 지급하지 않아도 된다는 판단은 잘못이다(서울행법 2002구합1038, 2002.05.21.).
- 6개월 단위 탄력적 근로시간제는 52시간을 초과하는 나머지 12시간에 대해서는 1.5배의 가산임금을 지급해야 한다.

## 선택적 근로시간제

사용자는 취업규칙(취업규칙에 준하는 것을 포함한다)에 의해서 시업 및 종업시각을 근로자의 결정에 맡기기로 한 근로자에 대해서 근로자대표와의 서면합의에 의해서 다음의 사항을 정한 때에는 1월(신상품 또는 신기술의 연구개발 업무의 경우에는 3개월로 한다. 근로일 종료 후 다음 근로일 시작 전까지 근로자에게 연속하여 11시간 이상의 휴식시간 부여, 초과시간 가산임금

지급) 이내의 정산기간을 평균해서 1주간의 근로시간이 40시간의 근로시간을 초과하지 않은 범위 안에서 1주간에 40시간의 근로시간을, 1일에 8시간의 근로시간을 초과해서 근로하게 할 수 있다(근로기준법 제52조).

❶ 대상 근로자의 범위(15세 이상 18세 미만의 근로자를 제외한다)

❷ 정산 기간

❸ 정산 기간에 있어서의 총근로시간

❹ 반드시 근로해야 할 시간대를 정하는 경우는 그 시작 및 종료시각

❺ 근로자가 그의 결정에 의해서 근로할 수 있는 시간대를 정하는 경우는 그 시작 및 종료시각

❻ 표준근로시간(유급휴가 등의 계산기준으로 사용자와 근로자 대표가 합의해서 정한 1일의 근로시간)

## ⭐ 선택적 근로시간제 유의 사항

- 근로자 대표와의 합의는 반드시 서면으로 해야 하며, 서면 합의서에는 의무적으로 기재 사항을 반드시 기재해야 한다.
- 정산 기간은 1월 이내의 기간으로 정해야 하며, 정산 기간 동안의 총근로시간은 정산 기간을 평균해서 1주간의 근로시간이 40시간을 초과하지 않도록 정해야 한다.
- 선택적 근로시간대에 야간근로시간이 포함되어 있는 경우에는 야간근로수당을 지급해야 하나, 야간근로시간이 포함되어 있지 않은 경우는 사용자가 사전에 요청하거나, 근로자가 사전에 이를 통지하고 사용자의 승인을 받은 경우는 야간근로수당을 지급해야 하지만 근로자가 사용자에 대한 통지나 사전 승인 없이 자발적으로 한 경우에는 야간근로수당의 지급 의무가 없다.
- 선택적 근로시간제 도입 시 대상 근로자 전체에 일률적으로 적용되는 특정의 근로시간을 표준근로시간으로 정하는 것이 타당하다(근로개선정책과-703, 2011 .04.08).

# 재량 근로시간제

근로자가 출장 기타의 사유로 근로시간의 전부 또는 일부를 사업장 밖에서 근로해서 근로시간을 산정하기 어려울 때는 소정근로시간을 근로한 것으로 본다. 다만, 당해 업무를 수행하기 위해서 통상적으로 소정근로시간(1일 8시간 1주 40시간 등)을 초과해서 근로할 필요가 있는 경우에는 그 업무의 수행에 통상 필요한 시간을 근로한 것으로 본다. 단서의 규정에도 불구하고 당해 업무에 관해서 근로자 대표와의 서면합의가 있는 때에는 그 합의에서 정하는 시간을 그 업무의 수행에 통상 필요한 시간으로 본다(근로기준법 제58조).

업무의 성질에 비추어 업무 수행방법을 근로자의 재량에 위임할 필요가 있는 업무로서 다음의 업무는 사용자가 근로자대표와 서면합의로 정한 시간을 근로한 것으로 본다.

## ⇨ 도입 대상 업무

❶ 신상품, 신기술의 연구개발, 인문사회과학 또는 자연과학 분야 연구 업무

❷ 정보처리시스템의 설계, 분석업무

❸ 신문, 방송 출판사업에 있어서 기사취재, 편성 편집업무

❹ 의복, 실내장식, 공업제품, 디자인 고안업무

❺ 방송프로, 영화 등 제작사업에 있어서 PD · 감독업무

❻ 기타 고용노동부 장관이 정하는 업무로서 회계 · 법률사건, 납세 · 법무 · 노무관리, 특허 · 감정평가 등의 사무에 있어 타인의 위임 · 위촉

을 받아 상담, 조언, 감정 또는 대행하는 업무(고시 2011-44.2011.9.23.)

## ⇨ 서면합의 시 명시 사항

❶ 대상업무
❷ 사용자가 업무수행 수단, 시간 배분 등에 관해 근로자에게 구체적인 지시를 하지 않는다는 내용
❸ 근로시간 산정은 그 서면합의에 정한 바에 따른다는 내용

## ⇨ 근로시간 산정

재량 근로시간제를 도입한 경우 사용자가 업무 시작과 종료 시간을 정할 수는 없지만, 업무수행의 방침을 정하거나 진행과정에서 보고를 받는 등 기본적인 것은 할 수 있다.

노사가 합의한 후 전체 업무 가운데서 일부분만 재량 근로시간제를 도입한 후 그 시간에 대해서만 업무수행 방법, 시간 배분 등에 대해 구속하지 않는다고 해도 법 위반은 아니다.

서면합의에는 1주일에 몇 시간 혹은 1일에 몇 시간 등으로 근로시간 수를 정해놓아야 하는데 그 기준은 기준시간을 초과해서 실제 업무 수행에 드는 근로시간을 평균적으로 산정해서 정할 수도 있고, 기준 시간 범위 내에서 당사자가 정한 시간으로 할 수도 있다.

## ⇨ 완전·부분적인 재량 근로시간제

재량 근로시간제는 출퇴근 시간을 따로 정하지 않고 근로자의 재량으로 하는 완전 재량 근로시간제와 출근과 퇴근시간 중 하나만을 정해놓고 그 외 시간을 재량근로의 대상으로 하거나 전체 업무 수행시간 중 일부 시간대는 당초 소정근로시간대로 운영하고 나머지는 재량으로 근로하는 부분적 재량근로 형태로 나눌 수 있다. 따라서 노사가 합의해서 부분적 재량 근로시간제를 도입한 후 그 대상 시간에 대해서만 업무수행 수단과 시간배분 등을 구속지 않는다고 정하더라도 법 위반은 아니다. 다만, 사용자가 구속하는 시간대를 둘 이상으로 정해놓고 그 중간의 시간을 재량근로시간대로 정해놓으면 사실상 재량근로시간도 실제 구속 근로시간이 될 것이다.

# 02 휴게, 휴일, 휴가

## 휴게(= 쉬는 시간)

휴게시간은 근로시간이 4시간인 경우에는 30분, 8시간인 경우에는 1시간 이상 부여해야 한다(근기법 제54조 제1항). 휴게시간은 근로자가 자유롭게 이용할 수 있다(근기법 제54조 제2항).

따라서 법률상으로는 1일의 실제 근로시간이 4시간을 초과하지 않는 한 휴게시간을 부여할 의무는 없으며, 8시간을 초과할 때도 4시간 이상을 넘지 않는 한 1시간만 주어도 됩니다.

| 구 분 | 내 용 |
|---|---|
| 휴게 | • 4시간 근로에 30분 이상, 8시간 근로에 1시간 이상의 휴식 시간을 지급(무급)<br>• 특별연장근로일 종료 후 다음 근로일 개시 전까지 연속 11시간 이상의 휴식 시간을 부여 |

## 휴일(= 쉬는 날)

휴일은 법에서 정한 법정휴일과 근로자와 회사가 약속한 약정휴일, 공무원의 휴일인 법정공휴일로 나눌 수 있다.

우리가 흔히 빨간 날이라고 하는 국경일. 명절 등은 공무원만 쉬도록 법으로 정해진 법정공휴일이다. 사기업을 원칙적으로 쉬지 못한다. 그러나 2022년 1월 1일부터 5인 이상 사업장은 사기업도 쉴 수 있다. 물론 5인 미만 사업장은 약정휴일로 정하지 않았을 경우는 쉬는 날이 아니다.

근로기준법의 개정으로 5인 이상 사업장은 공무원만 쉬는 법정공휴일이 사기업도 쉴 수 있는 법정휴일화 되었다.

## ⇨ 법정휴일에 임금을 지급해야 합니까?

### 법정휴일

근로기준법 등 노동관계법은 최소한의 휴일을 규정하고 있는바 이를 법정휴일이라고 한다.

근로기준법에 의한 주휴일과 근로자의 날 제정에 관한 법률에 의한 근로자의 날(5월 1일)이 해당하며, 관공서의 공휴일에 관한 규정에 규정된 날(명절, 국경일 등 빨간 날)은 공무원들만 쉬는 법정공휴일로 근로기준법의 개정으로 기업규모에 따라 점차 법정휴일화 되고 있다. 법정공휴일은 원칙적으로 유급처리 해야 한다.

사용자는 근로자에 대해서 1주일(1주간의 소정근로일수를 개근한 경우)에 평균 1회 이상의 주휴일을 유급휴일로 주도록 하고 있다(일용직, 임시직, 파트파이머 모두 포함됨)(근기법 제55조). 다만, 주휴일은 반드시 일요일일 필요는 없으며, 원칙적으로 특정일은 매주 같은 요일로 하고, 주휴일의 간격은 7일 이내가 바람직하지만, 예외는 있다.

## 약정휴일

법정휴일 이외에 사용자와 근로자의 합의로 휴일을 정할 수 있으며, 이를 약정휴일이라고 한다. 약정휴일을 유급으로 할 것인가, 무급으로 할 것인가의 문제는 사용자와 근로자의 합의로 정할 수 있다. 무급인 경우는 논란을 피하고자 취업규칙에 명시한다.

창립기념일에 쉬는 것은 취업규칙 등에 그 기업의 휴일이라고 명시함으로써 비로소 휴일이 되는 약정휴일이다.

약정휴일에 근로하는 경우 휴일근로가 되므로 휴일근로에 따른 가산임금을 지급해야 한다. 또한, 약정휴일을 줄이는 것으로 변경하고자 하는 경우는 불이익한 변경이므로 근로자 과반수 이상의 동의가 필요하다.

| 구 분 | 내 용 |
|---|---|
| 법정휴일과 약정휴일 | • 휴일이란 일을 하지 않아도 근로자에게 임금을 지급하도록 지정한 날<br>• 휴일에는 법률로 정해진 법정휴일과 사업주와 근로자가 자율적으로 쉬기로 약속한 약정휴일이 있다. 관공서의 공휴일인 법정공휴일도 있으나 2022년부터 5인 이상 민간사업장도 법정공휴일에 쉴 수 있으므로 법정공휴일이 법정휴일로 변경됨<br><br><table><tr><th>법정휴일</th><th>약정휴일</th></tr><tr><td>• 주휴일<br>• 근로자의 날(5월 1일)<br>• 공휴일(설날, 추석 등)</td><td>• 노동조합/회사 창립일</td></tr></table> |

| 구 분 | 내 용 |
|---|---|
| 대체공휴일 | • 공휴일이 주말과 겹치는 경우, 평일 하루를 공휴일로 지정하여 쉴 수 있는 대체공휴일제도 시행 |
| 휴일대체 | • 원래 쉬기로 한 날(휴일)을 다른 근로일과 바꾸는 것을 휴일대체라고 한다.<br><br>표 참조 |
| 주휴일 | • 1주 동안 소정근로시간이 15시간 이상 근로와 소정근로일을 개근해야 한다는 2가지 요건을 충족해야 한다.<br>• 따라서 4주 평균 1주간 소정근로시간이 15시간 미만인 근로자에게는 주휴일 규정이 적용되지 않는다.<br>• 1주일에 평균 1회 이상 유급 또는 무급 주휴일을 부여, 1주 동안 소정근로일을 개근한 근로자에게는 유급으로 주휴일을 부여<br>• 주휴일은 반드시 일요일이 아니라도 무방하다.<br>• 주휴수당 = 1주일 소정근로시간 ÷ 5 × 시급 |

| 구 분 | 요 건 |
|---|---|
| 근로자의 날 | 대체 불가능 |
| 주휴일 | 휴일 24시간 이전 근로자 동의나 취업규칙 규정 |
| 공휴일 | 근로자대표와 서면합의 |

## ⇨ 주휴일은 반드시 일요일에 부여해야 하나요?

휴일은 원칙적으로 0시부터 24시까지의 시간을 의미하나 계속해서 24시간이 보장되며 휴일을 부여한 것으로 본다.

일요일에 주휴일을 부여해야 하는가에 대한 고용노동부의 행정해석은 휴일은 반드시 일요일이어야 하는 것은 아니나, 매주 특정요일로 정하는 것이 바람직할 것이다. 라고 규정하고 있다.

따라서 일요일이 아닌 특정일에 주휴일을 부여할 수 있으며, 사업 또는 사업장의 실정에 맞는 주휴일 제도를 설정해서 시행할 수 있다.

## ⇨ 휴일이 중복되는 경우 휴일 계산

휴일이 중복되는 경우 근로계약, 취업규칙, 단체협약 등에 특별한 규정이 없는 한 1일의 휴일로 본다.

또한, 교대제 근무로 인해서 주휴일로 정해진 날에 근로하고, 대신 대휴를 주는 것이 사전 근로자의 동의하에 규칙적으로 실시되고, 단체협약이나 취업규칙에 정해지는 등 주휴일이 보장되고 있다면 일요일에 2교대 또는 3교대 근무제가 근로기준법에 위반된다고 볼 수 없을 것이다.

### ☆ 주휴일과 관련해 유의할 사항

- 일용근로자도 유급 주휴일을 부여해야 한다(근기 68207-1854, 1993.08.24).
- 교대제 근로자도 유급 주휴일을 부여해야 하며, 반드시 일요일이어야 하는 것은 아니다(근기 68207-761, 1994.05.09).
- 특별한 사정이 없으면 통상임금에는 유급휴일에 대한 임금도 포함된 것으로 볼 수 있다(근기 68207-1876, 2002.05.09). 따라서 월 기본급에 법정주휴수당을 포함한 경우 주휴수당의 지급의무는 발생하지 않는다(임금 32240-14036, 1990.10.24).
- 주휴일과 유급휴일의 중복 시 하나의 휴일로 인정한다(해지 01254-6845, 1989.05. 10). 따라서 주휴일과 약정휴일이 중복된 날에 근로 시 주휴일 근로와 약정휴일 근로를 모두 실시한 것으로 볼 수 있으나 그 대가를 각각 지급해야 하는 것은 아니다(근기 68207- 1423, 2003.11.01.). 즉 1일분만 지급한다.
- 24시간 격일제 근로자의 경우 특별한 사정이 없으면, 1주간의 비번일 중 1일을 유급

처리하는 경우 주휴일을 부여한 것으로 볼 수 있다(근기 68207-2663, 2002.08. 08.). 또한, 1일 근무 1일 휴무, 2일 근무 1일 휴무 등의 교대근무에도 유급휴일이 적용된다(대법 90다카21633, 1992.01.08).

# 휴가

| 구 분 | | 내 용 |
|---|---|---|
| 휴<br>가 | 연차휴가 | • 상시근로자 5인 이상 사업장에서 1주 15시간 이상 근무 하는 근로자에게 연차휴가를 부여한다.<br>• 계속 근로 1년 미만 근로자<br>1개월 개근 시 1일의 유급휴가를 부여한다. 2018년 5월 29일부터 계속근로 1년 미만의 근로자는 입사 후 1년 미만까지 최대 11일의 연차를 사용할 수 있고, 입사 1년이 경과하는 시점(366일까지 근무 시, 365일 근무 시는 미발생)에서 새로이 15일의 연차가 발생한다. 즉, 입사 2년까지 최대 26일의 연차를 부여해야 한다.<br>• 계속 근로 1년 이상 근로자<br>1년간 80% 이상 출근한 근로자에게 15일의 유급휴가를 부여한다. 이때 출근일수 판단기준은 근로기준법, 취업규칙, 단체협약 등에서 정한 근로 제공 의무가 있는 날이다. 즉, 근로 제공 의무가 없는 휴무일, 근로자의 날 등은 출근 일수에서 제외된다.<br>계속근로연수 매 2년에 대해 1일을 가산한 유급휴가를 25일까지 부여할 수 있다.<br>예를 들어 2021년 1월 2일 입사지의 경우(해당일까지 근무)<br>2022년 1월 2일, 2023년 1월 2일 : 15일<br>2024년 1월 2일, 2025년 1월 2일 : 16일<br>2026년 1월 2일, 2027년 1월 2일 : 17일.... 총 25일 한도 |

| 구 분 | | 내 용 |
|---|---|---|
| 휴 가 | 연차수당 | • 연차 미사용수당 지급의무를 면하고 싶다면, 연차휴가사용촉진조치를 꼭 취해야 한다.<br>• 연차수당은 발생 시점의 통상임금을 기준으로 지급 |
| | 생리휴가 | • 상시근로자 5인 이상 사업장은 여성 근로자가 청구하는 경우는 월 1일의 생리휴가를 주어야 한다.<br>• 생리휴가는 무급이므로 여성 근로자가 생리휴가를 사용한 경우 해당일에 대해서는 급여를 지급하지 않아도 된다. 즉 월급제의 경우 1일분의 통상임금을 차감한다.<br>• 생리휴가 사용일을 결근으로 처리할 수는 없다. |
| | 가족돌봄휴가 | • 근로자를 사용하는 모든 사업장은 근로자가 가족(조부모, 부모, 배우자, 배우자의 부모, 자녀 또는 손자녀)의 질병, 사고, 노령 또는 자녀의 양육으로 인해 휴가 신청<br>• 연 최대 10일의 휴가를 부여한다.<br>• 무급이므로 해당 기간에는 급여를 지급하지 않아도 된다. |

# 03 생리휴가

상시근로자 5인 이상 사업장의 사용자는 여성인 근로자가 청구하는 경우 월 1일의 생리휴가를 주어야 한다.

주간 기준근로시간이 40시간인 경우는 무급으로 부여할 수 있다.

기준근로시간이 주 40시간인 경우 : 월 1일을 무급 또는 유급으로 부여

종전에는 주 40시간제를 적용하지 않는 사업장의 경우 근로기준법에 의하면 여성 근로자는 매월 1일을 유급 생리휴가로 사용할 수 있다. 따라서 회사는 여성 근로자의 청구 여부에 불문하고 의무적으로 부여해야 했다.

그러나 개정 근로기준법(주 40시간제 적용 사업장)에서는 여성근로자의 청구가 있을 때만 생리휴가를 부여하도록 하고 있고, 부여하는 생리휴가는 무급으로 하도록 개정되었다.

그래서 취업규칙이나 노조와의 단체협약상 생리휴가를 유급으로 정해놓고 있지 않은 이상, 여성 근로자가 생리휴가를 1일 사용하면 월급제 근로자의 경우 1일분의 임금이 공제된다.

| 구 분 | 생리휴가 사용 시 급여공제 여부 |
|---|---|
| 취업규칙이나 노조와의 단체협약상 유급으로 정한 경우 | 1일분의 급여를 공제하지 않음 |
| 취업규칙이나 노조와의 단체협약상 무급으로 정한 경우 | 1일분의 통상임금을 급여에서 공제 |

# 04 대체공휴일

대체공휴일이란 지정된 공휴일이 다른 공휴일과 겹칠 때는 그다음 날인 평일을 공휴일로 대체하는 것을 뜻한다.

2022년 추가된 공휴일에는 대통령 선거(3월 9일), 전국 동시 지방선 거(6월 1일), 추석 대체공휴일(9월 12일), 한글날 대체공휴일(10월 10일)이다(참고로 2022년 공휴일은 총 67일).

대체공휴일은 유급휴일이므로 대체공휴일에 근로를 제공하는 경우는 근로제공이 없더라도 지급받을 수 있었던 임금(100%)과 휴일근로수 당(150%)을 지급해야 한다. 월급제 근로자라면 대체공휴일에 대한 임금(100%)은 월급에 이미 포함돼 있으므로 휴일근로수당(150%)을 추가로 지급하면 된다.

다만 대체공휴일에 근무가 불가피하다면 휴일의 사전대체 제도를 고 려할 수 있다. 휴일의 사전대체 제도는 애초 정해진 휴일에 근로하고 대신 다른 소정근로일에 휴일을 부여하는 제도다. 적법한 휴일대체가 이뤄진다면 원래의 대체공휴일 근로는 휴일근로가 아닌 통상근로가 되므로, 사업주는 근로자에게 휴일근로수당을 지급할 의무를 지지 않 게 된다.

그러나 이 경우라도 대체된 특정일은 유급휴일로 보장해야 한다. 즉 대체공휴일이 평일이 되고 휴일의 사전 대체일이 휴일이 되는 것이다.

휴일의 사전대체는 사업주는 대체 사유를 밝히면서 적어도 24시간 이전에 근로자에게 대체 사실을 사전 통보 후 근로자 대표와의 서면 합의를 통해 실시할 수 있다. 사전 통보 없이 대체공휴일에 근무 후 사후에 대체되는 휴일을 주더라도 휴일근로 가산수당은 지급해야 한다.

300인 이상의 사업장은 2020년부터, 30~300인 미만은 2021년부터, 5~30인 미만은 2022년부터 대체공휴일이 적용되고 근무 시 휴일수당을 지급한다.

## 대체공휴일 적용 대상

2021년 대체공휴일은 30인 이상 사업장에만 적용된다. 5인 이상, 30인 미만 사업장은 2022년 1월 1일부터 적용 대상이다. 5인 미만 사업장은 대체공휴일을 적용받지 못한다.

## 대체공휴일의 임금과 수당직급

월급제 근로자는 월 급여에 이미 대체공휴일에 대한 급여가 포함되어 있기에 근로를 하지 않은 경우 추가로 지급되는 수당은 없다. 근로를 제공한 경우, 이는 휴일근로에 해당하여 통상임금에 50%가 가산된 금액을 휴일수당으로 지급해야 한다.

반면, 일급제나 시급제 근로자의 경우 근로를 제공한 일수나 시간만큼 급여를 지급받는다. 따라서 대체공휴일에 대한 급여는 지급받지 못한 상태이고, 대체공휴일은 유급으로 처리해야 하므로 근로를 하지 않아도 1일분의 급여를 지급해야 한다.

휴일근로수당은 8시간까지는 50% 가산, 8시간 초과분부터는 100% 가산임금을 지급한다.

| 급여 형태 | 근로하지 않은 경우 | 근로한 경우 | |
|---|---|---|---|
| | | 8시간 이하 | 8시간 초과 |
| 월급제 | 추가지급 없음 | 통상임금 × 1.5 × 시간 | 통상임금 × 2.0 × 시간 |
| 일급제 시급제 | 1일분 급여 지급 | 통상임금 × 2.5 × 시간 | 통상임금 × 3.0 × 시간 |

## 대체공휴일과 약정휴일

공휴일을 약정휴일로 정해놓은 회사에서 대체공휴일도 약정휴일에 해당하는지 헷갈릴 수 있는데 관공서의 공휴일에 관한 규정에 따른 공휴일을 포괄적으로 약정휴일로 정한 경우 대체공휴일은 약정휴일에 해당한다. 왜냐하면 특정 공휴일과 겹쳐 대체공휴일이 적용되는 경우 원래의 공휴일이 대체공휴일로 변경되는 것이 아니라 공휴일이 추가되어 각각 공휴일로 인정되는 것으로 보기 때문이다(근로개선정책과-4792, 2014.8.27.). 즉, 공휴일이 변경되면 약정휴일 역시 이에 연동되어 변경된다. 또한, 관공서의 공휴일에 관한 규정에서 대체공휴일도 공휴일로 한다고 규정하고 있으므로 대체공휴일 역시 약정휴일로 볼 수 있다. 다만, 관공서의 공휴일에 관한 규정 중 특정 공휴일만을 약정휴일로 정한 경우 대체공휴일도 약정휴일의 하나로 열거하지 않은 경우는 대체공휴일은 약정휴일에 해당하지 않는다.

예를 들어 일요일, 설날 및 그 전후일, 어린이날, 추석 및 그 전후일을 휴일로 한다. 라고 규정한 경우를 말한다.

# 05 휴일대체와 대휴제도, 보상휴가제

## 휴일대체

휴일대체는 당사자 간의 합의에 의해 미리 휴일로 정해진 날을 다른 근무일과 교체하여, 휴일은 근무일로 하고 근무일을 휴일로 대체하는 것을 말한다.

예를 들어, 갑자기 발생한 일로 인해 휴일 (주휴일)에 근무를 하게 될 수 있다. 이때 특정 주휴일을 근로일로 변경하고, 그 전후에 근로일을 휴일로 대체하는 방식이 휴일대체이다. 즉 일요일에 일하고 월요일에 일요일을 대신해 쉬는 경우를 말한다.

| 구 분 | 내 용 |
|---|---|
| 요건 | 단체협약이나 취업규칙에 휴일대체에 대한 근거가 마련되어야 하며, 대체사유 및 방법 등에 관한 내용이 명시되어야 한다. 만약 단체협약 및 취업규칙을 통해 사전에 휴일대체에 대해 명시되어 있지 않다면, 근로자의 사전동의를 얻어 실시할 수 있다. 즉, 단체협약 등의 규정이나 근로자의 동의 중 선택적으로 한 가지만 충족하면 휴일대체 근로제도가 가능하다고 보고 있다. |

| 구 분 | 내 용 |
|---|---|
| 부여기준 | 휴일대체는 주휴일에 근무하고 전후 근로일을 휴일로 대체하는 것이므로 주휴일에 근무했다고 해도 휴일근로로 인정하지 않으므로 가산임금을 포함한 1.5배의 휴일근로수당을 지급하는 것이 아니라 1배의 임금을 지급한다. |
| 미사용 후 퇴직 | 미사용 퇴사 시 금전으로 지급해야 한다. |

## 대휴제도

휴일대체와 비슷하지만, 대휴제도는 휴일에 근무하고 다른 근로일을 휴일로 대체하는 것(휴일 대체)에 대해 사전에 합의 혹은 지정하지 않은 상황에서 휴일에 근무하고 나중에 다른 근로일을 휴일로 부여하는 것을 말한다.

대휴제도는 근로기준법상 해당 제도에 대한 근거가 명시되어 있지 않지만, 관련 판례 및 행정해석을 근거로 하여 인정하고 있는 제도이다.

> 대휴 시 50% 추가지급 의무 발생(서울중앙지법 2004가단273036, 2005.12.28)
> 단체협약상 공휴일에 근로한 것에 휴일근로수당으로서 통상임금의 150% 지급할 의무가 있지만, 공휴일에 대신하여 대휴로서 통상의 근로일에 휴무하였으므로 통상임금의 100%에 해당하는 금원을 공제한 50%를 지급할 의무가 있다.

| 구 분 | 내 용 |
|---|---|
| 요건 | 사전에 협의가 끝나지 않은 상황에서 발생한 휴일근로에 대해 다른 근로일을 휴일로 부여한다. |

| 구 분 | 내 용 |
|---|---|
| 부여기준 | 대휴의 경우 휴일에 발생한 근로에 대해 다른 근로일을 휴일로 대체하고, 이를 휴일근로로 인정되기 때문에 가산임금을 포함한 1.5배의 임금을 지급한다(1배는 이미 월급에 포함 0.5배 추가지급). |
| 미사용 후 퇴직 | 미사용 퇴사 시 금전으로 지급해야 한다. |

## 보상휴가제

보상휴가제는 사용자와 근로자 간의 서면 합의에 따라 근로자의 연장, 야간, 휴일근로에 대하여 수당을 지급하는 대신 이를 휴가로 주는 것을 말한다. 보상휴가는 휴일대체, 대휴제도와 달리 기준에 대해 근로기준법에 명시되어 있다.

| 구 분 | 내 용 |
|---|---|
| 요건 | 근로자대표(근로자 과반수 대표자)와 서면합의가 필요하다. 즉, 반드시 근로자대표와 서면합의로 실시하여야 하며, 서면합의는 당사자의 서명날인이 된 문서의 형태로 작성되어야 한다. |
| 부여기준 | 보상휴가제는 연장 · 야간 · 휴일근로에 대한 임금에 갈음하여 휴가를 부여하는 제도로써 임금과 휴가 사이에 등가성이 있어야 하므로 보상휴가는 실제 근로에 대한 임금뿐만 아니라 가산임금까지 포함해 1.5배를 지급해야 한다. |
| 부여단위 | 연장 · 야간 · 휴일 근무시간의 1.5배의 시간을 휴가로 부여한다. 예를 들어 휴일근로를 2시간 한 경우에는 가산임금을 포함하여 총 3시간분의 임금이 지급되므로, 휴가시간도 총 3시간을 부여해야 한다. |
| 미사용 후 퇴직 | 누적 후 사용 가능(사용기간에 제한은 없음) 미사용 퇴사 시 금전으로 지급해야 한다. |

**보상휴가제도와 관련해서 유의할 사항**

- 보상휴가제도를 실시할 때는 반드시 근로자대표와 서면합의로 실시해야 하며, 서면합의는 당사자의 서명 또는 날인된 문서의 형태로 작성되어야 한다.
- 보상 휴가는 소정근로일에 부여하되, 휴가를 "시간단위"로 부여할지 이를 적치해서 하루 단위로 부여할 지는 서면합의로 정할 수 있다.

서면합의에 포함되어야 할 사항은

① 근로자의 청구에 의할 것인지, 사용자가 일방적으로 지정할 것인지, 전 근로자에게 일률적으로 적용할 것인지, 희망하는 근로자에 한해서 적용할 것인지 등

② 휴가 청구권과 임금청구권의 선택권을 인정할 것인지, 임금청구권을 배제하고 휴가 청구권만 인정할 것인지 등

③ 어느 정도의 기간 동안 연장, 야간, 휴일근로시간을 쌓아둬서 언제까지 휴가로 사용할 수 있는지 등

# 06 휴직과 복직

## 휴직의 개념

휴직이란 근로제공이 불가능하거나 부적당한 경우에 근로계약 관계를 유지하면서 일정기간 근로제공을 면제하거나 금지하는 것을 말한다.

휴직은 단체협약이나 취업규칙의 정함에 근거해서 사용자의 일방적 의사표시로 행해지는 경우도 있고, 근로자와의 합의, 신청에 의한 승인 등에 의해서 행해지는 경우도 있다.

휴직제도에는 그 목적이나 내용에 따라 상병휴직, 가사휴직, 기소휴직, 고용조정 휴직 등이 있다.

## 사용자의 휴직 처분의 유효성

사용자의 휴직 처분의 유효성은 취업규칙이나 단체협약상의 휴직 근거 규정의 합리적인 해석을 통해서 판단해야 한다.

사용자는 취업규칙이나 단체협약 등의 휴직 근거 규정에 정해진 사유가 있는 경우에 한해서 휴직 처분을 할 수 있고, 정해진 사유가 있는 경우에도 당해 휴직 규정의 설정 목적과 그 실제 기능, 휴직 명령권 발동의 합리성 여부 및 그로 인해서 근로자가 받게 될 신분상·경제상의 불이익 등 구체적인 사정을 모두 참작해서 근로자가 상당한 기간에 걸쳐 근로의 제공을 할 수 없다거나, 근로제공을 함이 부적당하다고 인정되는 경우에 한해서만 당해 처분에 정당한 사유가 된다.

## 질병휴직

근로자가 업무외 사유로 인한 부상이나 질병을 얻은 경우 사용자는 취업규칙이나 단체협약에 따라 휴직처분을 할 수 있다. 이 경우 휴직만료 후 복직할 수 없는 경우를 퇴직사유로 정했다면 정당한 사유가 필요하다. 즉, 사용자의 일방적인 의사표시에 의해서 단체협약 및 인사규정에 의하여 종업원과의 근로계약 관계를 종료시키는 경우, 그것이 정당한 것으로 인정되기 위해서는 종국적으로 근로기준법상 정당한 사유가 있어야 할 것이고, 그 정당성의 유무는 종업원의 휴직에 대한 회사의 귀책 사유, 업무상 부상인지 여부, 치료기간, 휴직으로 말미암아 회사에 미치는 영향 등 제반 사정을 종합적으로 고려해서 합리적으로 판단해야 한다.

부상, 질병 등으로 휴직 후 복직한 근로자가 장애가 남아 있어 업무 수행 능력이 현저히 떨어지는 경우는 해고의 정당성이 있다.

질병휴직과 요양 등에 관한 다양한 행정해석과 판례는 다음과 같다.

• 사용자는 근로자가 요양 종결 후 상당한 신체적 장해가 남은 경우 사회통념상 종전의 업무를 계속 수행하는 것을 기대하기 어렵고, 다른 적당한 업무의 배치전환도 곤란한 경우라면 해고의 정당한 이유가 있는 것으로 볼 수 있다.

• 업무상 재해가 아닌 사유로 장기간 휴직해서 취업규칙에 의거 해고한 것은 정당하고, 업무외 사고로 인한 휴직기간 만료 후 별다른 조치를 취하지 않았고 회사가 복직조건으로 제시한 기준도 충족시키지 못해서 면직한 것은 정당하다.

• 휴직 및 복직 시 필요한 서류를 제출하지 않은데 대해 복직을 거부한 것은 정당하다고 보았으며, 출근 도중에 입게 된 부상으로 휴직하였으나 휴직기간 만료 후에도 휴직사유가 해소되지 않았다면 복직원을 제출하지 않았다고 해도 형식적으로 단체협약을 적용해서 해고한 것은 부당하다.

• 회사 측이 단순 만성활동성 간염 보균자라는 이유로 6개월 내 치료 종결 시까지 휴직명령을 내린 사안에 대해 감염 예방이 가능하다는 이유로 무효로 판결한 사례 등이 있다.

## 범죄 기소 등으로 인한 휴직

형사사건으로 구속기소 된 경우는 상당 기간 근로 제공이 불가능하므로 휴직처분의 정당성이 있다. 다만, 근로 제공 여부와 관련해서 명확한 기준이 필요하다. 즉, 범죄행위로 구금된 자가 휴직처분이 될 경우, 일정기간 경과나 형의 선고 등이 있을 경우를 당연 퇴직사유로 정한 경우에는 장기결근과 노무제공의무 불이행이 직장에 미치는 영향과 사건의 성질 등을 종합적으로 고려해야 한다.

## 휴직 시 임금 지급

휴직 시 임금지급은 단체협약, 취업규칙, 근로계약에 따른다. 따라서 사용자의 귀책사유로 휴업수당을 지불해야 하는 경우가 아니라면 노무제공이 없는 휴직기간은 임금을 지급하지 않더라도 법 위반이 아니다. 다만, 사용자 측 귀책사유로 휴직하는 경우는 평균임금의 70% 이상의 수당을 지급해야 한다.

휴직이 사용자의 고의나 과실 등 민법상 불법행위를 구성하는 등의 경우는 임금전액을 지급할 책임이 있다.

휴직기간도 계속근로연수에 산입된다. 다만, 군복무 휴직은 계속근로기간에는 제외하되 승진소요기간에 산입한다.

휴직 중에도 기밀누설금지, 명예훼손 금지 등 성실의무는 그대로 적용되므로 징계규정에 의거 징계처분을 받을 수도 있다.

## 복직

개인사유에 의한 휴직이든 업무상 재해로 인한 휴직이든 구분 없이 휴직자는 휴직사유가 소멸되거나 휴직기간이 만료되면 회사에 복직을 신청해야 한다.

회사는 휴직자의 복직 시 당초의 원직에 복직시키는 것을 원칙으로 하며, 다만, 불가피한 사유가 있는 때에는 다른 업무나 부서에 인사 발령을 할 수 있다.

회사에 복직을 명시적으로 신청하였음에도 회사가 정당한 사유 없이 복직을 거부 또는 지연하는 경우는 이른바 부당정직에 해당한다. 따라서 지금까지 단지 구두상의 복직신청이었다면 서면으로 복직신청을 하고, 복직신청에 따른 회사 측의 요구사항(의료기관의 진단서 등)을 충족했음에도 계속 복직을 거부하는 경우 내용증명으로 재차 복직 의사를 충분히 밝힌다. 이렇게 조치하였음에도 회사가 계속 복직을 거부한다면 관할 지방노동위원회에 부당정직 구제신청을 제기해서 문제를 해결할 수 있다. 반면, 근로자가 원직 복직을 원하지 않으면 원직 복직을 명하는 대신 근로자가 해고 기간동안 근로를 제공하였 더라면 받을 수 있었던 임금 상당액 이상의 금품을 근로자에게 지급 하고 근로관계를 종료할 수 있다.

 **휴직 및 복직과 관련해서 유의할 사항**

- 휴직 기간이라고 해도 사용종속관계가 유지되고 있다면 동 기간은 근속연수에 포함되 어야 한다(근기 1451-3610, 1984.02.09).
- 휴직 기간이 3개월을 초과해서 평균임금 산정기준기간이 없게 되는 경우는 휴직한 첫날을 평균임금 산정 사유발생일로 보아 이전 3개월 간을 대상으로 평균임금을 산 정해야 한다(임금 68207-132, 2003.02.27).
- 근로 제공이 어려운 업무 외 상병 근로자에 대해서 사용자가 회사의 인사규정에 따라 휴직 발령한 것은 사용자의 정당한 인사권의 행사이다(중노위 2000부해649, 2001.05.04).

- 회사가 취업규칙의 규정에 따라 근로자가 질병으로 상당기간 가료 또는 휴양이 필요한 때, 해당한다고 보아 휴직을 명하면서 따로 휴직기간을 정해준 바가 없다면 그 휴직기간은 취업규칙 소정의 최장기간이고, 그 휴직기간의 기산은 휴직을 명한 날로부터 계산해야 한다(대판 90다8763, 1992.03.31).
- 정직이나 강제휴직 기간은 소정근로일로 보기 어려워 연차휴가일수 산정에 있어 결근으로 처리할 수 없다(근로기준팀-4, 2005.09.09).
- 휴직 기간이 근로자 귀책 사유에 해당하는 경우 평균임금산정 기준기간에 포함해서 평균임금을 산정해야 한다(임금 68207-132, 2003.02.27).
- 휴직 전에 근무했던 직책에 복귀되지 않았다고 하더라도 근로기준법 위반으로 볼 수 없다(근기 68207-3089, 2000.10.26).
- 노동위원회의 원직 복직 명령 또는 법원의 해고무효 확인 판결에 따라 근로자를 복직시키면서 사용주의 경영상 필요와 작업환경의 변화 등을 고려해서 복직근로자에게 그에 합당한 일을 시킨다면 그 일이 비록 종전의 업무와 다소 다르더라도 원직에 복직시킨 것이다(근로기준과-6438, 2004.09.09).

# 제4장

# 임금·급여 관리와
# 퇴직금

# 01 급여와 관련해서 반드시 알아두어야 할 사항

| 구 분 | | 내 용 |
|---|---|---|
| 최저임금 | | 시간당 2022년 9,160원, 2023년 9,620원(모든 사업장 적용) |
| 법정근로시간 | 1일 근로시간 | 8시간을 초과할 수 없음(법정근로시간) |
| | 1주 근로시간 | 40시간을 초과할 수 없음(법정근로시간) |
| 소정근로시간 | | 1일 8시간, 주 40시간 안에서 근로계약상 근무하기로 한 시간<br>단시간 근로자(알바)는 소정근로시간을 초과해서 근무 시 일 8시간, 주 40시간을 넘지 않아도 연장근로수당이 발생한다. |
| 유급 근로시간 = 통상임금 기준시간 (209시간) | | 공식 : (40시간 + 토요일 유급 시간 + 8시간) × 4.345<br>일 8시간 기준 (40시간 + 0 + 8시간) × 4.345 = 209시간<br>➡ 실제 근무시간이 아니고 통상임금 계산의 기준인 동시에 최저임금법에 따른 최저임금 계산의 기준시간이다.<br>2022년 : 1개월 개근 : 209시간 × 9,160원 = 1,914,440원이 최저임금<br>2023년 : 1개월 개근 : 209시간 × 9,620원 = 2,010,580원이 최저임금 |

| 구 분 | | 내 용 |
|---|---|---|
| **(법정)유급휴일**<br>**(민간인의 쉬는 날)** | | 근로자와 계약에 따라 유급휴일로 정한 요일(보통 일요일이 됨), 이날 근로하면 휴일근로수당 발생<br>➡ 주5일제의 경우 결근이 없으면 개근한 것으로 보아 주휴수당 지급(예 : 월요일 1시간 근무하고 조퇴해도 결근이 아니므로 개근이 됨)<br>➡ 5월 1일 근로자의 날 포함 |
| **법정공휴일**<br>**(관공서만 쉬는 날)** | | 신정, 구정, 추석, 삼일절, 어린이날 등으로 관공서의 휴일에 관한 규정에 따른 것으로 관공서만 쉬는 날임(흔히 주휴일을 제외하고 빨간 날)<br>2022년부터는 5인 이상 민간기업도 빨간 날도 법적으로 쉬는 날이 됨(민간기업도 쉬는 법정휴일이 됨) |
| **무급휴일** | | • 주5일 근무제의 경우 무급휴일로 정한 날(보통 토요일이 됨). 이날 근로하면 연장근로수당이 발생한다.<br>• 월~금 중 연차휴가 등으로 쉬어서 주 40시간을 채우지 않았을 때는 토요일 근로에 따른 임금은 발생해도 할증수당(50%)은 미발생한다(연장근로가 아님). 예를 들어 월요일 연차휴가 사용 후 토요일 8시간 근무를 할 때는 8시간에 대한 임금은 월급에 포함되지 않아 지급하지만, 가산임금 50%는 지급하지 않는다. |
| **주 유급휴일과**<br>**주휴수당** | | 1주일에 1일 이상 유급휴일(8시간)을 주어야 함<br>➡ 월~금요일(또는 월~토요일) 근로시간의 합 ÷ 5일(무조건) × 사급 |
| **수당** | **연장근로수당** | 1일 8시간(단시간 근로자는 소정근로시간)초과 하는 경우의 추가 수당<br>➡ 5인 미만 : 연장근로시간 × 시간당 통상임금 × 1<br>➡ 5인 이상 : 연장근로시간 × 시간당 통상임금 × 1.5 |

| 구 분 | | 내 용 |
|---|---|---|
| 수<br>당 | 휴일근로수당 | 근로계약상의 근로의무가 없는 날에 행해진 추가 수당<br>➡ 5인 미만 : 휴일근로시간 × 시간당 통상임금 × 1<br>➡ 5인 이상 : 휴일근로시간 × 시간당 통상임금 × 1.5<br>8시간 초과분 : (휴일근로시간 − 8시간) × 시간당 통상<br>임금 × 2 |
| | 야간근로수당 | 연장근로와 미중복(22시에 출근~06시 퇴근)<br>➡ 5인 미만 : 야간근로시간 × 시간당 통상임금 × 1<br>➡ 5인 이상 : 야간근로시간 × 시간당 통상임금 × 1.5<br>연장근로와 중복(오후 10시~오전 6시까지 근무하는 경우<br>의 추가 수당)<br>➡ 5인 미만 : 실제 근무시간에 대한 임금만 지급<br>➡ 5인 이상 : 연장근로수당과 별도로 야간근로시간 ×<br>시간당 통상임금 × 0.5 |
| | 초과근로수당<br>중복 | 위의 연장, 휴일, 야간근로수당은 중복으로 적용됨<br>➡ 연장근로수당 및 휴일근로수당과 야간근로수당은 중복<br>적용이 된다. 즉, 야간근로수당은 무조건 중복으로 적용<br>됨<br>➡ 5인 이상 : ❶ + ❷<br>❶ 연장근로시간(연장 또는 휴일) × 시간당 통상임금 ×<br>1.5<br>❷ 야간근로시간 × 시간당 통상임금 × 0.5 |
| | 연차수당 | ➡ 5인 미만 : 미적용<br>➡ 5인 이상 : 연차휴가 사용촉진을 한 경우 미지급, 안<br>한 경우 지급 |
| 퇴직금 | | 퇴직금은 매달 월급에 포함해서 지급하면 안 되고, 퇴직<br>일로부터 14일 이내에 지급해야 한다. |

# 02 상여금, 식대보조금, 교통비, 근속수당

상여금의 경우는 지급요건에 따라 달리 볼 수 있다. 기존의 판례나 행정해석은 상여금의 경우 1개월을 넘는 기간마다 정기 또는 임시로 기업의 경영실적, 근로자의 근무 등을 감안하여 지급되는 만큼 임금에 해당하지 않는다거나 통상임금에서 제외해 왔지만, 최근 명목상 상여금이라 하더라도 통상의 근무를 하면 응당 지급될 것으로 기대할 수 있도록 단체협약이나, 취업규칙 등으로 사전에 지급이 예정되어 있다면 이는 통상임금으로 볼 수 있다는 취지의 판례가 나오고 있다.

따라서 사업장의 상여금이 취업규칙이나 사규에 지급이 예정되어 있고 매월 분할된 금액을 정기적 고정적으로 지급해 왔다면 이 역시 통상임금으로 봐야 할 것이다.

식대보조금의 경우 매월 일정액으로 고정적으로 모든 근로자에게 지급되었다면 이는 통상임금에 해당한다.

교통비의 경우는 판례도 매월 일정액을 전 직원에게 교통비로 지급하는 경우 이는 통상임금에 해당한다고 보고 있다(1996.5.10, 95다

2227). 다만 행정해석은 평균임금에는 해당되나 통상임금에는 해당하지 않는다고 보고 있다는 점을 참조(실비변상적인 자가운전보조금)하고, 취업규칙 등에 교통비를 지급하기로 약정하고 정기적 고정적으로 지급해 왔다면(차량 소유와 관계없이 전직원 지급) 이는 통상임금에 포함하는 것이 타당할 것으로 생각된다.

특히 급여 비과세 20만 원 요건과 관계없이 무조건 전 직원의 급여에서 20만원을 비과세 처리하는 경우 이는 탈세 여부와 상관없이 해당 금액이 통상임금에 포함되어 통상임금을 기준으로 산정하는 초과근무 수당 등의 지출을 증가시키는 요인이 될 수 있다는 점에 유의한다.

근속수당의 경우, 실제 근속연수에 따라 지급여부가 달리지는 만큼 통상임금에 포함되지 않는다는 것이 노동부 행정해석의 입장이지만, 일정한 근로 연수에 이른 근로자에게 실제 근무성적과 상관없이 매월 일정하게 지급된다면 이는 근로기준법상 임금에 해당하기 때문에 통상임금에 해당한다고 하는 판례도 있다. 따라서 '일정한 조건이나 기준에 해당하는 근로자'에게 일괄적으로 정기적으로 지급하는 근속수당은 통상임금에 포함하는 것이 타당하다.

야간수당의 경우 야간근로에 따른 근로기준법에 의한 50%의 가산수당을 의미하는 것이라면 야간수당은 소정근로에 대한 대가로 지급된 것이 아닌 야간근로에 따라 발생된 가산금에 해당하기 때문에 비록 매월 고정적으로 지급되었다 하더라도 통상임금에 포함된다고 보기 어렵다.

# 03 최저임금에 포함되는 임금

최저임금제도는 근로자를 사용하는 모든 사업장에 적용되며, 법에서 정하는 특별한 경우를 제외하고 아르바이트, 기간제근로자, 일용근로자 등 근로형태나 계약형태와 상관없이 모든 근로자에게 적용된다. 최저임금보다 적은 임금을 지급하면 법 위반으로 3년 이하의 징역 또는 2천만원 이하의 벌금이 부과되고 근로자에게 실 지급한 임금과 최저임금과의 차액 부분에 대한 지급의무가 발생한다.

**최저임금에 포함되는 임금**

| 구 분 | 성 격 | 예 시 |
|---|---|---|
| 포함 | • 소정근로에 대한 임금<br>• 매달 지급하는 임금 | 기본급, 식비 · 교통비 · 숙박비 등 복리후생비, 매달 지급되는 근속수당, 정근수당, 상여금 |
| 불포함 | • 소정근로 외 근로에 대한 임금<br>• 1개월을 초과하는 기간에 걸친 사유에 따라 지급하는 임금 | 연장 · 야간 · 휴일근로수당, 연차미사용 수당, 1개월을 초과하는 기간에 걸쳐 지급되는 상여금(분기별 또는 반기별 상여금) |

다만 최저임금에 포함되는 임금 중 복리후생비와 매달 지급되는 상여금 등은 시기별로 포함되는 금액이 달라진다. 즉 '매년 월급기준 최저임금의 일정 비율을 초과하는 금액' 만이 최저임금에 포함되며, 최종적으로 2024년부터는 전액이 최저임금에 포함된다.

**복리후생비와 정기상여금 등 산입 제외 비율**

| 연도 | 2020년 | 2021년 | 2022년 | 2023년 | 2024년~ |
|---|---|---|---|---|---|
| 정기상여금 | 20% | 15% | 10% | 5% | 0% |
| 현금성 복리후생비 | 5% | 3% | 2% | 1% | 0% |

## 현금성 복리후생비

### ⇨ 식대

현금성 복리후생비에 해당한다. 따라서 월 20만 원의 비과세 식대를 지급하는 경우 20,105원을 초과하는 179,895원은 최저임금 산정 범위에 포함된다.

### ⇨ 자가운전보조수당

비과세 되는 자가운전보조수당은 실비변상적 성질의 비과세 규정에 해당한다. 즉, 근로자가 업무를 위해 본인이 지출한 금액을 회사가 보상해주는 성격의 금액이라 비과세를 적용해주는 것이다. 이는 식대와 달리 현금성 복리후생 수당으로 판단하면 안 된다. 그러나 과세되는 출퇴근 등의 교통비 수당은 최저임금 산정 범위에 포함되는 현금성 복리후생비에 해당한다.

결론적으로 월 20만 원 지급하면서 비과세 처리하는 자가운전보조비는 복리후생비 성격의 수당으로 보면 안 된다. 소득세법상 이 수당은 실비변상적 성질의 비과세 항목으로 구분되어 있기 때문이다.

그러나 과세처리하는 출퇴근보조수당, 교통비 보조수당 등의 수당은 복리후생비 성격의 수당으로 처리해도 무방하다.

## ⇨ 연구보조수당

연구보조수당은 실비변상적 성질의 비과세이므로, 현금성 복리후생비로 처리하면 안 된다.

## ⇨ 육아수당 또는 가족수당

현금성 복리후생비에 해당한다. 따라서 월 20만 원의 가족수당을 받는 경우 20,105원을 초과하는 179,895원은 최저임금 산정 범위에 포함된다.

## 현금성 복리후생비 계산의 기준이 되는 최저임금

최저임금법 제6조 4항 3의 나를 보면 해딩 연도 시간급 최지임금액을 기준으로 산정하도록 하고 있으므로 해당 근로자의 시간급 최저임금액을 기준으로 해당 비율을 곱해서 계산하면 된다. 즉 최저임금은 원칙적으로 시간급을 기준으로 하고 있다. 즉 보통 예시에서 2,010,580원 × 1% = 20,105원은 주 40시간을 기준으로 예를 든 것이며, 주 40시간 미만의 단시간 근로자는 최저임금 기준액이 더 적을 것이므로 동 최저임금을 기준으로 1%를 곱해서 계산하면 된다.

 **실질적 최저임금의 계산방법**

주당 소정근로시간이 40시간인 근로자가 1주 40시간(주 5일, 1일 8시간)을 근로하고 최저임금 산입범위에 포함되는 임금 기준으로 월 200만 원(정기상여금 80만 원, 현금성 복리후생비 20만 원 별도)을 받은 경우

**해설**

| 급여항목 | | 최저임금에 포함되는 임금액 | |
|---|---|---|---|
| 급여 | 200만 원 | 200만 원 | 2,000,000원 |
| 정기상여금 | 80만 원 | 2,010,580원 × 5% = 100,529원<br>800,000원 - 100,529원 = 699,471원 | 699,471원 |
| 현금성<br>복리후생비 | 20만 원 | 2,010,580원 × 1% = 20,105원<br>200,000원 - 20,105원 = 179,895원 | 179,895원 |
| 합 계 | | | 2,879,366원 |

• 월 기준시간
[(주당 소정근로시간 40시간 + 유급 주휴 8시간) ÷ 7 × 365] ÷ 12월 ≒ 209시간
다른 계산 방법 : 48시간 × 4.345주 ≒ 209시간

- 시간당 임금 = 2,879,366원 ÷ 209시간 ≒ 13,776원

  시간당 임금 13,776원은 2023년도 최저임금 9,620원보다 많으므로 최저임금법 위반이 아니다.
- 주당 소정근로시간이 40시간인 근로자의 월 환산 최저임금

  = 9,620원 × 209시간 = 2,010,580원

##  급여에 식대를 포함한 경우 최저임금

1. 식대보조금 별도 2,010,580원(9,620원 × 209시간)
2. 식대보조금 20만원 포함 2,010,580원(9,620원 × 209시간)

2,010,580원 × 1% = 20,105원(최저임금에 미포함 금액)

2,010,580원 - 20,105원 = 1,990,475원(최저임금 미달)

20만원 중 200,000원 - 20,105원 = 179,895원만 최저임금에 포함

2,010,580원에 식대보조금 20만원 포함인 경우

임금은 1,810,580원(①)

식대보조금 20만원 중 최저임금 포함액은 179,895원(②)

회사에서 받는 임금(③) = 1,990,475원(① + ②)

③은 최저임금 2,010,580원에 미달한다.

따라서 식대를 포함한 최저임금을 맞추려면 2,010,580원 + 20,105원 = 2,030,685원을 임금으로 지급해야 한다.

# 04 평균임금과 통상임금

| 구 분 | 내 용 |
|---|---|
| 평균임금 | 평균임금은 산정해야 할 사유가 발생한 날 이전 3개월 동안에 근로자에게 지급된 임금의 총액을 그 기간의 총일수로 나눈 임금이다. 총일수는 일반적으로 89일~92일이다. |

|  | 포함 | 미포함 |
|---|---|---|
|  | • 기본급, 각종 법정수당<br>• 명절 보너스, 이미 발생한<br>   연차수당<br>• 정기상여금, 경영성과금 | • 실비변상적 성격이 강한<br>   차량유지비<br>• 해외출장, 주재원에게<br>   지급되는 해외체류비 |

• 퇴직금 : 계속근로 1년에 대하여 평균임금의 30일분 이상을 지급
• 감급액 : 1회의 감급액이 평균임금 1일분의 1/2 초과 금지
• 재해보상금 : 휴업보상, 장해보상, 유족보상 등

5월 3,000,000원, 6월 3,000,000원, 7월 3,000,000원을 받고 8월 1일 퇴사한 근로자의 퇴직금 산정을 위한 평균임금은?
(3,000,000원 + 3,000,000원 + 3,000,000원) ÷ (31일 + 30일 + 31일) = 97,826.08원

통상임금은 근로자의 소정근로에 대해 지급을 약속한 금액으로 각종 법정수당 산정기준이 되며, 정기적(일정한 주기), 일률적(모든

| 구 분 | 내 용 |
|---|---|
| 통상임금 | 근로자 또는 일정한 기준에 달한 모든 근로자에게 적용), 고정적(근로자의 소정근로에 대해 조건 없이 지급)으로 지급되는 임금이다.<br><br>**포함 / 미포함**<br><br>포함:<br>• 기본급, 직무수당, 직책수당, 기술수당, 자격수당, 위험수당, 고정 식대<br>• 분기별로 정기적으로 지급되는 고정 상여금<br>• 월 근무일수를 기준으로 지급액이 달라지기는 하지만 소정근로를 제공하면 적어도 일정액 이상의 임금은 지급될 것이라 확정되어있는 수당<br><br>미포함:<br>• 부양가족 수에 따라 달라지는 가족수당<br>• 지급일 당시 재직 여부에 따라 지급여부가 달라지는 명절수당, 여름휴가비<br>• 김장수당, 월동연료수당<br><br>• 임금이 시급으로 정해진 경우 : 시급이 통상임금<br>• 임금이 일급으로 정해진 경우 : 일급을 일 소정근로시간(8시간 이내)로 나눈 금액<br>• 임금이 월급으로 정해진 경우 : 월급을 월 유급근로시간으로 나눈 금액<br>• 일 8시간 5일 근무제의 경우 유급근로시간 = (주40시간 + 주휴일 8시간) × 4.345주 = 209시간<br><br>주40시간 일하고 월급 3,000,000원, 직책수당 30만원을 받는 근로자의 통상시급은?<br>3,300,000원 ÷ 209시간 = 15,789.47원<br>• 연장·야간·휴일 가산 : 통상임금의 50% 이상<br>• 해고예고수당 : 통상임금의 30일분 이상 |

| 구 분 | 내 용 |
|---|---|
| **통상임금** | • 육아휴직급여 : 시작일 ~ 3개월 : 통상임금의 80% 4개월 ~ 종료일 : 통상임금의 50% |

휴업수당 평균임금의 70% 이상 지급을 기본으로 하되, 그 금액이 통상임금 초과하는 경우 통상임금으로 지급 가능

연차수당 취업규칙에 따라 평균임금 또는 통상임금으로 지급 가능

# 05 자가운전보조금의 통상임금 포함

자가운전보조금 20만원 비과세와 관련해 해당 임금이 통상임금에 포함되는 지? 안 되는지? 살펴보도록 하겠다.

자가운전보조금의 경우 그것이 차량 보유를 조건으로 지급되었거나 근로자들 개인소유의 차량을 업무용으로 사용하는데, 필요한 비용을 보조하기 위하여 지급된 것이라면 실비변상적인 것으로서 근로의 대상으로 지급된 것으로 볼 수 없으나(통상임금 미포함), 전 직원에 대하여 또는 일정한 직급을 기준으로 일률적으로 지급되었다면 근로의 대상으로 지급된 것으로 볼 수 있다(통상임금 포함).

## 전직원에 지급하는 자가운전보조금

차량보유 여부와 무관하게 지급하는 차량유지비는 일정 직급 이상의 전 직원에 대하여 일률적으로 지급된 것으로서 이는 근로의 대상으루 지급된 것으로 볼 수 있다 할 것이므로, 결국 퇴직금 산정의 기초가 되는 평균임금에도 포함되어야 할 것이다(서울중앙지법 2005가합8137, 2005.09.23.).

## 소유 차량의 사용 연료 차이로 인한 지급액의 차이

자가운전보조금의 지급액수에 차등을 두는 근거가 당해 근로자의 직급 등이 아닌 그 소유 차량의 사용 연료로 되어있는 점에 비추어 볼 때 위 자가운전보조금은 실비변상적인 것으로서 근로의 대상으로 지급된 것이라고 볼 수 없으므로, 이를 통상임금 내지 평균임금에 포함시킬 수 없다(부산지법 2008가합6390, 2008가합17260, 2008.11. 21.).

## 고용노동부 행정해석

교통비가 평균임금에 해당하기 위해서는 그 지급 목적이 근로자들의 열악한 임금수준을 보전해주기 위한 목적으로 전 근로자에게 정기적·일률적으로 지급되어야 하며, 그 지급 의무의 발생이 단순히 생활 보조적·복리 후생적으로 지급되는 금품이거나 실비변상적 또는 개별근로자의 특수하고 우연한 사정에 의하여 좌우되는 경우는 근로의 대상으로 지급된 임금으로 볼 수 없다 할 것이다(근로조건지도과-1863, 2008.06.03.).

# 06 식대보조금 20만 원의 통상임금 포함 여부(식대를 별도로 하는 이유)

일반적으로 매월 정기적으로 모든 근로자들에게 불확정적인 성취조건 없이 20만원 등 고정적인 금액으로 식대가 지급되는 경우 식대는 통상임금에 해당한다.

다른 경우로 소정 기준일수만큼 출근하면 식대를 전액 지급하고 출근하지 못하면 전액 지급하지 않는다면 근로제공 당시 성취가 불확정한 조건으로 지급하는 금품에 해당하여 고정성이 결여된 것으로 보아 통상임금에서 제외될 여지가 있다.

결과적으로 식대라는 명목으로 나가는 임금이 별다른 조건 없이 정해진 기간마다 모든 근로자에게 일률적으로 지급되고 있다면 통상임금 계산에 포함된다.

그러나 식대가 정기성, 일률성, 고정성 중 하나라도 미충족하면 통상임금 계산에서 빠진다. 예를 들어 기준일수를 정해놓고, 이 일수를 채워 출근하지 못하는 근로자의 식대를 깎는다면 '고정성' 조건이 결여돼 통상임금에 포함되지 않을 수 있다.

대법원이 2013년 12월 18일 통상임금 전원합의체 판결로 임금의 실질이 근로자가 소정근로시간에 통상적으로 제공하는 근로의 가치를 평가한 것으로서 사전에 미리 확정할 수 있고 통상임금 판단기준인 정기성, 일률성, 고정성 모두를 충족하면 명칭에 상관없이 통상임금에 해당한다고 판단함에 따라, 식대가 위 3가지 판단기준 모두를 충족할 경우 명백히 통상임금으로 판단하는 것이 가능하게 되었다(대법원 2012다89399, 2012다94643 전원합의체 판결, 2013. 12. 18. 참고).

통상임금을 시간급이나 일당으로 변환 계산해야 하는 경우가 종종 있다. 예를 들어 통상시급의 계산이다.

먼저 통상임금을 시간급 금액으로 산정해야 하는 경우, 아래의 방법을 따른다.

1. 시간급 금액으로 정한 임금은 그 금액을 그대로 반영

2. 일급 금액으로 정한 임금은, 그 금액을 1일 소정근로시간 수로 나눠 반영

3. 주급 금액으로 정한 임금은, 그 금액을 1주 통상임금 산정 기준시간 수로 나눠 반영

4. 월급 금액으로 정한 임금은, 그 금액을 월 통상임금 산정 기준시간 수로 나눠 반영

5. 일, 주, 월 외 다른 기간으로 정한 임금은 2~4에 준하는 방법으로 계산

6. 도급 금액으로 정한 임금은, 임금 산정 기간에서 도급제에 따라 계산한 임금 총액을 임금 산정 기간 동안의 총근로시간 수로 나눠 반영

7. 임금이 1~6 중 둘 이상의 방식으로 정해져 있는 경우, 각각 산정하고 합산해 반영

여기에서 '통상임금 산정 기준시간'이란, 해당 기간의 소정근로시간과 소정근로시간 외 유급으로 처리되는 시간을 합산한 시간을 말한다.

4번의 경우 주 40시간을 일하는 상용근로자라면 월 통상임금을 209시간으로 나누면 된다.

[주] 1주 통상임금 산정 기준시간 수 = 유급 근로시간 수(일 8시간, 주48시간(40시간 + 주휴일 8시간), 월 209시간(48시간 × 4.345주))

## 식대는 무조건 지급해야 하나요?

근로계약서에 식대 지급에 대한 내용이 없다면 그건 식대 미지급을 의미한다.

어떤 비용의 지급 여부를 근로계약서에 쓰지 않았다는 것은 계약상 지급하지 않겠다고 해석한다.

따라서 식대 지급과 관련한 분쟁을 사전에 방지하기 위해서는 근로계약서 작성 전 합의를 통해 지급하기로 한 경우에는 근로계약서에 그 내용을 명시하는 것이 가장 좋다.

## 식대 20만원은 왜 급여와 별도로 지급하나?

식대는 복리후생 차원에서 임금 외에 지급하는 것으로 세법상 20만원까지 비과세로 처리를 하여 식대에 대해서는 4대 보험료 및 소득세를 덜 내기 위한 절세 측면이다.

예를 들어 근로자 A의 월급이 기본급만 300만 원인 경우, 월급 전액이 과세대상이 된다. 한편, 근로자 B의 월급이 기본급 250만원, 식대 20만원, 차량 유지비 20만원, 보육수당 10만원인 경우 250만원 만이 과세대상이 된다. 즉, 근로자 A와 B의 월급총액은 같지만 과세대상이 되는 보수액은 차이가 나는 것이다.

임금은 단순히 기본급으로만 이뤄진 경우가 드물다. 많은 기업이 기본급, 식대, 차량유지비, 보육수당, 연장수당 등으로 임금을 세분화해 구성한다.

따라서 사용자는 근로자에게 식대와 차량유지비, 보육수당을 지원하면서도 절세효과를 누릴 수 있다. 다만, 식대와 차량유지비는 통상임금에 산입되지 않을 수 있기에 월급총액이 낮은 경우 최저임금에 위반될 소지가 있음을 주의해야 한다.

## 식대는 무조건 20만원 지급인가요?

세법상 비과세 한도에 맞추어 20만 원까지만 식대로 정하는 경우가 일반적이나 지급 방식과 지급액은 상호 간에 협의 하에 다르게 정할 수 있다. 즉, 20만 원 초과분에 대해서는 비과세 혜택을 보지 못하더라도 30만 원을 식대보조금으로 지급할 수도 있다.

## 식대는 통상임금에 포함되나?

매달 규칙적인 금액이 월급에 포함되어 지급된다면 통상임금에 포함되지만, 예를 들어 출근한 날만 1일 만원, 식사한 날만 만원 등 출근 여부와 식사 여부에 따라 계속 변동 지급이 되는 경우는 통상임금에 포함되지 않는다.

# 07 상여금, 교통비, 보육수당(가족수당), 근속수당 등 통상임금

## 상여금의 통상임금

상여금의 경우는 지급요건에 따라 달리 볼 수 있다. 기존의 판례나 행정해석은 상여금의 경우 1개월을 넘는 기간마다 정기 또는 임시로 기업의 경영실적, 근로자의 근무 등을 감안해서 지급되는 만큼 임금에 해당하지 않는다거나 통상임금에서 제외해 왔지만, 최근 명목상 상여금이라 하더라도 통상의 근무를 행하면 응당 지급될 것으로 기대할 수 있도록 단체협약이나, 취업규칙 등으로 사전에 지급이 예정되어 있다면 이는 통상임금으로 볼 수 있다는 취지의 판례가 나오고 있다.

따라서 사업장의 상여금이 취업규칙이나 사규에 지급이 예정되어 있고 매월 분할된 금액을 정기적 고정적으로 지급해 왔다면 이 역시 통상임금으로 봐야 할 것이다. 즉, 정기상여금은 통상임금에 포함한다. 설이나 추석에 지급하는 상여금이나 휴가비로 지급하는 복리후생비는 지급 시점에 재직근로자에게만 지급하는 경우는 통상임금에 해당하지 않는다.

성과급의 경우는 최하위의 성과를 냈을 때도 최소한의 성과급을 지급한다는 규정이 정해져 있으면 통상임금에 포함되지만, 최소금액이 정해져 있지 않는 성과급의 경우는 통상임금에서 제외된다.

상여금을 통상임금에 포함시키지 않기로 노사가 합의된 사항이라 해도 이는 근로기준법에 의해 무효 처리가 된다.

## 교통비의 통상임금

교통비의 경우는 판례도 매월 일정액을 전 직원에게 교통비로 지급하는 경우 이는 통상임금에 해당한다고 보고 있다(1996.5.10, 95다2227). 다만 행정해석은 평균임금에는 해당되나 통상임금에는 해당하지 않는다고 보고 있다는 점을 참조(실비변상적인 자가운전보조금)하고, 취업규칙 등에 교통비를 지급하기로 약정하고 정기적 고정적으로 지급해 왔다면(차량 소유와 관계없이 전직원 지급) 이는 통상임금에 포함하는 것이 타당할 것으로 생각된다.

특히 급여 비과세 20만원 요건과 관계없이 무조건 전직원의 급여에서 20만원을 비과세 처리하는 경우 이는 탈세 여부와 상관없이 해당 금액이 통상임금에 포함된다.

## 보육수당(가족수당)의 통상임금

가족이 있는지 여부와 관계없이 지급되거나, 결혼을 하지 않아 가족이 없는 근로자에게도 일률적으로 부양가족이 있는 근로자가 지급받는 가족수당 일부를 지급하는 경우는 정기적·일률적으로 지급되는 고정적인 임금이므로 통상임금의 범위에 포함된다. 하지만 가족수당이 부양가족이 있는 근로자에게만 지급되거나, 부양가족의 수에 따라 다르게 지급된다면, 일률적이고 고정적인 임금으로 볼 수 없어 통상임금에 속하지 않는다.

## 근속수당의 통상임금

일정 시점을 기준으로 근로자들의 근속연수가 증가함에 따라 일정 금액을 가산해서 지급하기로 정해졌고, 이것이 실제 근무성적과는 무관하게 매월 일정하게 지급되었다면, 위 정기적·일률적으로 지급되는 고정적인 임금이므로 통상임금의 범위에 포함된다.

# 08 통상시급의 계산 절차

## 1. 매달 고정적으로 받는 모든 금액(통상임금)을 더한다.

✔ 기본급, 직책수당, 직무수당 등 매달 고정적으로 명세서에 찍히면 포함

✔ 식대나 교통비 등은 실비변상적인 금액(영수증 첨부하는 등)이면 제외하고, 전 직원 공통(예 : 식대 20만)으로 지급되면 포함

✔ 상여금 등 기타 논란이 되는 항목은 회사 규정이나 근로계약서를 확인해야 한다.

| 통상임금에 포함되는 수당 | 통상임금에 포함되지 않는 수당 |
|---|---|
| 가족수당, 식대, 직무수당, 직책수당, 면허수당, 승무수당, 물가수당, 근속수당 | 상여금, 특정일에만 지급되는 승무수당, 업무성과에 따른 업무장려수당, 숙직수당, 통근수당, 복리후생 관련 금품, 출장비나 업무활동비 등 |

[참고] 고용노동부는 정기상여금을 특정 시점에 재직 중인 근로자에게 한정하여 지급하는 경우(퇴직근로자에게 일할계산하여 지급하지 않는 경우)에는 고정성이 없음으로 인해 통상임금으로 보지 않았으나, 재직자에게만 지급되는 정기상여금도 소정근로의 대가로서 고정성을 가진 통상임금에 해당한다는 서울고법 판결이 나왔다.

## 2. 통상시급 = 통상임금을 더한 금액을 209(유급근로시간)로 나눈다.

✔ 209는 하루 8시간 근무하는 사람의 한 달 평균 근로시간을 의미한다.

(하루 8시간 × 5일 = 주 40시간) + 주휴일 8시간 = 주 48시간 × 4.345주 = 약 209시간

✔ 4.345주는 4주인 달도 있고 5주인 달도 있어 1년 평균한 것임

✔ 주휴수당은 월급제의 경우 포함되어있는 것으로 계산하므로 별도로 청구할 수 있는 것은 아니다.

따라서 월 통상임금이 209만 원인 경우 통상시급 = 209만 원 ÷ 209시간 = 1만 원이 된다.

소정근로시간은 노사합의에 의해 노사 간에 근로계약, 취업규칙, 단체협약 등으로 근로하기로 정한 시간을 말한다.

소정근로시간은 법정근로시간을 초과하지 못한다.

그리고 유급 근로시간은 급여계산의 기준이 되는 시간을 말한다.

주 5일 근무에 1일 무급휴일(토요일 무급, 일요일 유급)인 경우 유급근로시간(통상임금 산정기준시간)은 다음과 같다.

1주 = [(8시간 × 5일) + 8시간] = 48시간

1월 = [(48시간 ÷ 7일) × (365일 ÷ 12월)] = 209시간

또는 주 48시간 × 4.345주

| 구 분 | | 토요일 유급시간 수 | 유급 근로시간 수 |
|---|---|---|---|
| 휴무 | 유급 | 4 | 226((40 + 8 + 4) × 4.345주) |
| | | 8 | 243((40 + 8 + 8) × 4.345주) |
| | 무급 | – | 209((40 + 8 + 0) × 4.345주) |
| 휴일 | 유급 | 4 | 226((40 + 8 + 4) × 4.345주) |
| | | 8 | 243((40 + 8 + 8) × 4.345주) |
| | 무급 | – | 209((40 + 8 + 0) × 4.345주) |

소정근로시간에 유급처리되는 시간을 포함한 시간을 통상임금 산정기준시간이라고 한다.

임금을 주급 또는 월급으로 정한 경우에는 통상임금에 포함되는 임금항목의 총금액에서 통상임금 산정 기준시간 수(주·월 소정근로시간 + 유급처리시간)을 나누면 시간급 통상임금이 된다. 즉, '통상임금 산정 기준시간 수'는 통상임금(시급)을 산정하기 위한 기준시간이다.

① 토요일 무급처리 : (주 40시간 + 주휴시간 8시간) × 월평균 주 수 4.345주 = 209시간

② 토요일이 일반적인 무급이 아니라 유급인 경우

[4시간 유급] (주 40시간 + 주휴시간 8시간 + 토요일 4시간) × 월평균 주 수 4.345주 = 226시간

[8시간 유급] (주 40시간 + 주휴시간 8시간 + 토요일 8시간) × 월평균 주 수 4.345주 = 243시간

예를 들어 월급 250만 원을 받는 경우

[토요일 무급] 2,500,000원 ÷ 209시간 = 통상시급 11,962원

[토요일 유급] 2,500,000원 ÷ 243시간 = 통상시급 10,288원

**격주 근무할 때 통상시급 계산방법**

매주 평일 오전 8시부터 오후 6시까지 근무를 하고, 토요일 2, 4주를 제외하고
9시간씩 근무를 하였다. 월급으로 300만 원을 받는 경우 시급은?

해설

- 평일 9시간 × 5일 근무를 하여 주 45시간 근로를 하였다면 평일 5시간 연장 5시간
  × 1.5배 = 7.5시간
- 월 소정근로시간은 주휴수당을 포함 209시간이 되며, 초과근로시간은 1주 7.5시간
  × 4.345주 = 1달 약 32.59시간이 나온다.
- 토요일 근무는 모두 연장근로에 해당하며, 9시간씩 2, 4주를 제외한 나머지 토요일에
  근로하였다면 9시간 × 4.345주(월평균주수) - 18시간(2.4주) = 약 21.11시간
  따라서 21.11시간 × 1.5배 = 31.67시간의 연장근로가 매월 토요일 발생하게 된다.
- 총 연장근로시간 = 32.59시간 + 31.67시간 = 약 64.26시간
- 총근로시간 = 209시간 + 64.26시간 = 273.26시간
- 통상시급 = 300만 원 ÷ 273.26시간 = 10,979원

| 구 분 | 시급 |
|---|---|
| 유급시간 | • 평일 통상시간(A) = [월~금 총 근무시간(40시간 한도, a) + a/5(8시간 한도)] × 4.345주<br>• 격주 토요일 통상시간(B) = (격주 토요일 근무시간 × 4.345주) ÷ 2 × 1.5<br>• 총유급시간 = A + B |
| 시급 | • 월 임금 ÷ 유급 시간 |

# 09 초과근무수당 간편 계산 방법
## (연장근로·야간근로·휴일근로)

| 구분 | 내용 |
|---|---|
| 연장,<br>야간,<br>휴일근로<br>수당 지급 | • 5인 이상 사업장은 근무하기로 한 시간보다 초과근무 한 경우 연장, 야간, 휴일근로수당을 지급해야 한다.<br>• 통상 근로자 : 법정근로시간(1일 8시간, 1주 40시간)을 초과하는 경우 연장근로로 근로시간 대는 상관이 없다.<br>• 따라서 오후 출근 후 퇴근 시간이 지났다고 연장근로수당이 발생하지 않고, 1일 8시간 초과 근무시간부터 연장근로수당이 발생한다.<br>• 또한 월요일 연차사용 후 토요일 8시간 근무를 한 경우 화~토 주 40시간으로 연장근로수당이 발생하지 않는다.<br>• 주5일 근무제의 경우 무급휴일로 정한 날(보통 토요일이 됨). 이날 근로하면 연장근로수당이 발생한다. 단, 월~금(연차휴가 등) 쉬어서 주 40시간을 채우지 않은 경우 할증수당(50%) 미발생하나, 토요일 무급 휴무일의 경우 8시간 근무 분에 대한 임금은 월급에 포함된 것이 아니므로 지급해야 한다.<br>• 단시간 근로자 : 당사자 간 합의한 소정근로시간보다 길게 하는 경우<br>• 단시간 근로(아르바이트, 파트타임, 시간제 근로)를 한 자의 경우 근로하기로 약속한 시간을 초과해서 근무한 경우 연장근로수당을 지급해야 한다. 즉 1일 4시간 일하기로 했는데 실제로 8시간을 근로한 경우 1일 8시간을 넘지 않았다고 추가 근무 4시간분에 대한 연장근로 |

| 구 분 | 내 용 |
|---|---|
| | 수당이 발생하지 않는 것이 아니라 약속한 4시간을 초과한 근무는 모두 연장근로에 해당한다. 예를 들어 8시간 근무 100% + 4시간 근무 가산 50%의 가산임금을 지급해야 한다.<br>• 알바는 근로계약상에 빨간 날 근무하기로 되어있는 경우 해당일은 휴일이 아니라 평일로 휴일근로수당을 지급하지 않아도 된다.<br>• 알바는 월 화 수 근무하기로 했는데, 금요일 바쁘다고 나와서 일해 달라고 하는 경우 금요일은 휴일로 휴일근로수당을 지급해야 한다. 단, 5인 미만 사업장은 50%의 가산수당을 지급하지 않고 100%의 원래 시급만 지급한다. |
| 법정<br>연장근로<br>한도 | • 1주 12시간을 초과할 수 없다(휴일 포함)<br>• 임신 중인 근로자는 절대 불가능하다.<br>• 18세 미만의 연소자는 1일 최대 1시간, 1주 최대 5시간(합의 필요)<br>• 산후 1년 이하는 1일 2시간 1주 최대 6시간 1년 최대 150시간까지 가능하다. |
| 특별 연장<br>근로 | • 상시근로자수 30명 미만 사업장은 2022년 12월 31일까지 근로시간을 초과할 필요가 있는 사유 및 기간, 대상근로자의 범위를 정하여 근로자대표와 서면으로 합의하면 1주에 8시간까지 추가로 근로시간을 연장할 수 있다(1주 최대 60시간 근무 가능, 18세 미만 근로자에 대해서는 적용 불가능함).<br>• 자연재해, 재난 등의 사고가 발생하여 불가피하게 연장근로를 해야만 하는 경우는 '고용노동부 장관의 인가 및 근로자의 동의'를 받아 1주 12시간을 초과하는 연장근로를 시행할 수 있다. 특별 연장근로를 시행하기 위해서는 근로자 동의서를 첨부하여 사전에 사업장 관할 노동청에 인가를 받아야 하며(원칙), 만일 사태가 급박하여 인가받을 시간이 없는 경우 사후에 지체없이 승인을 받아야 한다(예외). |

| 구 분 | 내 용 |
|---|---|
| 특 별<br>연장근로 | • 특별 연장근로를 시행하는 사업장에서는 근로자의 건강을 보호하기 위해 아래 세 가지 중 하나 이상의 조치를 해야 한다. 만일 하나 이상의 조치를 하지 않을 경우는 2년 이하의 징역 또는 2천만 원 이하의 벌금이 부과된다.<br>❶ 12시간을 초과하는 추가 연장근로시간을 1주 8시간 내로 운영<br>❷ 근로일 종료 후 다음 근로일 개시 전까지 연속 11시간 이상의 휴식 시간을 부여<br>❸ 특별 연장근로 도중 또는 종료 후 특별 연장근로시간에 상당하는 연속한 휴식시간을 부여 |

• 초과근로수당(연장, 야간, 휴일근로)은 분 단위까지 연장근로수당을 지급해야 한다. 예를 들어 1시간 30분 연장근로 시 1시간 30분에 대한 초과근로수당 지급

| 구 분 | 내 용 |
|---|---|
| 연장근로 | • 통상 근로자 : 법정근로시간(1일 8시간, 1주 40시간)을 초과하는 근로(시급의 1.5배)<br>• 오후 출근 후 퇴근 시간이 지났다고 연장근로수당이 발생하지 않고, 1일 8시간 초과 근무시간부터 연장근로수당이 발생한다.<br>• 월요일 연차 사용 후 토요일 8시간 근무를 한 경우 화~토 주 40시간으로 연장근로수당이 발생하지 않는다.<br>• 단시간 근로자 : 당사자 간 합의한 소정근로시간보다 길게 근로하는 경우 발생<br>➡ 5인 미만 : 연장근로시간 × 시간당 통상임금 × 1<br>➡ 5인 이상 : 연장근로시간 × 시간당 통상임금 × 1.5 |
| 야간근로 | • 오후 10시부터 익일 오전 6시까지 하는 미중복 근로(시급의 1.5배)<br>• 오후 10시부터 익일 오전 6시까지 하는 근로 시 연장근로 및 휴일근로와 중복해서 발생(시급의 1.5배가 아니라 2배(연장근로 1.5배 + 야간근로 0.5배)임)<br>➡ 5인 미만 : 야간근로시간 × 시간당 통상임금 × 1<br>➡ 5인 이상 : 야간근로시간 × 시간당 통상임금 × 1.5(1 + 0.5) |

| 구 분 | 내 용 |
|---|---|
| 휴일근로 | • 법정휴일(대체휴일)이나 약정휴일에 하는 근로(시급의 1.5배)<br>➡ 5인 미만 : 휴일근로시간 × 시간당 통상임금 × 1<br>➡ 5인 이상 : 휴일근로시간 × 시간당 통상임금 × 1.5<br>8시간 초과분 : (휴일근로시간 − 8시간) × 시간당 통상임금 × 2 |
| 초과근로<br>수당<br>중복 여부 | 위의 연장, 휴일, 야간근로수당은 중복으로 적용됨<br>➡ 연장근로수당 및 휴일근로수당과 야간근로수당은 중복 적용이 된다. 즉, 야간근로수당은 무조건 중복으로 적용됨<br>➡ 5인 미만 : 실제 근로시간에 대한 임금만 지급<br>➡ 5인 이상 : 중복근로시간 × 시간당 통상임금 × (1 + 0.5(연장 또는 휴일) + 0.5(야간)) |

보상휴가제 : 근로자대표와의 문서로 합의한 경우 연장, 야간, 휴일 근로에 대해 임금을 지급하는 대신 할증된 시간(1.5배)만큼 휴가를 부여하는 제도이다.

| 연장,<br>야간,<br>휴일근로<br>수당 지급 | • 5인 이상 사업장은 근무하기로 한 시간보다 초과근무 한 경우 연장, 야간, 휴일근로수당을 지급해야 한다.<br>• 1일 8시간 또는 주 40시간을 초과하는 경우가 아닌 근로하기로 계약한 시간을 초과하는 경우 연장근로수당을 줘야 한다. |
|---|---|

## 초과근무(시간외근무)의 제한

| 구 분 | 남성 | 여성 | 임신 중 여성 | 산후 1년 이하 | 18세 미만 |
|---|---|---|---|---|---|
| 연장근로 | 1주 12시간 | | 절대 금지 | 1일 2시간<br>1주 최대 6시간<br>1년 최대 | 150시간<br>합의 필요<br>1일 최대 1시간<br>1주 최대 5시간 |
| 야간근로 | 제한없음 | 동의<br>필요 | 명시적 청구<br>장관인가<br>필요 | 동의 필요<br>장관인가<br>필요 | 동의 필요<br>장관인가<br>필요 |
| 휴일근로 | 합의필요 | | | | |

# 초과근무수당의 계산 절차

## ✔ 매달 고정적으로 받는 모든 금액(통상임금)을 더한다.

- 기본급, 직책수당, 직무수당 등 매달 고정적으로 명세서에 찍히면 포함
- 식대나 교통비 등은 실비변상적인 금액(영수증 첨부하는 등)이면 제외하고, 전 직원공통(예 : 식대 20만)으로 지급되면 포함
- 상여금 등 기타 논란이 되는 항목은 회사 규정이나 근로계약서를 확인해야 함

## ✔ 통상임금을 더한 금액을 209로 나눈다(시급 계산).

- 209는 하루 8시간 근무하는 사람의 한 달 평균 근로시간을 의미한다.
  (하루 8시간 X 5일 = 주 40시간) + 주휴일 8시간 = 주 48시간 X 4.345주 = 약 209시간
- 4.345주는 4주인 달도 있고 5주인 달도 있어 1년 평균한 것임
- 주휴수당은 월급제의 경우 포함된 것으로 계산하므로 별도로 청구할 수 있는 것은 아니다.

## ✔ 통상시급(연장근로 1.5배, 야간근로 2배, 휴일근로 1.5배)을 계산한다.

- 연장근로수당 계산 방법
  하루 8시간 이상 근로 시 1.5배
  원래 임금 100% + 연장근로수당 50% = 총 150%
- 야간근로수당 계산 방법(연장근로 시)
  밤 10시부터 다음날 오전 6시까지 근무 시 2배
  원래 임금 100% + 연장근로수당 50% + 야간근로수당 50% = 총 200%

[예외] 야간근로가 연장근로에 해당하지 않는 경우는 원래 임금 100% + 야간근로
수당 50% = 150% 지급

• 휴일근로수당 계산 방법

　일요일(주휴일) 근무 시 통상시급의 1.5배

　원래 임금 100% + 휴일근로수당 50% = 총 150%

　8시간을 초과하는 경우 8시간까지는 150%, 8시간 초과분은 통상시급의 200%

# 휴일, 연장, 야간근로 중복 시 임금 계산 공식

휴일근로수당과 연장근로수당을 계산할 때 해당 근로시간이 야간근
로시간에 해당하는 경우는 연장근로수당 + 야간근로수당 또는 휴일
근로수당 + 야간근로수당을 지급해야 한다.

반면, 해당 근로시간이 야간근로시간에 해당하더라도 1일 8시간을
초과하지 않는 경우는 야간근로수당만 지급하면 된다.

**예시1** 평일에 연장, 야간근로 시 법정수당 계산 방법

| 시간 | 근로대가 | 연장 | 야간 | 합계 | 수당 계산 공식 |
|---|---|---|---|---|---|
| 09:00~18:00 | 100% | – | – | 100% | 기본 : 시급 × 시간 × 100% |
| 18:00~22:00 | 100% | 50% | – | 150% | 기본 : 시급 × 시간 × 100%<br>연장 : 시급 × 연장시간 × 50% |
| 22:00~06:00 | 100% | 50% | 50% | 200% | 기본 : 시급 × 시간 × 100%<br>연장 : 시급 × 연상시간 × 50%<br>야간 : 시급 × 야간시간 × 50% |
| 06:00~09:00 | 100% | 50% | – | 150% | 기본 : 시급 × 시간 × 100%<br>연장 : 시급 × 연장시간 × 50% |

해설

| 구분 | 시간 | 누적 시간 | 비고 |
|---|---|---|---|
| ① 근무시간 | 00:00~24:00 | 24시간 | |
| ② 휴게시간 | 03:00~04:00 | | 야간근로시간에 1시간 이 들어있다고 가정 |
| | 12:00~13:00 | 3시간 | |
| | 18:00~19:00 | | |
| ③ 근무시간 | - | 21시간 | ①-② |
| 최저임금 | | | 9,160원 |
| 100% | 정상 근로 | 21시간 | 192,360원 |
| 50% | 연장 가산 | 13시간 | 59,540원 |
| 50% | 야간 가산 | 7시간 | 32,060원 |
| 임금 합계 | | | 283,960원 |

**예시2** 휴일에 연장, 야간근로 시 법정수당 계산 방법

| 시간 | 근로대가 | 휴일 | 휴일연장 | 야간 | 합계 | 수당계산 공식 |
|---|---|---|---|---|---|---|
| 09:00~18:00 | 100% | 50% | - | - | 150% | 기본 + 휴일 : 시급 × 시간 × 150% |
| 18:00~22:00 | 100% | 50% | 50% | - | 200% | 기본 + 휴일 : 시급 × 시간 × 150%<br>휴일연장 : 시급 × (시간 - 8시간) × 50% |
| 22:00~06:00 | 100% | 50% | 50% | 50% | 250% | 기본 + 휴일 : 시급 × 시간 × 150%<br>휴일연장 : 시급 × (시간 - 8시간) × 50%<br>야간 : 시급 × 야간시간 × 50% |
| 06:00~09:00 | 100% | 50% | 50% | - | 200% | 기본 + 휴일 : 시급 × 시간 × 150%<br>휴일연장 : 시급 × (시간 - 8시간) × 50% |

해설

| 구분 | 시간 | 누적 시간 | 비고 |
|---|---|---|---|
| ① 근무시간 | 00:00~24:00 | 24시간 | |
| ② 휴게시간 | 03:00~04:00 | 3시간 | 야간근로시간에 1시간 이 들어있다고 가정 |
| | 12:00~13:00 | | |
| | 18:00~19:00 | | |
| ③ 근무시간 | – | 21시간 | ①-② |
| 최저임금 | | | 9,160원 |
| 100% | 정상 근로 | 21시간 | 192,360원 |
| 50% | 휴일 가산 | 21시간 | 96,180원 |
| 50% | 휴일 연장 가산 | 13시간 | 59,540원 |
| 50% | 야간 가산 | 7시간 | 32,060원 |
| 임금 합계 | | | 380,140원 |

• 8시간 이내 = 시급 × 시간 × 150%
• 8시간 초과 = 시급 × 시간 × 150% + 시급 × (시간 – 8시간) × 50%
• 8시간 초과 + 야간 = 시급 × 시간 × 150% + 시급 × (시간 – 8시간) × 50% + 시급 × 야간시간 × 50%

## ☆ 연장근로시간의 계산 원칙

연장근로는 소정근로시간을 초과한 시간을 의미하므로 1주 40시간을 초과하지 않더라도 1일 8시간을 초과하거나 1일 8시간을 초과하지 않더라도 1주 40시간을 초과한 시간은 연장근로에 해당한다.

이 경우의 연장근로를 계산할 때 1일 단위와 1주 단위가 경합하는 경우는 중복되지 않게 근로자에게 유리한 것을 기준으로 산정한다.

> Max(1일 단위 연장근로시간의 합, 1주 단위 연장근로시간의 합)

예를 들어 월~목 10시간씩 금 6시간씩 근무를 한 경우

① 1일 단위 연장근로는 월~목 2시간 + 2시간 + 2시간 + 2시간= 8시간(연장)

② 1주 단위 연장근로는 총 46시간 - 40시간 = 6시간(연장)

①과 ② 중 근로자에게 유리한 8시간이 연장근로가 된다.

단시간 근로자의 경우 연장근로시간의 기준이 되는 시간은 1일 8시간, 1주 40시간이 아니라 1일 소정근로시간, 1주 소정근로시간이 된다.

 시간외근로수당의 계산 사례

① 9시 출근 오후 6시 퇴근인 회사

| 시간 | 법정수당 | 수당 계산 방법 |
|---|---|---|
| 09:00~18:00 | 정상 근무 | 시급 × 8시간 × 1 |
| 18:00~22:00 | 연장근로수당 | 시급 × 4시간 × 1.5 |
| 22:00~06:00 | 연장근로수당 + 야간근로수당 | 시급 × 8시간 × (1.5 + 0.5) |
| 06:00~09:00 | 연장근로수당 | 시급 × 3시간 × 1.5 |

② 8시 출근 오후 5시 퇴근인 회사

| 시간 | 법정수당 | 수당 계산 방법 |
|---|---|---|
| 08:00~17:00 | 정상 근무 | 시급 × 8시간 × 1 |
| 17:00~22:00 | 연장근로수당 | 시급 × 5시간 × 1.5 |
| 22:00~06:00 | 연장근로수당 + 야간근로수당 | 시급 × 8시간 × (1.5 + 0.5) |
| 06:00~08:00 | 연장근로수당 | 시급 × 2시간 × 1.5 |

③ 오후 8시 출근 다음 날 오전 8시 퇴근인 회사

| 시간 | 법정수당 | 수당 계산 방법 |
|------|----------|----------------|
| 20:00~22:00 | 정상 근무 2시간 | 시급 × 2시간 × 1 |
| 22:00~06:00 | 정상 근무 6시간<br>+ 연장근로수당(2시간)<br>+ 야간근로수당(8시간) | (시급 × 6시간 × 1)<br>+ (시급 × 2시간 × 1.5)<br>+ (시급 × 8시간 × 0.5)<br>또는<br>(시급 × 8시간 × 1)<br>+ (시급 × 2시간 × 0.5)<br>+ (시급 × 8시간 × 0.5) |
| 06:00~08:00 | 연장근로수당 | 시급 × 2시간 × 1.5 |

④ 오후 2시 출근 다음 날 오전 4시 퇴근인 회사

| 시간 | 법정수당 | 수당 계산 방법 |
|------|----------|----------------|
| 14:00~22:00 | 정상 근무 | 시급 × 8시간 × 1 |
| 22:00~04:00 | 연장근로수당(6시간) +<br>야간근로수당(6시간) | (시급 × 6시간 × 1.5) + (시급 × 6시간 × 0.5) |

 **분, 초 단위 초과근로수당**(연장근로수당, 야간근로수당, 휴일근로수당)**의 계산**

일반적으로 '근로기준법 제53조(연장 근로의 제한)'에 의거 5인 이상 사업장에서는 근로자와 사용자(회사)는 합의로 1주일에 12시간을 한도로 근로시간을 연장할 수 있다(연장근로수당 50%를 가산해서 지불해야 함).

즉 5인 이상 사업장에서는 근로기준법상 주당 40시간의 소정근로시간, 12시간 연장근로를 허용해 주당 총 52시간까지 근로할 수 있다. 여기서 1주의 시작을 언제로 정할지는 사업장의 업무 특성에 따라서 사업장별로 달리 정할 수 있다. 즉, 주의 시작일을 꼭 월요일로 하는 것은 아니며, 언제로 정할 것인지는 근로계약을 하는 당사자 간 정할 수 있다.

현재 '근로기준법 제56조(연장, 야간 및 휴일근로)'에 의거해서 1일 법정근로시간 8시간 또는 주 40시간을 넘은 근로시간에 대해서 연장근로수당을 지불 해야 한다.

그런데 연장근로 등의 근로시간을 계산할 때 시간이나 분 · 초 단위로 계산해야 하는지는 법령에 규정하고 있지 않다.

그러나 근로기준법의 취지상 사용자는 '실근로시간'에 상응하는 임금을 지급할 의무가 있기에 출근부 등을 통해서 분이나 혹은 초 단위까지 근로시간을 계산이 가능한 경우라면 분 단위 혹은 초 단위로 근로시간을 산정해서 지급하는 것이 바람직하다.

또한 고용노동부는 보도자료를 통해서 '분 단위 근로시간에 대하여 임금을 지급해야 하나 미지급'하였다면 법 위반이라고 명시했다(참고 :

http://www.moel.go.kr/news/enews/report/enewsView.do?news_seq=7160).

결론적으로 상기 근로기준법 및 고용노동부의 해석 및 보도자료를 바탕으로 보면 원칙적으로 근로기준법의 취지상 하루 법정근로시간 8시간을 넘어서 하는 모든 근로시간(분 단위도 포함해서)은 연장근로시간으로 제대로 계산되어서 지급되어야 하는 게 타당하다.

그리고 수당의 지급을 10분, 15분 또는 30분 단위로 관리하는 경우가 있는데, 이러한 형태를 이른바 '임금 꺾기'라고 부르는데 명백히 불법이다.

임금은 실제로 일한 시간만큼 제대로 지급되어야 한다.

따라서 단 1분이라도 실 근로에 대해 임금을 지급하지 않았다면 체불임금이 된다.


참고로 분을 소수점으로 표시하는 경우 분 ÷ 100이 아니라 1시간은 60분이므로 분 ÷ 60을 해야 한다.

예를 들어 30분의 경우 30 ÷ 60 = 0.5로 1시간 30분은 1.5가 된다. 반대로 0.5 × 60 = 30분이 된다.

**반차를 사용해 오후에 출근한 경우 연장근로수당**

오후에 출근해 6시를 넘어서 근로해도 8시간을 넘지 않는 경우 연장근로수당을 지급하지 않고 근무한 시간에 대한 임금만 지급하면 된다. 또한, 오전 반차 후 오후에 출근한 경우에도 오전 반차는 출근한 것으로 간주한 것일 뿐 근무시간으로 보지 않는다. 따라서 이후 실제 근로시간이 8시간을 넘지 않는다면 연장근로 가산수당을 지급하지 않아도 된다. 단 회사가 출근시간과 퇴근시간을 특정하여 출근시간전 근무 또는 퇴근시간 이후의 근무에 대해서 연장근로수당을 가산하여 주는 자체적인 기준을 두고 있다면 연장근로수당을 지급해야 한다.

주중에 결근이나 휴일, 휴가 사용으로 인하여 실근로시간이 1주간 40시간을 넘지 않는 경우에도 적용은 동일하다.

예를 들어 주5일제(월~금) 근무사업장에서 주중 하루를 결근한 경우 휴무일로 규정된 토요일에 근무하더라도 주중 실근로시간이 32시간에 해당하므로 토요일 근무는 연장근로에 해당하지 않는다. 단, 토요일 근로로 인해 주40시간을 초과하는 경우는 연장근로수당을 지급해야 한다.

 **휴가 등의 사용시 연장근로수당 계산을 위한 시간의 판단**

사내 취업규칙상 정상 출·퇴근 시간 외의 시간에 대해서 연장근로수당을 무조건 지급하도록 명시되어 있지 않다면 원칙적으로 연장근로 판단은 '실 근로시간'을 기준으로 한다. 즉, 소정근로일이나 소정근로시간 중에 휴가나 휴일, 결근, 파업(근기 68207 -2776, 2002.8.21), 지각, 조퇴 등으로 인해 근로하지 못한 시간은 근로시간 수에서 제외한다. 따라서 대기시간을 포함하여 실제 근로한 시간이 1일 8시간 또는 1주 40시간(월~토요일)을 초과해야 근기법 제53조 및 제56조의 연장근로에 해당한다(대법 1992.10.9, 91다14406).

예를 들어 월~토요일 1일 8시간 주 48시간을 근로를 제공한 경우 토요일 8시간분에 대해서는 연장근로수당이 발생하나, 월요일 연차휴가를 사용한 후 화~토요일 1일 8시간 주 40시간을 근로한 경우 토요일 근로에 대해서 연장근로수당이 발생하지 않는다.

결론은 주 단위로 판단시 월~토요일까지 총 근로시간이 주40시간을 초과하지 않으면 토요일 추가 근무를 해도 연장근로수당은 발생하지 않는다.

토요일에 8시간 근로하였으나 주중에 휴일 등으로 총근로시간이 40시간 미만인 경우 연장근로 발생여부(근기 68207-2990, 2000.09.28. 일부 수정)
근로기준법 제49조에 규정한 1주 40시간 및 1일 8시간은 법정기준 근로시간을 말함. 다만, 근로기준법 제52조 제1항에 의하면 당사자 간의 합의가 있는 경우에는 1주간에 12시간을 한도로 제49조의 근로시간을 연장할 수 있으며, 동법 제55조에 의거 사용자 는 제52조의 규정에 의하여 연장된 시간의 근로에 대하여는 통상임금의 100분의 50 이상을 가산하여 지급하여야 함.

- 따라서 월요일부터 금요일까지 8시간을 근로하는 주40시간 근무체제 하에서 토요일 에 8시간을 근로하여 당해 1주간에 총 48시간을 근로하였다면, 1주 40시간을 초과 하여 연장 근로한 8시간분에 대하여는 연장근로수당을 지급해야 함.
- 다만, 주중에 휴일 또는 휴가가 있어 근로를 제공하지 아니한 경우 그러한 휴일 또는 휴가기간은 실근로시간에 포함되지 아니함.
  귀 질의의 경우 구체적인 사실관계 확인이 곤란하여 정확한 판단이 어려우나,
- 특정주의 토요일에 8시간을 근로하였다고 하더라도 주중에 휴일 또는 휴가기간이 있 어 당해 1주간의 총 근로시간이 40시간을 초과하지 않은 경우에는, 당해 토요일에 행해진 8시간 근로에 대하여는 연장근로수당을 지급하지 않더라도 근로기준법 위반 문제는 발생하지 아니함.
- 다만, 노사 당사자 간 특약으로 특정요일(예 : 토요일)의 소정근로시간을 정해놓고 이 를 초과할 경우 연장근로수당을 지급한다고 규정하고 있다면 노사 당사자는 그에 따 라야 함.

# 10 지각이나 조퇴의 경우 연장근로수당

1일 8시간을 소정근로시간으로 정하는 사업장에서 지각이나 조퇴 등으로 인해 근로하지 않은 시간만큼 종업시간 이후 근로를 하는 경우 그 근로자의 실제 근로시간이 8시간을 초과하지 않았다면 연장근로수당을 지급할 의무가 없다. 즉, 실제 근로시간이 1일 8시간 또는 1주 40시간을 초과하지 않았다면 근로기준법상 연장근로수당 지급의무도 발생하지 않는다.

그러나 업무가 일 소정근로시간(1일 최대 8시간)을 초과하여 종료되어 연장근로가 발생한 경우는 그에 대하여 근로기준법 제56조(연장·야간 및 휴일 근로)에 의거 연장근로수당을 지급해야 한다.

다만, 노사 간 특정 시간 이후의 근로에 대한 수당 지급에 관한 합의가 있는 등 특별한 사정이 있는 경우 이에 따라야 한다.

| 구 분 | | 해 설 |
|---|---|---|
| 특약이 없는 경우 | 출근시간 1시간 지각 후 퇴근시간 후 추가 근무가 없는 경우 | 1시간분의 임금을 차감해도 된다. |

| 구 분 | 해 설 |
|---|---|
| 특약이<br>없는 경우 | **출근시간 1시간<br>지각 후 퇴근시간<br>후 1시간 추가 근무**<br><br>지각한 1시간과 퇴근 후 1시간이 8시간 근무시간을 채웠으므로 지각한 시간에 대한 임금 차감도 없고 연장근로수당(1일 8시간을 초과하지 않음)을 지급하지 않아도 된다.<br>예를 들어 09:00~18:00(휴게시간 1시간)를 소정근로시간으로 운영하는 회사에서 근로자가 10:00에 출근하여 19:00까지 근무했을 때는 실근로시간이 8시간을 초과하지 않으므로 18:00~19:00 사이의 근무는 연장근로에 해당하지 않는다. |
| | **출근시간 1시간<br>지각 후 퇴근시간<br>후 2시간 추가 근무**<br><br>지각한 시간에 대한 임금 차감도 없고 1일 소정근로시간 초과분인 1시간분(1일 8시간을 초과)의 연장근로수당을 지급해야 한다. 이 경우 출근 시간으로부터 8시간을 초과해서 근로하는 경우 연장근로 가산임금 50%를 추가로 지급해야 하므로 지각한 경우는 연장근로가 발생하지 않도록 회사는 연장근로를 거부해야 할 것이다. |
| **특약에 따라 연장근로수당을<br>지급해야 하는 경우** | • 시업시간과 종업시간을 정해두고 종업시간 이후 근로에 대해 연장근로수당을 지급하도록 규정한 경우 지각으로 인하여 근로를 제공하지 못한 시간만큼의 임금공제를 한 후 종업시간 이후의 근로에 대해서는 연장근로수당 150%를 지급해야 한다.<br>• 지각으로 실근로시간이 8시간에 미치지 못하더라도 종업시간 이후의 근로시간에 대해 연장근로수당을 계속 지급해 온 사업장 |

연장근로 1시간을 포함하여 시업·종업시각을 정한 경우에도 근로시간 도중에 부분파업으로 인하여 실근로시간이 법정근로시간(1일 8시간, 주 40시간)을 초과하지 않는다면 17:00~18:00 사이의 근로 또는 18:00 이후의 근로에 대하여 동법 제55조에 의한 연장근로가산임금을 지급할 의무는 없다고 사료됨. 다만, 당사자가 실근로시간이 법정근로시간을 초과했는지 여부를 불문하고 17:00 이후의 근로에 대해서는 연장근로수당을 지급한다는 특약이 있는 경우에는 그에 따르면 될 것임(근기 68207-2776, 2002.8.21.).

 지각, 조퇴 시간을 합산하여 1일 소정근로시간이 될 경우 결근 처리

지각·조퇴·외출로 인하여 소정근로일의 근로시간 전부를 근로하지 못했더라도 소정근로일에 출근하여 근로를 제공한 것에 해당하므로, 결근으로 처리할 수 없다.

지각, 조퇴, 외출 시간을 합산해 1일 소정근로시간인 8시간이 되더라도 마찬가지로 결근 처리는 불가능하다.

따라서 근로자의 개근에 따라 부여하는 주휴일, 연차휴가 부여일수 산정에도 영향을 미칠 수 없다. 다만, 지각, 조퇴, 외출한 시간을 합산해 8시간이 되는 경우, 연차 1일로 계산해서 연차휴가에서 차감한다는 규정을 두고, 누계 8시간에 대해 연차휴가 1일을 차감하는 것은 가능하다.

# 11 근로자의 날 수당계산

## 근로자의 날 수당 계산

"근로자의 날 제정에 관한 법률"에 따르면 5월 1일 근로자의 날은 근로기준법에 따른 유급휴일이다. 즉, 임금을 100% 수령하면서 쉬는 날(유급휴일)이며, 불가피하게 근무할 경우는 근로기준법 제56조에 따라 휴일근로수당을 지급해야 한다. 즉, 근로자의 날 근무할 경우 수당 계산방법을 정리하면,

❶ 8시간까지는 통상시급의 1.5배

❷ 8시간 초과한 시간은 통상시급의 2배이다.

이때, 월급제와 시급제/일급제의 경우 근로자의 날 근무 수당 계산이 헷갈릴 수 있어 유의해야 한다.

[근로자의 날 9시간 근무한 경우 휴일근로수당 계산]

| 월급제 | 시급제/일급제 |
|---|---|
| ① 근로하지 않아도 받는 임금(8시간)은 이미 월급여에 포함 따라서 별도로 추가임금을 주지 않아도 된다. | ① 근로하지 않아도 받는 임금(8시간) 100% |

| 월급제 | 시급제/일급제 |
|---|---|
| ② 8시간 이내의 근로 150% | ② 8시간 이내의 근로 150% |
| ③ 8시간 초과의 근로 200% | ③ 8시간 초과의 근로 200% |
| (8시간 × 1.5) + (1시간 × 2) = 14시간분의 수당 | (8시간 × 1) + (8시간 × 1.5) + (1시간 × 2) = 22시간분의 수당 |

이때, 월급제와 시급제/일급제의 경우 근로자의 날 근무 수당 계산이 헷갈릴 수 있어 유의해야 한다.

한편, 근로자의 날이 토요일인 경우. 고용노동부 행정해석(근로기준과-848, 2004.04.29. 회시, 근로기준과-2156, 2004. 4. 30. 회시 참조)에서는 월급제는 해당 월의 실제 근무일 또는 실제 근로시간과 관계없이 매월 일정한 금액을 지급하는 방식이므로, '근로자의 날' 이 평일인지 토요일(무급 휴무일 또는 무급휴일)인지 여부에 상관없이 월급에 이미 유급 처리된 임금이 포함되어 있다고 보고 있다. 따라서, 월급제의 경우 근로자의 날 쉴, 경우 별도의 조치 없이 5월 월급이 전액 지급되면 된다.

오히려 실무에서 헷갈리는 경우가 시급제/일급제인데, 그 이유는 해당 월의 총임금을 지급할 때, "실제 근무한 시간 × 시급 + 주휴수당" 으로 계산하여 지급하기 때문이다. 시급제/일급제도 1일 단위의 근로계약이 체결한 경우가 아닌, 평상적인 근로관계가 있는 경우라면 근로자의 날에 근무하지 않아도 받는 임금 100%는 지급해야 한다.

근로자의 날이 일요일과 겹치는 때는 근로자의 날인 5월 1일에 출근한 경우, 1일의 휴일근로에 해당하며, 임금지급을 각각 계산하여 지급하는 것이 아니므로 1일의 휴일근로수당으로 150%(휴일근로 기본 100% + 휴일근로 가산임금 50%)를 지급하면 된다.

| 월급제 | 시급제/일급제 |
|---|---|
| ❶ 이미 월급에 반영(0%) <br> ❷ 휴일근로에 대한 임금(100%) <br> ❸ 휴일근로에 대한 가산임금(50%) | ❶ 근로하지 않아도 당연히 지급되는 임금(100%) <br> ❷ 휴일근로에 대한 임금(100%) <br> ❸ 휴일근로에 대한 가산임금(50%) |
| 임금 합계 : 150% | 임금 합계 : 250% |
| 8시간을 초과하는 경우 50% 가산 | |

주중 결근자가 발생할 경우 그 주에 유급주휴일과 근로자의 날이 중복된 유급휴일일 경우 근로자가 주중에 결근하였으므로 무급 주휴일에 해당하나, 유급휴일과 중복되는 경우는 '유리한 조건 우선원칙'에 따라 당해 일을 무급처리하는 것은 위법하다 사료됨(1985.11.01, 근기 01254-19875).

## 예외적인 경우

근로기준법에서는 여성 및 연소근로자(15세 이상 18세 미만)의 경우에는 연장·야간 및 휴일근로가 불가능하거나, 시간의 제한이 있다. 여성 직원의 비율이 높은 보건업 등의 경우에는 이를 유의하여 근무시키고, 수당 계산에도 참고할 필요가 있다.
또한, 근로기준법 제63조 제3호에 따라 감시(監視) 또는 단속적(斷續

的)으로 근로에 종사하는 사람(예. 경비원, 시설관리원 등)으로서 사용자가 고용노동부 장관의 승인을 받은 직원의 경우, 휴일에 관한 규정이 적용되지 않는다.

따라서 주휴일 또는 공휴일을 유급휴일로 부여할 의무가 없고, 해당 일에 근무하더라도 휴일근로수당을 지급하지 않아도 된다.

그러나 근로자의 날은 "근로자의 날 제정에 관한 법률"에 의해 유급 휴일로 특정되어 있으므로 앞서 말한 근로기준법에 의하여 적용이 배제되는 휴일에는 포함되지 아니하므로 근로자의 날에 근로하였을 경우는 근로기준법에 의한 유급휴일 근로에 따른 임금을 지급해야 한다(1994.06.09, 근기 68207-930).

# 12 주휴수당 간편 계산 방법

## 주휴수당의 기본요건

주휴수당을 받기 위해서는 2가지 요건이 기본으로 충족되어야 한다.

---

### 유급 주휴수당의 발생요건

- 소정근로시간이 주 15시간 이상이어야 한다. 물론 5인 미만 사업장도 적용된다.
- 소정근로일을 결근하지 말아야 한다.

---

## 주휴수당의 간편 계산

상용근로자의 경우 일반적으로 월급에 주휴수당이 포함된 것으로 보므로 공휴일이 꼈을 때 주휴수당을 별도로 신경 쓸 필요는 없다. 다만 시급, 일급, 주급의 경우 주휴수당의 계산과 관련해서 신경 쓸 부분이다.

주휴수당은 1일 소정근로시간 × 시급으로 계산한다.

주5일 사업장 기준 간편 계산법(1일 한도는 8시간, 주 한도는 40시

간이다. 따라서 월~토 48시간 근로 시에도 40시간 한도이다.)

예를 들어 월~금요일 평균 4시간 일하는 경우 주휴수당은 4시간 × 9,160원, 8시간인 경우 8시간 × 9,160원, 10시간인 경우에도 한도는 8시간이므로 8시간 × 9,160원을 지급하면 법적인 문제는 없다.

---

### 주휴수당의 계산 공식

1주일 소정근로시간 [주1] ÷ 5일 [주2] × 시급

또는 1주일 소정근로시간 × 20% × 시급

주1 : 1주일(월~금(5일 근로) 또는 월~토(6일 근로))간 노사가 근로하기로
   계약한 시간 (최대 1일 8시간, 주 40시간을 한도)

주2 : 주6일 근무도 5일로 나눔

• 예를 들어 시급 1만 원에 주 40시간을 일하는 아르바이트의 경우
주휴수당 = 40시간 ÷ 5(20%) × 1만 원 = 8만 원

• 예를 들어 시급 1만 원에 주 15시간을 일하는 아르바이트의 경우
주휴수당 = 15시간 ÷ 5(20%) × 1만 원 = 3만 원이 된다.

• 예를 들어 시급 1만 원에 월~토 6일 35시간을 일하는 아르바이트의 경우
주휴수당 = 35시간 ÷ 5(20%) × 1만 원 = 7만 원

---

**[고용노동부 지침 변경에 따른 주휴수당]**

| 구 분 | 퇴사 주 주휴수당 지급여부 |
| --- | --- |
| 마지막 근무일이 월~금요일 전 | 주휴수당 미지급 |
| 마지막 근무일이 월~금요일(퇴사일이 토요일) | 주휴수당 미지급 |
| 마지막 근무일이 토요일(퇴사일이 일요일) | 주휴수당 미지급 |
| 마지막 근무일이 일요일(퇴사일이 월요일) | 주휴수당 지급 |
| 사직서 제출하면서 퇴사일을 월요일로 한 경우 | 주휴수당 지급 |

| 사례1 | 사례2 |
|---|---|
| 월 : 4시간<br>화 : 4시간<br>수 : 4시간<br>목 : 4시간<br>금 : 4시간<br>합계 : 20시간<br>주휴수당 = 합계(20시간) × 20%(또는<br>÷ 5) = 4시간 | 월 : 4시간<br>화 : 6시간<br>수 : 4시간<br>목 : 6시간<br>금 : 4시간<br>합계 : 24시간<br>주휴수당 = 합계(24시간) × 20%(또는<br>÷ 5) = 4.8시간 |
| 사례3 | 사례4 |
| 월 : 10시간(8시간 한도)<br>화 : 8시간<br>수 : 8시간<br>목 : 8시간<br>금 : 8시간<br>합계 : 40시간<br>주휴수당 = 합계(40시간) × 20%(또는<br>÷ 5) = 8시간 | 월 : 0시간<br>화 : 4시간<br>수 : 4시간<br>목 : 4시간<br>금 : 4시간<br>합계 : 16시간<br>주휴수당 = 합계(16시간) × 20%(또는<br>÷ 5) = 3.2시간 |
| 사례5 | 사례6 |
| 월 : 0시간<br>화 : 4시간<br>수 : 0시간<br>목 : 4시간<br>금 : 4시간<br>합계 : 12시간<br>주휴수당 = 주15시간 미만으로 주휴수<br>당 미발생 | 월 : 4시간<br>화 : 4시간<br>수 : 4시간<br>목 : 4시간<br>금 : 4시간<br>토 : 4시간<br>합계 : 24시간<br>주휴수당 = 합계(24시간) × 20%(또는<br>÷ 5) = 4.8시간 |

# 13 급여의 일할 계산 방법

다음 중 큰 금액(1, 2, 3)

1. 취업규칙에서 규정한 방법

2. 최저임금

3. 근로기준법에서는 급여 일할계산 방법에 대해 규정하고 있지 않으므로 실무에서는 최저임금법을 어기지 않는 범위 내에서 회사마다 다음의 3가지 방법 중 1가지 방법을 사용한다. ❶과 ❷는 일수에 토요일 포함, ❸은 토요일 제외(단, 토요일이 유급인 경우 포함)

❶ 급여 ÷ 30일 × 근무일수

❷ 급여 ÷ 역에 따른 일수(그달의 달력 날짜인 28~31일) × 근무일수

❸ 급여 ÷ 209시간 × 실제 유급 근무일수 × 8시간

| 일 | 월 | 화 | 수 | 목 | 금 | 토 |
|---|---|---|---|---|---|---|
|  | 1 | 2 | 3 | 4 | 5 | 6 |
| 7 | 8 | 9 | 10 | 11 | 12 | 13 |
| 14 | 15 | 16 | 17 | 18 | 19 | 20 |
| 21 | 22 | 23 | 24 | 25 | 26 | 27 |
| 28 | 29 | 30 | 31 |  |  |  |

1. 월급이 1,920,000원이고, 15일 입사한 경우

2. 월급이 1,920,000원이고, 12일 퇴사한 경우

해설

[월급이 1,920,000원이고, 15일 입사한 경우]

1. 급여 ÷ 30일 × 근무일수로 계산하는 방법 : 큰 금액[❶, ❷]

❶ 최저임금(시급 2022년 기준 9,160원)

일급 = 9,160원 × 8시간 × 15일 = 1,099,200원

15일 = (15일~19일 + 21~26일 + 28~31일)

❷ 급여 ÷ 30일 × 근무일수로 계산하는 경우

일급 = 1,920,000원 ÷ 30일 × 17일 = 1,088,000원


2. 급여 ÷ 역에 따라(그달의 달력 날짜인 28~31일) × 근무일수로 계산하는 방법
: 큰 금액[❶, ❷]

❶ 최저임금(시급 2022년 기준 9,160원)

일급 = 9,160원 × 8시간 × 15일 = 1,099,200원

❷ 급여 ÷ 31일 × 근무일수로 계산하는 경우

일급 = 1,920,000원 ÷ 31일 × 17일 = 1,052,903원


3. 급여 ÷ 209시간 × 실제 유급 근무일수 × 8시간으로 계산하는 방법 : 큰 금액[❶,
❷]

❶ 최저임금(시급 2022년 기준 9,160원)

일급 = 9,160원 × 8시간 × 15일 = 1,099,200원

❷ 급여 ÷ 209시간 × 실제 유급 근무일수 × 8시간으로 계산하는 경우

일급 = 1,920,000원 ÷ 209시간 × 15일(15일~31일(17일) - 15일~31일 기간 중
토요일 2일) × 8시간 = 1,102,392원

209시간 = (주 40시간 + 8시간(주휴시간) × 4.345주

실제 유급 근무 일수 = 달력상 실제로 근무한 날 중 월~금요일 + 일요일(일반적으로 달력상 토요일 제외한 날)

[월급이 1,920,000원이고, 12일 퇴사한 경우]

1. 급여 ÷ 30일 × 근무일수로 계산하는 방법 : 큰 금액[❶, ❷]

❶ 최저임금(시급 2022년 기준 9,160원)

일급 = 9,160원 × 8시간 × 11일 = 806,080원

11일 = (1일~5일 + 7~12일)

❷ 급여 ÷ 30일 × 근무일수로 계산하는 경우

일급 = 1,920,000원 ÷ 30일 × 12일 = 768,000원

2. 급여 ÷ 역에 따라(그달의 달력 날짜인 28~31일) × 근무일수로 계산하는 방법 : 큰 금액[❶, ❷]

❶ 최저임금(시급 2022년 기준 9,160원)

일급 = 9,160원 × 8시간 × 11일 = 806,080원

❷ 급여 ÷ 31일 × 근무일수로 계산하는 경우

일급 = 1,920,000원 ÷ 31일 × 12일 = 743,225원

3. 급여 ÷ 209시간 × 실제 유급 근무일수 × 8시간으로 계산하는 방법 : 큰 금액[❶, ❷]

❶ 최저임금(시급 2022년 기준 9,160원)

일급 = 9,160원 × 8시간 × 11일 = 806,080원

❷ 급여 ÷ 209시간 × 실제 유급 근무일수 × 8시간으로 계산하는 경우

일급 = 1,920,000원 ÷ 209시간 × 11일(1일~12일(12일) - 1일~12일 기간 중 토요일 1일) × 8시간 = 808,421원

209시간 = (주 40시간 + 8시간(주휴시간) × 4.345주

실제 유급 근무 일수 = 달력상 실제로 근무한 날 중 월~금요일 + 일요일(일반적으로 달력상 토요일 제외한 날)

# 14 연차휴가와 연차수당의 계산

## 연차휴가의 적용 대상

- 상시근로자 5인 이상 사업장에 근무하는 모든 근로자가 적용 대상이다. 따라서 5인 미만 사업장은 적용 대상이 아니다.
- 적용 제외 근로자

가. 상시근로자 5인 미만 사업장 소속 근로자

나. 소정근로시간이 1주 15시간 미만인 이른바 초단시간 근로자

다. 임원은 근로기준법상 사용인으로 근로기준법이 적용되지 않으므로 회사에 별도의 규정이 없으면 근로기준법상 연차휴가를 적용하지 않는다.

## 1년 미만 월 단위 연차휴가

📄 **기본원칙** : 1개월 개근 시 1일의 월 단위 연차휴가가 발생하는 것은 절대 변하지 않는다. 1년 미만 월 단위 연차휴가는 입사일 기준이든 회계연도 기준이든 동일하게 적용된다. 그리고 발생한 연차는 마지막 근무일이 발생일이어야 한다(퇴사일은 1개월 + 1일, 2개월 + 1일....).

| 구 분 | 내 용 |
|---|---|
| 발생기간 | 입사일로부터 1년간만 발생 |
| 발생일수 | 1달 개근시 1일씩 1년간 총 11일 한도 |
| 회계연도 기준 적용 | 회계연도 기준이라고 다르지 않다. 즉 1년 미만 월 단위 연차휴가는 입사일 기준이든 회계연도 기준이든 동일하게 적용된다. |
| 연차사용 촉진 | 2020년 3월 31일 발생분부터는 연차휴가 사용촉진이 가능(3개월, 1개월 전). 연차휴가사용촉진시 미사용 연차에 대해 연차수당 지급 의무 면제 |

📄 예외 : 연차휴가의 계산과 사용시기가 차이가 있다.

❶ 연차휴가 일수 계산의 예외(발생의 예외)

월 단위 연차발생분 11일 중 사용한 월 단위 연차휴가를 1년이 되는 날 발생하는 연 단위 연차휴가에서 차감하느냐 안 하느냐의 차이이다.

차이는 2017년 5월 29일 입사자까지는 차감, 5월 30일 입사자부터는 비차감이다.

| 구 분 | 내 용 |
|---|---|
| 2017년 5월 29일 입사자까지 | 1년이 되는 날 발생하는 연 단위 연차에서 사용한 월 단위 연차를 차감한다.<br>[예] 2017년 5월 29일 입사자는 1년이 되는 날인 2018년 5월 29일 80% 이상 개근 시 15일의 연차가 발생한다. 즉 1년이 되는 시점에 월 단위 연차 11일 + 연 단위 연차 15일 = 26일이 아닌 15일이 발생한다. 예를 들어 입사 연도에 월 단위 연차휴가 발생분 11일 중 10일을 사용한 경우 2018년 5월 29일 발생하는 연차는 11일 + 15일 – 10일 = 16일이 아니라 15일 – 10일 = 5일이나. |
| 2017년 5월 30일 입사자부터 | 1년이 되는 날 발생하는 연 단위 연차에서 사용한 월 단위 연차를 차감하지 않는다(지금 방식과 동일).<br>[예] 2017년 5월 30일 입사자는 1년이 되는 날인 2018년 5월 30일 |

| 구 분 | 내 용 |
|---|---|
| | 80% 이상 개근시 15일의 연차가 발생한다. 즉 1년이 되는 시점에 월 단위 연차 11일 + 연 단위 연차 15일 = 26일이 발생한다. 예를 들어 월 단위 연차휴가 발생분 11일 중 10일을 사용한 때 2018년 5월 30일 발생하는 연차는 11일 + 15일 - 10일 = 16일이 된다. |

❷ 연차휴가 사용의 예외

연차휴가 사용의 원칙은 발생일로부터 1년이다. 따라서 모든 연차휴가는 입사한 날과 같은 날 발생(계속근로가 예정되어 있지 않은 계약직은 미발생)해 다음 연도 발생일 전날까지 사용할 수 있다.

그런데 월 단위 연차휴가는 2020년 3월 31일 발생분부터는 이의 예외로 연차휴가의 사용을 발생일 기준이 아닌 입사일 기준이 적용된다. 즉, 입사일부터 1년 안에 월 단위 연차휴가를 모두 사용해야 한다.

예를 들어 2020년 3월 1일 입사자의 경우 1달 개근 시 4월 1일부터 1일씩 발생해 총 11일을 한도로 월 단위 연차휴가가 발생하는데, 이를 입사일로부터 1년인 2021년 2월 28일까지 모두 사용해야 한다.

 **발생일 기준 월 단위 연차휴가와**
**입사일 기준 월 단위 연차휴가의 실무적용 방법 비교**

**1. 2020년 1월 1일 입사자로서 3월 30일까지 발생분 연차 사용**

2월 1일, 3월 1일, 4월 1일......12월 1일 : 총11일

이 중 2020년 3월 31일 이전 발생분은 2월 1일, 3월 1일 총 2일

이 중 2020년 3월 31일 이후 발생분은 11일 - 2일 = 9일

[사용 시기]

2020년 3월 31일 이전 발생분은 2021년 1월 말일, 2월 말일까지 각각 순차적 사용

2020년 3월 31일 이후 발생분 9일은 입사일로부터 1년인 2020년 12월 31일까지 모두 사용한다.

## 2. 2020년 3월 31일 발생분부터 연차 사용

2020년 3월 1일 입사자의 경우 1달 개근 시 1일의 연차휴가가 발생해 총 발생하는 11개의 연차를 입사일부터 1년간인 2021년 2월 28(29)일까지 사용한다.

| 입사일 | 발생일 | 사용기한 |
|---|---|---|
| 2020년 03월 01일 | 04월 01일~02월 01일 | 2021년 02월 28일 |
| 2021년 02월 20일 | 03월 20일~01월 20일 | 2022년 02월 19일 |
| 2022년 10월 02일 | 11월 02일~09월 02일 | 2023년 10월 01일 |

---

📄 연차휴가 계산의 예외(기준일 2017년 5월 30일)
- 2017년 5월 29일까지 : 1년이 되는 시점에 총 15일의 연차 발생
- 2017년 5월 30일부터 : 1년이 되는 시점에 총 26일의 연차 발생

📄 연차휴가 사용의 예외(기준일 2020년 3월 31일)
- 2020년 3월 30일까지 : 발생일부터 순차적으로 1년간 사용
- 2020년 3월 31일부터 : 발생순서에 상관없이 입사일로부터 1년 안에 모두 사용(결국 3월 1일 입사자부터 적용)

📄 **발생한 연차휴가의 부여 : 발생일이 마지막 근무일이어야 한다. 발생일이 퇴사일인 경우 연차휴가 미부여**

---

아래의 모든 경우는 연차휴가의 발생요건을 충족했으며, 연차휴가사용촉진을 안 했으며, 발생일 기준으로 모두 계속 근무자로 간주한다.

---

1. 2017년 5월 29일 입사자의 2021년 5월 29일 기준 연차휴가일수
   2017년 5일의 연차휴가를 사용했다.

2. 2017년 5월 30일 입사자의 2021년 5월 30일 기준 연차휴가일수
   2017년 5일의 연차휴가를 사용했다.

3. 2020년 2월 29일 입사자의 2021년 2월 29일 기준 연차휴가일수

4. 2020년 3월 1일 입사자의 2021년 3월 1일 기준 연차휴가일수

---

### 해설

해설은 월 단위 연차휴가와 연 단위 연차휴가로 나누어 설명한다.

1. 2017년 5월 29일 입사자의 2021년 5월 29일 기준 연차휴가일수

❶ 월 단위 연차휴가 : 2017년 6월 29일부터 총11일 발생

❷ 연 단위 연차휴가 :

가. 2018년 5월 29일 : 15일

따라서 2018년 5월 29일 기준 15일 – 5일 = 10일의 연차

월 단위 연차휴가 11일을 모두 사용한 경우 15일 – 11일 = 4일의 연차

나. 2019년 5월 29일 : 15일

다. 2020년 5월 29일 : 16일

라. 2021년 5월 29일 : 16일

<br>

2. 2017년 5월 30일 입사자의 2021년 5월 30일 기준 연차휴가일수

❶ 월 단위 연차휴가 : 2017년 6월 30일부터 총11일 발생

2018년 5월 29일(2017년 6월 30일 발생분)까지, 6월 29일(2017년 7월 30일 발생분)

까지... 등 발생순서에 따라 발생일로부터 1년간 순차적으로 사용가능

따라서 월 단위 연차 = 11일 – 5일 = 6일

❷ 연 단위 연차휴가 : 2017년 5월 30일부터는 차감하지 않음

가. 2018년 5월 30일 : 15일

따라서 2018년 5월 30일 기준 15일 + 6일 = 21일의 연차

월 단위 연차휴가 11일을 모두 사용한 경우 11일 + 15일 - 11일 = 15일의 연차

월 단위 연차휴가 11일을 모두 사용 안 한 경우 11일 + 15일 = 26일의 연차

나. 2019년 5월 30일 : 15일

다. 2020년 5월 30일 : 16일

라. 2021년 5월 30일 : 16일


3. 2020년 2월 29일 입사자의 2021년 2월 29일 기준 연차휴가일수

❶ 월 단위 연차휴가 : 2020년 3월 29일부터 총11일 발생

가. 2020년 3월 29일 : 1일

나. 2020년 4월 29일부터 : 총 10일

위 가의 경우 2020년 3월 30일까지 발생 분이므로 발생일로부터 1년(2021년 3월 28일까지)간 사용 가능

위 나의 경우 2020년 3월 31일 이후 발생 분이므로 입사일로부터 1년(2021년 2월 28일까지)간 사용 가능

❷ 연 단위 연차휴가 : 2021년 2월 28일 15일 발생


4. 2020년 3월 1일 입사자의 2021년 3월 1일 기준 연차휴가일수

❶ 월 단위 연차휴가 : 2020년 4월 1일부터 총11일 발생. 총11일의 연차는 2020년 3월 31일부터 발생 분이므로 입사일로부터 1년(2021년 2월 28일까지)간 사용 가능

❷ 연 단위 연차휴가 : 2021년 3월 1일 15일 발생


# 1년 연 단위 연차휴가

## 🗋 기본원칙

입사일을 기준으로 80% 이상 개근 시 15일부터 시작해 2년 단위로 1일씩 증가해 총 25일 한도로 연 단위 연차휴가 발생

- 입사일로부터 1년이 지난 근로자는 월 단위 연차휴가를 신경 쓰지 않는다.
- 입사일과 같은 날 1년 단위로 발생하고, 발생일까지 근무하면 부여된다고 보면 된다. 예를 들어 2021년 1월 2일 입사자의 경우 다음 연도 입사일과 같은 날 인 2022년 1월 2일 15일의 연차휴가가 발생하는데, 해당일까지 근무하면 부여 (주고), 해당일 전날까지 근무하면 발생해도 주지 않아도 된다.
- 원칙은 입사일 기준이므로 회계연도 기준을 적용하더라고 퇴사 시에는 입사일 기준으로 정산했을 때보다 연차휴가 일수가 적으면 안 된다(입사일 기준과 회 계연도 기준 중 유리한 것 적용).

| 구 분 | | 내 용 |
|---|---|---|
| 발생일수 | 1년 80% 이상 출근 | 15일부터 시작해 2년 단위로 1일씩 증가해 총 25일 한도로 연 단위 연차휴가 발생 |
| | 1년 80% 미만 출근 | 1년 동안 1달 개근한 달에만 1일의 연차유급휴가 발생. 즉 월 단위 연차휴가와 같은 방식으로 연 단위 연차휴가 발생(연차연도 계산 시에는 포함) 예를 들어 1년간 80% 미만 출근했지만, 1월, 4월, 10월, 11월 개근 시 4일의 연 단위 연차휴가 발생 |
| 적용기준 | 원칙 | 입사일을 기준으로 적용 |
| | 예외 | 회계연도 기준 적용 |
| 연차사용촉진 | | 연차 사용 촉진이 가능(6개월, 2개월 전). 연차 사용 촉진 시 미사용 연차에 대해 연차수당 지급 의무 면제 |

입사일 기준 연차휴가 자동계산 방법
연차휴가일수 = 15일 + (근속연수 - 1년) ÷ 2로 계산 후 나머지를 버리면 된다.

예를 들어 입사일로부터 10년이 경과 한 경우

연차휴가 일수 = 15일 + (10년 - 1년) ÷ 2 = 15일 + 4.5일 = 19일

| 1년 | 2년 | 3년 | 4년 | 5년 | 10년 | 15년 | 20년 | 21년 |
|------|------|------|------|------|------|------|------|------|
| 15일 | 15일 | 16일 | 16일 | 17일 | 19일 | 22일 | 24일 | 25일 |

2020년 3월 1일 입사자의 2023년 3월 1일 기준 연차휴가일수를 계산

연차휴가의 발생요건을 충족했으며, 연차휴가사용촉진을 안 한 것으로 간주한다.

### 해설

❶ 월 단위 연차휴가 : 2020년 4월 1일부터 총11일 발생

❷ 연 단위 연차휴가 :

가. 2021년 3월 1일 : 15일(1년 경과)

연차휴가일수 = 15일 + (1년 - 1년) ÷ 2 = 15일

나. 2022년 3월 1일 : 15일(2년 경과)

연차휴가일수 = 15일 + (2년 - 1년) ÷ 2 = 15일

다. 2023년 3월 1일 : 16일(3년 경과)

연차휴가일수 = 15일 + (3년 - 1년) ÷ 2 = 16일

## 📄 예외

근로자에게 불이익이 안 된다는 전제조건하에 회계연도 기준을 인정하고 있다.

• 입사 연도는 입사일을 기준으로 12월 31일까지 1년 연차를 비례해서 부여한다.

• 회계연도를 기준으로 80% 이상 개근 시 15일부터 시작해, 2년 단위로 1일씩 증가해, 총 25일 한도로 연 단위 연차휴가 발생. 단 입사 연도 다음 연도부터 1년으로 계산해 연차를 부여한다.

- 회계연도 기준은 예외 규정이므로 퇴사할 때는 반드시 입사일 기준으로 재정산해 많으면 넘어가고, 적으면 입사일 기준으로 연차휴가일 수를 맞춰줘야 한다.

 회계연도 단위의 연차휴가 일수 계산 방법

❶ 입사 연도의 연차휴가 일수(2021년 입사) = 입사일부터 12월 31일까지 월 단위 휴가 일수 + 연 단위 비례 연차휴가 일수(15일 × 근속기간 총일수 ÷ 365)를 다음 연도에 사용

❷ 입사 다음 연도(2022년)의 연차휴가 일수 = (11 - 입사 연도에 발생한 월 단위 연차휴가 일수) + 15일(연 단위 연차휴가 일수)

❸ 입사 다음다음(2023년) 연도 1월 1일 기준 연차휴가 일수 = 15일

❹ 입사 다음다음 다음(2024년) 연도 1월 1일 기준 연차휴가 일수 = 16일

2022년 7월 1일 입사자의 경우 회계연도 기준으로 연차휴가를 부여하고자 할 때 2022년과 2023년 부여해야 할 연차휴가 일수는?

### 해설

❶ 입사 연도의 연차휴가 일수 = 입사일부터 12월 31일까지 월 단위 휴가 일수 + 연 단위 비례 연차휴가 일수(15일 × 근속기간 총일수 ÷ 365)

| 구분 | 기간계산 | 연차휴가 | 계산식 |
|---|---|---|---|
| 입사연도 (2022년) | 월 단위 연차 (1년 미만자 휴가) | 5일 | 8월, 9월, 10월, 11월, 12월 1일 (2022년 사용 또는 2023년 사용) |
| 연 차 비례휴가 | 2022.7.1~12.31 (연 단위 연차) | 7.5일 | 15일 × 입사 연도 재직일 ÷ 365일 = 15일 ×184일 ÷ 365일 |
| 합계(2022년 12월 31일 기준) 계산한 연차일수 | | 12.5일 | 13일 부여하면 문제없음 (월 단위 연차 + 연 단위 연차) |

2023년 총 13일 + 6일(2023년 발생하는 1년 미만 연차)의 연차를 사용할 수 있 대(12일을 부여하고 0.5일분은 수당으로 지급해도 됨). 단, 1년 미만자 연차휴가는 노사 합의가 없는 경우 2023년 6월 30일까지 사용할 수 있다.

💰 연차휴가 일수가 소수점 이하로 발생할 경우, 잔여 소수점 이하에 대해서는 수당으로 계산 지급하는 것도 가능하나 가급적 근로자에게 불이익이 없도록 노사합의로 1일의 휴가를 부여해야 할 것이다(근기 01254-11575, 1989.8.7.).

❷ 입사 다음 연도의 연차휴가 일수 = (11 – 입사 연도에 발생한 월 단위 연차휴가 일수) + 15일

| 구분 | 기간계산 | 연차휴가 | 계산식 |
|---|---|---|---|
| 입　사 다음연도 (2023년) | 월 단위 연차 2023.1.1~6.1 (1년 미만자 휴가) | 6일 (11일 – 5일) | 11일 – 입사 연도 월 단위 연차휴가 (2022년 12월 31일까지 5일). 1년 미만의 월 단위 연차는 끝 |
| 연차휴가 | 2023.1.1~12.31 | 15일 | 입사 2년 차 연차휴가 |
| 합계(2023년 12월 31일 기준) | | 21일 | 남은 월차 + 2023년 연차 |

월 단위 연차휴가 6일은 2023년 6월 30일까지 사용할 수 있으며, 2023년 발생 15 일은 2024년 사용할 수 있다.

❸ 입사 다음다음 연도의 연차휴가 일수 = 15일
2024년 15일, 2025년과 2026년 16일, 2027년과 2028년 17일…의 연차휴가가 발생한다.

# 1년 80% 미만 출근자의 연차휴가

1년간 80% 미만 출근자란 근로자가 근로하기로 정한 소정근로일수 에 대해서 근로자가 실제 출근한 날이 80% 미만인 경우를 말한다.

1년간 80% 미만 출근자의 경우 1개월 개근 시 1일의 유급휴가를 주어야 한다. 예를 들어 1년간 80% 미만 출근했지만 3달을 개근한, 경우 3일의 연 단위 연차휴가가 발생한다. 그리고 다음 연도에 80% 이상을 출근한 때 연차는 80% 미만 출근한 연도도 연차연도에 포함해서 연차를 계산한다.

예를 들어, 2021년 1월 2일 신규 입사자가 2023년 개인적 사정으로 병가를 내고, 6개월 개근하여 1년에 80% 미만 출근한 경우를 가정

해설

1. 연차휴가의 계산순서
연차휴가 일수의 계산은 ❶과 ❷ 두 경우를 따로따로 생각하면 편리하다.
❶ 1년 미만 기간 근로기간의 월 단위 연차휴가 일수 계산(월차 성격의 연차)
❷ 1년 이상 기간의 연 단위 연차휴가 일수 계산
❸ ❶ + ❷ = 총휴가일 수


2. 입사 3년 차에 80% 미만 출근 시 연차휴가 계산식
❶ 입사 연도의 연차휴가 일수 = 이미 다 생겼고, 모두 사용되었을 것임
❷ 입사 3년 차에 80% 미만 출근에 따라 개근한 월수에 따른 연차 6일
❸ 입사 3년 차에 발생하는 휴가(❶ + ❷) = 0일 + 6일 = 6일

| 2021년 1월 2일 | 2022년 1월 2일 | 2023년 | | 2024년 1월 2일 |
|---|---|---|---|---|
| | | 6월 개근 | 6월 병가 | |
| 입사 | 80% 이상 개근 연차 15일 발생 | 1개월 개근 시 1일씩 연차 발생(6일) | | 80% 이상 개근 연차 16일 발생 |

| 구분 | 연차발생일 | 연차휴가 | 산정식 |
|---|---|---|---|
| 2021년 1월 2일~2022년 1월 1일 | 2022년 1월 2일 | 26일 | 11일 + 15일 |
| 2022년 1월 2일~2023년 1월 1일 | 2023년 1월 2일 | 15일 | |
| 2023년 1월 2일~2024년 1월 1일 | 1월 개근 시 1일 | 6일 | |
| 2024년 1월 2일~2025년 1월 1일 | 2025년 1월 2일 | 16일 | |

단, 연차발생일 현재 계속 근무하고 있어야 발생한 연차를 부여받는다.

## 퇴사자의 연차휴가 일수 정산

### ▷ 연차휴가의 정산기준

퇴사 시 연차휴가는

❶ 월 단위 연차휴가의 경우 미사용 월 단위 연차휴가를 계산한다.

❷ 연 단위 연차휴가의 경우 입사일 기준이 원칙이므로 최소 입사일 기준으로 연차휴가를 계산한 후 다음의 표와 같이 처리한다.

| 구 분 | 연차휴가의 정산 |
|---|---|
| 입사일 기준보다 회계연도 기준으로 더 많은 휴가를 부여한 경우 | 입사일 기준보다 회계연도 기준으로 더 많은 휴가를 부여했으므로 연차휴가는 발생하지 않는다. 근로자가 입사일 이전에 퇴직하면, 회계연도를 기준으로 산정하여 연차휴가를 부여한 것보다 더 많은 휴가를 부여받는 결과가 된다. 이 경우 사용자가 취업규칙 등에 연차휴가에 대한 재산정 규정 또는 재정산 후 삭감할 수 있다는 취지의 규정을 두고 있지 않다면, 근로기준법 제3조에 따라 근로자에게 유리한 연차휴가를 부여해 주어야 한다. 따라서 |

| 구 분 | 연차휴가의 정산 |
|---|---|
| | 더 부여한 연차휴가를 삭감할 수도, 그에 대한 임금을 차감할 수도 없다. 물론 퇴사 시 무조건 입사일 기준으로 한다는 규정이 있는 경우에는 급여에서 차감할 수 있다. |
| 입사일 기준보다 회계 연도 기준으로 더 적게 휴가를 부여한 경우 | 원칙은 입사일 기준이므로 회계기준의 연차가 입사일 기준 연차보다 적게 부여된 경우 차이에 대해서는 추가로 부여하거나 연차수당으로 지급해야 한다. |

## ⇨ 연차휴가의 퇴직 정산

| 구 분 | 발생 | 정산분 |
|---|---|---|
| 2017년 5월 29일 입사자까지 | ❶ 1년간 : 1월 개근시 월 단위 연차 총 11일<br>❷ 1년이 되는 날 : 1년 개근 시 연 단위 연차 15일<br>❸ 2년이 되는 날 : 15일<br>❹ 3년이 되는 날 : 16일<br>계산식 = 15일 + (근속연수 - 1년) ÷ 2로 계산 후 나머지를 버리면 된다. | 정산 연차 일수 = [15일 + (❸ + ❹ + ... - 연 단위 연차휴가사용촉진)] - 사용한 일수 |
| 2017년 5월 30일 입사자부터 | ❶ 1년간 : 1월 개근시 월 단위 연차 총11일<br>❷ 1년이 되는 날 : 1년 개근 시 연 단위 연차 15일<br>❸ 2년이 되는 날 : 15일<br>❹ 3년이 되는 날 : 16일<br>계산식 = 15일 + (근속연수 - 1년) ÷ 2로 계산 후 나머지를 버리면 된다. | 정산 연차 일수 = [26일 + (❸ + ❹ + ... - 연 단위 연차휴가사용촉진)] - 사용한 일수 |
| 2020년 3월 1일 입사자부터 | | 정산 연차 일수 = [(26일 - 월 단위 연차휴가사용촉진) + (❸ + ❹ + .. - 연 단위 연차휴가사용촉진)] - 사용한 일수 |

## 연차유급휴가 부여시 시간 단위, 반일 단위로 부여할 수 있나?

근로기준법 제60조에 따른 연차유급휴가는 일 단위로 부여하는 것이 원칙이다. 그러나 노사 당사자 간 합의로 정한 바에 따라 시간 단위 또는 반일 단위로 부여하더라도 근로기준법에 위반된다고 보기는 어렵다.

## 연차의 계산기준은 소정근로시간(오후 또는 오전에 연차를 사용하는 경우)

연차 1일은 1일 소정근로시간에 대한 유급휴가이므로 1일 8시간 근무하는, 주 40시간 근로자의 경우 1일의 유급 휴가시간은 8시간이 된다(8시간을 초과할 수 없다). 즉, 1년 근무 후 15일을 부여받은 근로자의 연차휴가는 시간으로 계산하면 120시간(15일 × 8시간)이므로, 그 시간에서 실제 연차휴가를 사용한 시간을 공제하여 계산하면 된다. 마찬가지로 오후 또는 오전에 연차를 사용하는 경우는 휴가 사용을 반일로 일률적으로 계산하는 것이 아니라, 실제 사용한 시간을 총시간에서 차감하여 계산해야 한다.

## 단시간 근로자의 연차유급휴가와 연차수당 계산 방법

단시간 근로자 연차휴가 산정 공식(시간 단위 계산, 1시간 미만은 1시간 간주)

$$통상\ 근로자의\ 연차휴가일수\ \times\ \frac{단시간\ 근로자의\ 소정근로시간}{통상\ 근로자의\ 소정근로시간}\ \times\ 8시간$$

[주] 소정근로시간이란 사용자와 근로자 사이에 근로하기로 정한 근로시간으로 근로계약서 필수기재 사항에 해당한다. 즉, 소정근로시간은 실제 근로한 시간과 다르다.
[주] 통상 근로자의 연차휴가일수는 15일이다.

[예시1]
예를 들어 근로계약서에 1일 4시간씩 5일 근무가 정해진 근로자 A의 연차휴가 15일 × (20시간 ÷ 40시간) × 8시간 = 60시간을 사용할 수 있다.

연차휴가는 1일 단위의 소정근로시간만큼 소정근로일에 부여해야 하므로, 단시간근로자는 1년 동안 1일 4시간에 해당하는 연차휴가 15일(60시간 ÷ 4시간)을 사용할 수 있다.

연차수당(연차미사용 시 미사용수당 계산할 경우(시급 9,620원 적용 시))

60시간 × 9,620원 = 577,200원


[예시2]

예를 들어 근로계약서에 1일 8시간씩 3일 근무가 정해진 근로자 A의 연차휴가 15일 × (24시간 ÷ 40시간) × 8시간 = 72시간을 사용할 수 있다.

연차휴가는 1일 단위의 소정근로시간만큼 소정근로일에 부여해야 하므로, 단시간근로자는 1년 동안 1일 8시간에 해당하는 연차휴가 9일(72시간 ÷ 8시간)을 사용할 수 있다.

연차수당(연차미사용 시 미사용수당 계산할 경우(시급 9,160원 적용시))

72시간 × 9,620원 = 692,640원


[예시3]

예를 들어 근로계약서에 1일 4시간씩 6일 근무가 정해진 근로자 A의 연차휴가 15일 × (24시간 ÷ 40시간) × 8시간 = 72시간을 사용할 수 있다.

연차휴가는 1일 단위의 소정근로시간만큼 소정근로일에 부여해야 하므로, 단시간근로자는 1년 동안 1일 4시간에 해당하는 연차휴가 18일(72시간 ÷ 4시간)을 사용할 수 있다.

연차수당(연차미사용 시 미사용수당 계산할 경우(시급 9,160원 적용시))

72시간 × 9,620원 = 692,640원


[예시4]

| 1주 | 2주 | 3주 | 4주 | 주 평균 |
|---|---|---|---|---|
| 25시간 | 21시간 | 25시간 | 21시간 | 23시간 |

4주간의 총근로시간은 92시간이고 평균 1주 소정근로시간은 23시간이다.

15일 × (23시간 ÷ 40시간) × 8시간 = 69시간 연차휴가는 1일 단위의 소정근로시간 만큼 소정근로일에 부여하여야 하므로, (69시간 ÷ 1일 소정근로시간)을 1년 동안 연차 유급휴가로 제공한다.

 **퇴사 시 입사일 기준으로 연차휴가 재정산한다라는 특약 삽입**

| 구 분 | | 적 용 |
|---|---|---|
| 퇴직 정산 | 회사규정에 퇴사 시 입사일 기준으로 재정산한다라는 특약이 없는 경우 | 입사일 기준과 회계연도 기준 중 근로자에게 유리한 기준 적용 |
| | 회사규정에 퇴사 시 입사일 기준으로 재정산한다라는 특약이 있는 경우 | 반드시 입사일 기준으로 정산. 회계연도 기준이 유리한 경우를 사전에 차단 |

 **연차휴가 계산의 핵심 공식**

1. 입사연도부터 1년간은 입사일로부터 1달 후 입사일과 같은 날이 마지막 근무 일인 경우 1일씩 발생해 총 11일이 발생하고 이는 입사일로부터 1년간 사용할 수 있다.
[예시] 2023년 1월 2일 입사의 경우 2월 2일까지 근무하고 퇴사 시 1일의 연차휴가가 발생하고, 10월 1일까지 근무하고 퇴사하는 경우는 8일(2월 2일~9월 2일), 10월 2일 까지 근무하고 퇴사하는 경우는 9일(2월 2일~10월 2일)이 발생한다.
2. 입사일로부터 딱 1년이 되는 입사일과 같은 날이 마지막 근무일인 경우 15일의 연차휴가가 발생한다.
[예시] 2023년 1월 2일 입사의 경우 1년이 되는 2024년 1월 2일이 마지막 근무일이거나 이후에도 계속근무 시에는 15일의 연차휴가가 발생한다. 그리고 이는 1년간 사용할 수 있다.

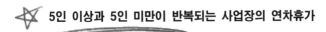

## 5인 이상과 5인 미만이 반복되는 사업장의 연차휴가

5인 이상과 5인 미만이 반복되는 사업장의 연차휴가(5인 미만 사업장이 5인 이상 사업장이 된 경우, 5인 이상 사업장이 5인 미만 사업장이 된 경우) 산정 방법을 살펴보면 다음과 같다.

### 1. 입사 당시에 5인 미만 사업장이었는데, 5인 이상 사업장이 된 경우 연차휴가

〈근로기준법 적용 범위 관련 상시근로자 수 판단기준, 근로기준과-877, 2008.06.30. 및 임금68207-735, 2001.10.26.〉

1년 동안 계속해서 상시근로자 수가 5인 이상이라는 의미는 월 단위로 상시근로자 수를 산정한 결과 5인 이상인 월이 계속해서 1년이 되어야 한다는 의미이며, 중간에 1달이라도 5인 미만이 되는 경우는 연차휴가는 발생하지 않는다. 즉 12개월간 5인 이상이 지속되어야 연차가 발생한다. 예를 들어 11개월은 5인 이상 나머지 1달은 5인 미만인 경우 연차가 발생하지 않는다.

다만, 이 경우에는 5인 이상인 달에 개근한 근로자에 한 해 1일씩의 유급휴가가 발생할 뿐이다.

❶ 예를 들어 1월 1일 입사자의 경우 1월 1일부터 12월 31일까지 계속적으로 5인 이상 사업장이어야 다음 해 1월 1일 15일의 연차휴가가 발생하며, 11월 30일까지 5인 이상이다가 12월 한 달간 5인 미만이 되면 연차휴가는 발생하지 않는다. 다만, 1월부터 11월까지 개근에 따른 11일의 연차휴가는 발생한다.

❷ 예를 들어 2023년 1월 1일 입사할 때는 5인 미만 사업장이었지만, 2023년 10월 1일부터 5인 이상 사업장이 되었다면, 5인 이상 사업장이 된 시점(2023년 10월 1일)부터 만 1년이 되는 시점(2024년 10월 1일)에 연차휴가 15일이 발생하게 된다(이 경우 5인이 된 시점(전직원 입사일임)부터 기산하므로 연차도 근속연수에 상관없이 동일하다. 이 경우 회사에서 근속연수에 따라 더 주는 경우는 문제가 되지 않는다.).

5인 이상 미만이 반복되어 5인 이상인 기간이 1년 미만의 경우는 월 단위로 5인 이상인 기간에 대해서면 월 1일의 연차휴가를 부여받는다.

## 2. 입사 당시에 5인 이상 사업장이었는데, 5인 미만 사업장이 된 경우

### 연차휴가

연차유급휴가는 상시근로자 5인 이상 사업장에서만 적용되므로 5인 미만인 시점부터는 적용되지 않는다.

예를 들어 2020년 1월 1일 입사할 때는 5인 이상 사업장이었지만, 2020년 12월 1일부터 5인 미만 사업장이 되었다면 법적인 휴가청구권은 인정되지 않는다. 즉 15일의 연차휴가는 발생하지 않는다.

그러나 입사 이후 5인 이상인 기간에 대해서는 앞서 설명한 바와 같이 1월 개근시 1일의 연차유급휴가가 주어진다.

# 15 연차휴가 계산 속산표

## 입사일 기준

| 입사일 기준 연차발생 | 1년 미만 월 단위 연차 | 1년 이상 연 단위 연차 | 비고 |
|---|---|---|---|
| 2022년 07월 5일 | | | |
| 2022년 08월 5일 | 1일 | | 1달(7월 5일~다음 연도 6월 4일) 개근 시 5일마다 1일씩 발생해서 1년 미만 월 단위 연차 총11일 발생. 이같이 발생한 연차휴가의 실제 부여는 발생한 날까지 근무를 해야 한다. 결론은 입사일과 동일한 날 발생을 하고 이를 실제로 부여받기 위해서는 발생한 날까지 근무해야 한다. |
| 2022년 09월 5일 | 1일 | | |
| 2022년 10월 5일 | 1일 | | |
| 2022년 11월 5일 | 1일 | | |
| 2022년 12월 5일 | 1일 | | |
| 2023년 01월 5일 | 1일 | | |
| 2023년 02월 5일 | 1일 | | |
| 2023년 03월 5일 | 1일 | | |
| 2023년 04월 5일 | 1일 | | |
| 2023년 05월 5일 | 1일 | | |
| 2023년 06월 5일 | 1일 | | |
| 2023년 07월 5일 | | 15일 | 1년 80% 이상 개근 시 발생 총 25일 한도 |
| 2024년 07월 5일 | | 15일 | |
| 2025년 07월 5일 | | 16일 | |

| 입사일 기준<br>연차발생 | 1년 미만<br>월 단위 연차 | 1년 이상<br>연 단위 연차 | 비고 |
|---|---|---|---|
| 2026년 07월 5일 | | 16일 | 앞서 설명한 바와 같이 입사일과 동일한 날 발생을 하고 이를 실제로 부여받기 위해서는 발생한 날까지 근무해야 한다. |
| 2027년 07월 5일 | | 17일 | |
| 2028년 07월 5일 | | 17일 | |
| 2029년 07월 5일 | | 18일 | |
| 2030년 07월 5일 | | 18일 | 1년 80% 미만 개근 시에는 매달 개근 시 1일의 연차가 매달 발생 즉 1년간 80% 미만 개근이지만 1년 중 5개월은 개근한 경우 5일의 연차발생 |
| 2031년 07월 5일 | | 19일 | |
| 2032년 07월 5일 | | 19일 | |
| 2033년 07월 5일 | | 20일 | |
| 2034년 07월 5일 | | 20일 | |
| 2035년 07월 5일 | | 21일 | |
| 2036년 07월 5일 | | 21일 | |
| 2037년 07월 5일 | | 22일 | |
| 2038년 07월 5일 | | 22일 | |
| 2039년 07월 5일 | | 23일 | |
| 2040년 07월 5일 | | 23일 | |
| 2041년 07월 5일 | | 24일 | |
| 2042년 07월 5일 | | 24일 | |
| 2043년 07월 5일 | | 25일 | |
| 2044년 07월 5일 | | 25일 | |
| 2045년 07월 5일 | | 25일 | |
| 2046년 07월 5일 | | 25일 | |

7월 5일(00시 00분 01초)부터 다음 달 6월 4일(24시 00분 00초)까지 출근율을 계산해 요건 충족 시 다음 달 7월 5일 00시 00분 01초에 발생과 동시에 사용가능한 것이다.

7월 5일 입사일로 가정했으나 입사일에 따라 변경하면 된다.

# 회계연도 기준

| 회계연도 기준<br>연차발생 | 1년 미만<br>월 단위 연차 | 1년 이상<br>연 단위 연차 | 비고 |
|---|---|---|---|
| 2022년 07월 5일 | | | |
| 2022년 08월 5일 | 1일 | | 1달 개근 시 1일씩 발생해서 1년 미만 월 단위 연차 총 11일 발생 |
| 2022년 09월 5일 | 1일 | | |
| 2022년 10월 5일 | 1일 | | |
| 2022년 11월 5일 | 1일 | | |
| 2022년 12월 5일 | 1일 | | 2021년 12월 31일 현재 5일 + 7.4일 = 12.4일을 2022년 1월 1일부터 사용 가능 |
| 2022년 12월 31일 | | 15일 × 180일 ÷ 365일 약 7.4일 발생 | |
| 2023년 01월 5일 | 1일 | | |
| 2023년 02월 5일 | 1일 | | |
| 2023년 03월 5일 | 1일 | | |
| 2023년 04월 5일 | 1일 | | |
| 2023년 05월 5일 | 1일 | | |
| 2023년 06월 5일 | 1일 | | |
| 2023년 12월 31일 | | 15일 | 1년(1월 1일~12월 31일) 80% 이상 개근 시 발생 |
| 2024년 12월 31일 | | 15일 | 총 25일 한도 |
| 2025년 12월 31일 | | 16일 | 그리고 12월 31일 발생한 연차휴가는 +1일인 다음 연도 1월 1일까지 근무해야 실제 부여된다. |
| 2026년 12월 31일 | | 16일 | |
| 2027년 12월 31일 | | 17일 | |
| 2028년 12월 31일 | | 17일 | |
| 2029년 12월 31일 | | 18일 | |
| 2030년 12월 31일 | | 18일 | |

| 회계연도 기준<br>연차발생 | 1년 미만<br>월 단위 연차 | 1년 이상<br>연 단위 연차 | 비고 |
|---|---|---|---|
| 2031년 12월 31일 | | 19일 | |
| 2032년 12월 31일 | | 19일 | |
| 2033년 12월 31일 | | 20일 | |
| 2034년 12월 31일 | | 20일 | |
| 2035년 12월 31일 | | 21일 | |
| 2036년 12월 31일 | | 21일 | |
| 2037년 12월 31일 | | 22일 | |
| 2038년 12월 31일 | | 22일 | |
| 2039년 12월 31일 | | 23일 | |
| 2040년 12월 31일 | | 23일 | |
| 2041년 12월 31일 | | 24일 | |
| 2042년 12월 31일 | | 24일 | |
| 2043년 12월 31일 | | 25일 | |
| 2044년 12월 31일 | | 25일 | |
| 2045년 12월 31일 | | 25일 | |
| 2046년 12월 31일 | | 25일 | |

# 16 연차수당의 계산

## 연차유급휴가 미사용 시 연차수당 지급

### ⇨ 연차유급휴가 미사용수당 지급(연차수당)

- 연차유급휴가는 발생일로부터 1년간 사용할 수 있다.
- 휴가일수의 전부 또는 일부를 사용하지 않은 경우 사용자는 그 휴가에 대한 보상을 사용하지 않은 연차유급휴가 일수만큼의 미사용수당을 지급해야 한다.

### ⇨ 신청기준

- 연차유급휴가 미사용수당은 취업규칙에 달리 정함이 없는 한 통상임금을 기초로 해서 계산한다.

### ⇨ 지급일

- 연차수당은 특별한 정함이 없는 한 연차휴가를 실시할 수 있는 1년의 기간이 만료된 후 최초의 임금 정기지급일에 지급해야 한다.
- 퇴직자는 미사용 연차휴가에 대해서 미사용수당을 퇴직일로부터 14일 이내에 지급해야 한다.

# 연차수당의 발생

연차휴가를 미사용한 것에 대한 대가로 지급되는 연차수당은 원칙상 연차휴가 사용청구권이 소멸된 날의 다음 날에 그 청구권이 발생한다. 다만, 근로자와의 근로계약서, 회사의 취업규칙, 노조와 체결된 단체협약에서 연차수당을 연차휴가 사용 청구권이 소멸된 날 이후 첫 임금 지급일에 지급하는 것으로 규정하였다면 그것 자체가 근로기준법 위반이라고 할 수는 없다. 하지만, 근로계약서, 취업규칙, 단체협약에서 연차수당을 연차휴가 사용 청구권이 소멸된 날 이후 첫 임금지급일이 경과한 날에 지급하도록 정하고 있다면, 그 규정은 법률상 효력이 인정되지 않으므로 근로기준법 위반에 해당한다.

예를 들어 2021년 6월 5일 입사자인 경우라면, 2021년 6월 5일~2022년 6월 4일 기간까지의 근무한 부분에 대해서는, 2022년 6월 5일~2023년 6월 4일까지 연차휴가를 사용할 수 있고, 계속해서 근로가 예정되어 있는 경우 원칙적으로 2023년 6월 5일 연차수당을 지급해야 한다.

회사가 근로계약서, 취업규칙, 단체협약 등에서 정한 바에 따라 연차휴가 사용청구권이 소멸된 날 이후 도래하는 최초의 정기급여지급일(급여일이 6월 10일 경우 6월 10일)에 지급하더라도 임금체불에 따른 형사처벌의 책임을 묻기는 어렵지만, 회사가 연차휴가 사용청구권이 소멸된 날 이후 도래하는 최초의 정기 급여 지급일(6월 10일) 이후에 연차수당을 지급한다면 임금체불에 따른 형사처벌의 책임을 져야 한다.

| 구 분 | 내 용 |
|---|---|
| 원 칙 | 1. 2020년 3월 30일까지 발생한 연차<br>연차휴가사용촉진의 대상이 아니므로 미사용 연차휴가에 대해 연차수당을 지급해야 한다.<br>2. 2020년 3월 31일부터 발생하는 연차<br>❶ 사용자가 연차휴가의 사용촉진을 한 경우 : 연차수당 지급 의무 면제<br>❷ 사용자가 연차휴가의 사용촉진을 안 한 경우 : 연차수당 지급 |
| 예 외 | 반면, 1년 미만 분(월 단위 연차)에 대해 발생한 연차를 사용하지 못하고 퇴직하는 경우라도 퇴직 당시 발생한 연차에 대한 수당은 지급해야 한다. |

## 연차수당의 계산

### ⇨ 월 단위 연차휴가의 연차수당

사용자는 계속하여 근로한 기간이 1년 미만인 근로자에게 1개월 개근 시 1일의 유급휴가를 주어야 한다(근로기준법 제60조 제2항). 즉, 1개월 개근하면 1일의 연차휴가가 발생하게 된다.

1개월 개근하여 발생한 연차휴가의 사용기간은 입사일로부터 1년간 사용할 수 있다.

예를 들어 2021년 5월 1일 입사해서 1개월간(5월 1일~5월 31일) 개근하면, 2021년 6월 1일에 1일의 연차휴가가 발생하며, 총 11일의 휴가가 발생한다. 이는 입사일로부터 1년간 사용 가능(4월 30일)하고, 연차휴가의 사용 촉진을 안 한 경우는 2022년 5월 1일(6월 급여)에 연차휴가 미사용수당으로 지급하게 된다.

2022년 5월 1일(6월 급여)에 지급하는 연차휴가 미사용수당의 계산의 기초가 되는 임금은 최종 휴가청구권이 있는 달(4월)의 임금 지급일이 속한 5월 급여의 통상임금으로 미사용 수당을 계산해서 지급한다.

❶ 입사 1년 차에 발생하는 11일의 연차휴가는 연차휴가의 사용 촉진시 1년 안에 무조건 사용해야 한다(수당이 발생하지 않음). 단, 2020년 3월 30일까지 발생한 월 단위 연차휴가는 연차휴가의 사용 촉진 대상이 되지 않는다.

❷ 결국 입사 2년 차에는 연차휴가 15일만 사용할 수 있다.

❸ 종전에는 월 단위 연차휴가 11일과 연 단위 연차휴가 15일을 합한 26일을 몰아서 사용할 수 있었으나, 법 개정으로 11일은 입사일로부터 1년 안에, 15일은 입사일로부터 1년 이상이 지난 시점에 각각 사용해야 한다. 실무자는 1년 미만 근로자 및 전년도 출근율이 80% 미만인 자에 대한 연차휴가 사용 촉진 업무가 하나 더 늘었다.

## ▷ 연 단위 연차휴가의 연차수당

연차수당은 미사용한 연차휴가에 대해 지급하는 수당으로 연차수당의 계산은 연차휴가청구권이 소멸한 달의 통상임금 수준이 되며, 그 지급일은 휴가청구권이 소멸된 직후에 바로 지급해야 힘이 미땅하나, 취업규칙이나 근로계약에 근거해서 연차유급휴가 청구권이 소멸된 날 이후 첫 임금지급일에 지급해도 된다.

예를 들어 2021년 1월 1일~2021년 12월 31일까지 만근하여 2022년 1월 1일~2022년 12월 31일까지 사용할 수 있는 15개의 연차휴가가 발생하였으나, 이를 사용하지 않았다면 2022년 12월 31일자로 연차휴가 청구권은 소멸되고, 휴가 청구권이 소멸되는 다음날(2023년 1월 1일)에 연차유급휴가 근로수당이 발생하게 된다.

| 구 분 | 연차수당의 지급 |
|---|---|
| 원 칙 | 휴가 청구권이 있는 마지막 달의 통상임금으로 지급해야 한다.<br>연차유급휴가 청구권이 소멸한 날의 다음 날에 연차유급휴가 미사용 수당을 지급하여야 함(2007.11.5. 임금근로시간정책팀-3295). |
| 예 외<br>(선지급) | 1. 조건<br>❶ 월급에 포함해서 매달 지급한다는 근로계약의 체결<br>❷ 선지급을 이유로 연차휴가 사용을 제한해서는 안 된다. 단, 사용분에 대해서는 급여에서 차감할 수 있다.<br>2. 주의할 점<br>월급에 포함해서 매달 지급하는 금액이 휴가 청구권이 있는 마지막 달 기준 통상임금이 원칙.<br>선지급 연차수당도 원칙에 의한 통상임금보다 적어서는 안 된다.<br>따라서 급여가 하락한 경우는 문제가 없으나 급여가 상승한 경우는 그 상승분에 대해 연차수당을 추가 지급해야 한다.<br>매년 최저임금이 상승하므로 급여는 상승할 가능성이 크다. |

연차수당계산의 기준이 되는 임금은 연차휴가청구권이 최종적으로 소멸하는 월의 통상임금을 기준으로 한다.

연차수당 = 연차휴가청구권이 소멸한 달의 통상임금 ÷ 월 통상임금 산정기준 시간[주](일반적으로 209시간) × 1일 유급 근로시간(일반적으로 8시간) × 미사용 연차일수

여기서 통상임금은 기본금, 각종 수당(가족수당, 직무수당 등), 상여금의 합계를 말한다.

**주** 월 통상임금 산정 기준시간 예시(소수점 올림)

❶ 주당 소정근로시간이 40시간이며(하루 8시간 근무), 유급 처리되는 시간이 없는 경우 : 209시간 = [(40 + 8(주휴)) ÷ 7] × [365 ÷ 12]

❷ 주당 소정근로시간이 40시간이며, 주당 4시간이 유급 처리되는 경우 : 226시간 = [(40 + 8(주휴) + 4(유급)) ÷ 7] × [365 ÷ 12]

❸ 주당 소정근로시간이 40시간이며, 주당 8시간이 유급 처리되는 경우 : 243시간 = [(40 + 8(주휴) + 8(유급)) ÷ 7] × [365 ÷ 12]

❹ 주당 소정근로시간이 35시간(하루 7시간 근무), 유급 처리되는 시간이 없는 경우 : 183시간 = [(35 + 7(주휴)) ÷ 7] × [365 ÷ 12]

---

**월 통상임금 209만 원이 김 갑동씨가 15개의 연차 중 10개만 사용해 5개의 연차수당 지급의무가 발생한 경우**

---

**해설**

209만 원 ÷ 209시간 = 10,000원(시간당 통상임금)

10,000원 × 8시간 = 80,000원(일일 통상임금)

80,000원 × 5일(15일 − 10일) = 400,000원이 연차수당이다.

---

- 기본급 2,000,000원
- 시간외 100,000원
- 직무수당 50,000원
- 기술수당 40,000원
- 연구수당 10,000원
- 직책수당 55,000원
- 가족수당 15,000원
- 통근수당 50,000원

---

**해설**

매월 정기적, 일률적으로 지급하고 일 소정근로에 따라 지급되는 항목은 연차수당 계산 시 포함된다.

기본급 2,000,000원 + 시간외 100,000원 + 직무수당 50,000원 + 기술수당 40,000원 + 연구수당 10,000원 + 직책수당 55,000원 = 월 통상임금 2,255,000원 ÷ 30일 = 연차수당 75,170원(원 단위 반올림)

일용직은 일급이 정해져 있으므로 별다른 문제가 없겠지만 월급의 경우 연차 산정에 필요한 일급을 구할 시에 취업규칙, 급여 규정 등에서 정한 내용에 따라 회사마다 다를 수 있다. 예를 들어 30일을 기준으로 하는 경우 '포함항목 ÷ 30일'이 연차수당이 된다. 시간급(직)의 경우에는 '시급 × 일 소정근로시간 = 일급'이 된다.

## 연차수당의 지급 시기

### ⇨ 월 단위 연차휴가수당

1년 차(1년 미만 근로자) 때는 매월 1일씩 발생하는 유급휴가는 입사일로부터 1년간 사용할 수 있다(2020년 3월 30일까지 발생분은 발생일로부터 순차적으로 1년간 사용 가능).

예를 들면 2022년 4월 1일 입사자의 경우 휴가가 발생하면 2023년 3월 31일까지 사용할 수 있고, 사용자가 연차휴가의 사용 촉진을 안 한 경우 미사용 시에는 2023년 4월 1일에 4월 급여로 수당을 지급해야 한다.

당사자 간 개별 합의로 지급일을 유예하지 않는 한 지급일을 넘겨 지급하는 경우 임금체불에 해당한다. 따라서 회계연도 말일과 같은 특정 시점에 미사용 수당으로 정산하는 것은 허용되지 않는다. 단, 회계연도 기준으로 연차를 적용하는 회사의 경우 입사일로부터 1년간 사용하지 않고 그 사용기한을 늘려 2년 차에 해당하는 12월 31일까지 사용하게 노사합의를 하는 것도 유효하다 하겠다.

예를 들어 2022년 4월 1일 입사자의 경우 2023년 3월 31일까지 1년 미만 연차에 대해서 사용해야 하나, 회계연도 기준을 적용하는 회사의 경우 회계연도에 맞추기 위해 노사합의에 의해 그 사용기한을 2023년 12월 31일까지로 늘리는 것은 가능하리라 본다.

이는 근로자의 연차 사용 가능 기간을 늘려주고, 미사용에 따른 연차휴가 수당이 발생한다고 해도 통상임금이 줄어들지 않는 한 근로자에 대한 유리한 변경이기 때문이다.

## ⇨ 연 단위 연차휴가수당

연차수당은 근로자가 전전년도 출근율에 따라 전년도에 발생한 연차유급휴가를 미사용한 때에는 연차유급휴가청구권이 소멸된 시점 이후에 그 미사용 수당을 지급하는 것이 원칙이다.

예를 들어 2022년 1월 1일~12월 31일 사이 출근율 80% 이상의 경우 2023년 1월 1일에 연차휴가 15일이 발생한다.

이를 2023년 1월 1일~12월 31일 사이 1년간 미사용 시 2024년 1월 1일에 취업규칙 등에서 정한 바에 따라 통상임금 또는 평균임금으로 지급하거나 별도의 규정이 없으면 휴가청구권이 있는 마지막 달(12월 31일)의 통상임금으로 지급해야 한다(근로개선정책과-4218, 2013.7.19.).

# 연차휴가의 이월

미사용 연차휴가에 대해서 수당으로 지급하지 않고 이를 이월해서 다음 연도에 사용하는 경우를 말한다.

연차휴가의 이월이 성립하기 위해서는 개별근로자의 동의가 필요한데 구두·서면 모두 가능하나 서면으로 받는 것이 좋다. 주의할 점은 노동조합 또는 근로자대표의 동의로는 안 된다는 것이다.

## 미사용 연차휴가 연차수당 지급시 수당 계산

### ⇨ 재직자의 경우

연차미사용 수당을 지급할 경우 회계연도 기준 사업장의 경우 통상적으로 매년 1월 중에 연차미사용 수당을 정산하여 지급해야 하며, 이때 연차미사용 수당 계산기준 통상임금은 전년도 12월 31일 기준 통상임금으로 계산하여 지급하면 되고, 입사일 기준 사업자의 경우에는 최종 휴가 청구권이 있는 달의 통상임금으로 계산하여 지급하면 된다. 예를 들어 2021년 4월 15일 입사하여 2022년 4월 15일 연차휴가 15일이 발생한 경우

2023년 4월 14일까지 1년간 동 휴가를 사용하는 기간으로 이 기간 동안 휴가를 사용하면 되며, 2023년 4월 14일까지 사용하지 못하였다면 2023년 4월 15일 미사용 수당 청구권이 발생하게 된다.

이때 연차휴가를 사용한 일수를 제외한 미사용수당 지급은 2023년 4월의 통상임금으로 계산한다.

## ⇨ 퇴직자의 경우 및 누적해서 지급하는 경우

만약 연차 미사용수당을 최근 3년간 지급하지 않아서 해당 퇴직자가 고용노동부에 체불임금 진정을 제기했을 때, 계산해서 지급해야 할 3년분 연차 미사용수당의 계산기준이 되는 통상임금은 퇴직 시의 해당 근로자의 통상임금이 아닌 퇴직 전 각각의 연도별 최종 휴가 청구권이 있는 달의 통상임금으로 계산하여 지급하면 된다.

예를 들어 회계연도 기준으로 2023년 1월 1일 퇴직자의 경우 2022년, 2021년, 2020년의 미사용 연차휴가에 대한 수당을 못 받았을 때, 연차수당의 계산은 2022년 12월 31일 통상임금 + 2021년 12월 31일 통상임금 + 2020년 12월 31일 통상임금을 계산해서 지급한다.

| 구 분 | | 내 용 |
|---|---|---|
| 원 칙 | 연 단위 연차휴가 | 다음의 2가지 요건을 모두 충족해야 한다.<br>• 연차휴가 사용 촉진을 안 한 경우<br>• 휴가일수의 전부 또는 일부를 사용하지 않은 때는 미사용 연차 유급휴가 일수만큼의 미사용수당을 지급해야 한다. |
| | 월 단위 연차휴가 | 1. 2020년 3월 30일까지 발생한 연차<br>연차휴가사용촉진의 대상이 아니므로 미사용 연차휴가에 대해 무조건 연차수당을 지급해야 한다.<br>2. 2020년 3월 31일부터 발생하는 연차<br>• 사용자가 연차휴가의 사용 촉진을 한 경우 : 연차휴가수당 지급 의무 면제<br>• 사용자가 연차휴가의 사용 촉진을 안 한 경우 : 연차휴가수당 지급 |

| 구 분 | 내 용 |
|---|---|
| 예외 | • 퇴직으로 인해 연차를 사용하지 못하고 퇴직하는 경우는 퇴직 당시 발생한 연차 중 사용하지 못한 연차에 대한 수당은 지급해야 한다. <br><br>• 연차휴가 사용 촉진을 한 경우 연차수당을 지급하지 않을 수 있다. 다만, 퇴직으로 인해 사용하지 못한 연차에 대해서는 연차휴가 사용 촉진을 해도 연차수당을 지급해야 한다. <br><br>• 2022년 1월 1일부터 5인 이상 사업장은 빨간 날 쉬는 경우 연차휴가에서 차감할 수 없다. <br><br>• 딱 1년이 되는 시점에 계속해서 근로가 예정 되어 있는 경우 15일의 연 단위 연차가 발생하고, 근로관계의 종료로 계속근로가 예정되지 않은 경우, 15일의 연단위 연차는 발생하지 않는다는 것이 대법원의 해석(고용노동부 행정해석 동일)이다. 따라서 계약직의 경우, 딱 1년 365일이 되는 시점에 근로관계가 종료되고, 다음 날 근로가 예정되어 있지 않으므로, 15일의 연 단위 연차휴가는 발생하지 않는다. 결론은 365일 근무한 경우 11일, 366일 근무의 경우 26일이 발생한다는 것이다. |
| 계산기준 | 연차유급휴가 미사용수당은 취업규칙에 달리 정함이 없는 한 발생한 달의 통상임금을 기초로 하여 산정한다. <br> 그리고 중소기업의 경우 연차수당 청구권이 발생한 달에 연차수당을 지급하지 않고 퇴사 시점에 전체 근무기간의 연차휴가를 계산해 수당을 정산하는 경우도 많다. 이 경우 수당 지급의 기준이 되는 통상임금은 퇴사 시점의 통상임금이 아니라, 각 연차수당 청구권이 발생한 해당연도의 해당 월의 통상임금을 기준으로 계산한다. <br> 연차수당도 임금채권으로 발생일부터 3년간 지급하지 않으면 소멸한다. <br> 예를 들어 2020년 12월 31일, 2021년 12월 31일, 2022년 12월 31일까지 미사용 연차가 있어 2023년 퇴사로 인해 연차수당을 정산 |

| 구 분 | 내 용 |
|---|---|
| | 하는 경우 2020년 12월 31일, 2021년 12월 31일, 2022년 12월 31일, 각 연도의 남은 연차를 각 연도의 12월 31일 통상임금을 기준으로 계산해야 한다. 즉 모든 남은 연차 일수를 퇴사 시점의 통상임금을 적용해서 계산하는 것이 아니다. |
| 지급일 | • 특별한 정함이 없는 한 연차휴가를 실시할 수 있는 1년의 기간이 만료된 후 최초의 임금 정기지급일에 지급해야 한다.<br>• 퇴직자는 미사용 연차휴가에 대해서 미사용수당을 퇴직일로부터 14일 이내에 지급해야 한다. |
| 연차수당의 과세문제 | 연차수당은 비과세가 아니다. 따라서 지급하는 달의 급여 또는 퇴사 시, 퇴직하는 달의 급여에 가산해 원천징수 또는 중도 퇴사자 연말정산을 해야 한다. 특히 퇴사 시 연차수당을 지급하면서 원천징수를 안 해 업무상 어려움을 겪는 실무자가 많으므로 꼭 포함해서 연말정산을 해야 한다. |

 **연차수당의 계산기준이 되는 통상임금의 기준시점**

1. 개념 정리

연차유급휴가 수당의 지급기준은 근로기준법상 '통상임금 또는 평균임금'(근로기준법 제60조 5항)으로 명기돼 있다. 반면 연차휴가미사용수당 지급기준은 법률에 규정이 없지만, 판례에 의해 미사용 휴가 일수에 해당하는 통상임금으로 산정하는 것으로 법리가 형성돼 있다.

연차유급휴가 수당은 근로를 안 해도 근로한 것과 마찬가지의 임금을 지급하는 것이 일반적이기 때문에, 월급제의 경우 연차휴가를 사용한 달의 월 급여를 연차휴가를 사용하지 않고 근로를 제공한 것과 같이 지급(주휴수당이 일을 안 해도 그 주의 임금을 기준으로 지급하는 것과 같다고 생각하면 됨)을 하고, 일급제의 경우 소정 근로일에 지급되는 일급(일당)만큼의 임금이 연차휴가 당일에 지급하는 것으로 운영하는 것이 일반적인 임금 지급이다. 따라서 연차휴가미사용수당도 해당 기간에 근로를 제공하지 않아도 근로한 것과 마찬가지로 받는 통상임금만큼 받아야 한다.

## 2. 연차수당의 계산 기준임금

결론은 별도의 규정이 없으면 지급일이 아닌 연차휴가가 연차수당으로 바뀌는 시점의 통상임금이 기준임금이 된다.

행정해석은 휴가 청구권이 있는 마지막 달의 임금지급일의 임금을 기준으로 산정한다고 해석한다(근기 01254-3999, 1990. 3. 19.). 즉, 예를 들면 2021년 1월 1일~12월 31일까지 연차휴가를 사용해야 하는 경우, 2022년 1월 1일 자로 연차휴가 청구권(연차휴가가 연차수당으로 바뀜)이 소멸하는 경우는 그 전년도 12월의 임금 지급일의 임금을 기준으로 산정한다.

물론 연차휴가미사용수당 지급 당시 호봉승급, 임금협상에 따른 임금 소급 인상 등으로 인해, 임금이 오르는 경우들이 많으므로, 연차휴가미사용수당 지급 당시의 임금을 기초로 산정한다는 단체협약 규정이나, 관행이 있다면 그에 따라야 할 것이다.

참고로 연차휴가미사용수당의 경우, 휴가 청구권이 연차 사용기한(1년)의 만료 또는 퇴직으로 인해 소멸한, 다음 날까지 근무해야 발생한다. 즉 입사일과 같은 날이 마지막 근무일이어야 발생한 휴가를 부여받을 수 있다.

# 17 휴업수당의 계산과 지급

휴업은 근로자가 근로를 제공하려 함에도 그 의사에 반하여 근로제공이 불가능하거나 사용자에 의하여 노무수령이 거부된 경우를 의미한다. 이 경우 근로자를 위해서 사업주는 휴업수당을 지급해야 한다.

❶ 상시 5인 이상의 근로자를 사용하는 사업장이어야 한다.

❷ 사용자의 귀책 사유가 있어야 한다.

❸ 휴업을 할 것(일부 휴업 포함)

## 사용자 귀책 사유

고의, 과실 이외에도 사용자의 세력범위 내에서 생긴 경영상 장애까지 사용자의 귀책 사유로 본다.

다만, 천재지변 · 전쟁 등과 같은 불가항력, 그 밖에 사용자의 세력범위에 속하지 않는 기업 외적인 사정은 사용자 귀책사유로 보지 않는다.

최근 코로나19 등 감염병의 발생으로 인해 확진자가 발생하지 않았음에도 예방 차원에서 휴업하는 때도 사용자 귀책사유로 인한 휴업으로 휴업수당을 지급해야 한다.

| 사용자의 귀책사유로 휴업수당을 지급해야 하는 경우 | 사용자의 귀책사유가 아니므로 휴업수당을 지급하지 않아도 되는 경우 |
|---|---|
| ❶ 시장 불황 등으로 인한 경영상 휴업 | ❶ 천재 기타 자연현상 등에 의한 휴업 |
| ❷ 원료 부족, 주문감소 | ❷ 제3자의 출근 방해가 있어 휴업에 이르렀고, 제3자는 사용자로 볼 수 있으며, 사용자가 그러한 행위를 묵인하였다고 보기 어려운 경우 |
| ❸ 제품 판매 부진, 자금난 | |
| ❹ 사용자의 지시에 의한 정원 초과 위반으로 인한 운전면허 정지기간 | |
| ❺ 원청 업체의 장치 내 물질 제거 작업에 따라 하도급업체 소속 근로자의 현장 출입이 제한되어 근로를 제공하지 못한 경우 | ❸ 근로자 귀책 사유에 의한 대기발령 기간 |
| | ❹ 징계로서의 정직 · 출근정지 |
| ❻ 원청 사업장 내 사망사고 발생으로 인한 작업 중지 명령으로 인해 하도급업체 소속 근로자의 근로를 제공하지 못한 경우 | ❺ 감염병 확진자. 의심 환자 등이 있어 추가 감염 방지를 위해 사업장 일부 또는 전체를 휴업하는 경우(감염병 예방법상 조치) |
| ❼ 사용자가 자기 책임하에 개보수공사를 하고 이에 따라 근로자의 근로 제공 의사에도 불구하고 그 제공이 불가능하게 된 경우 | |
| ❽ 다른 하도급업체 근로자의 사망사고로 인해 사업장 전체의 작업 중지 명령 처분이 내려진 경우 | |
| ❾ 고용조정 또는 해고회피의 방법으로 이루어진 대기발령 | |
| ❿ 사용자의 근로자에 대한 차량 승무 정지(배차중단) 조치가 부당한 것으로 판명된 경우 승무 정지기간 | |
| ⓫ 모회사 경영난에 따른 하청공장의 자재 · 자금난 | |

| 사용자의 귀책사유로 휴업수당을 지급해야 하는 경우 | 사용자의 귀책사유가 아니므로 휴업수당을 지급하지 않아도 되는 경우 |
|---|---|
| ❷ 중대 재해가 발생한 원청 업체에 내려진 작업 중지 명령에 따라 하청 업체가 휴업하게 된 경우<br>❸ 화재, 수해가 사용자의 시설관리 소홀 등 사용자의 책임으로 발생한 경우 | |

## 일부 휴업도 휴업수당 지급

사업장 전체가 휴업하는 경우뿐 아니라 사업장의 일부 휴업, 1일 중 일부 근로시간만 휴업, 특정 근로자에 대한 노무수령 거부(대기발령, 조기퇴근 조치 등)도 휴업수당 지급대상이다.

## 휴업수당의 지급

휴업수당은 평균임금의 70% 이상을 지급한다. 다만, 평균임금의 70%가 통상임금 이상이면 통상임금을 지급할 수 있다. 즉 평균임금의 70%와 통상임금의 100% 중 적은 금액을 지급하면 법 위반이 아니다.

---

적은 금액(평균임금의 70%, 통상임금의 100%)

---

# 휴업수당의 계산

## ⇨ 휴업수당의 계산 방법

A 기업이 1개월간 휴업을 실시할 경우 소속 근로자 甲의 평균임금이 200만원, 월 통상임금이 150만 원이라면 휴업수당으로 140만원 지급

평균임금 200만원 × 70% = 140만원 < 통상임금 150만원

B기업이 1개월간 휴업을 실시할 경우 소속 근로자 을의 평균임금이 200만원, 월 통상 임금이 130만원이라면 휴업수당으로 130만원 지급

평균임금 200만원 × 70% = 140만원 > 통상임금 130만원

## ⇨ 휴업수당 감액 산정 예시

### 1. 평균임금 기준으로 지급하는 경우

A 기업이 1개월간 휴업을 실시하면서 임금의 일부로 100만원을 지급한 경우 소속 근로자 갑의 평균임금이 200만원, 월 통상임금이 150만원이라면

**해설**

휴업수당으로 70만원 지급 평균임금 200만원 × 70% = 140만원 < 통상임금 150만원
→ 휴업수당으로 140만원 지급해야 하므로
140만원 − 지급받은 임금 100만원에 대한 휴업수당(평균임금) × 70% = 70만원

### 2. 통상임금 기준으로 지급하는 경우

B 기업이 1개월간 휴업을 실시하면서 임금의 일부로 100만원을 지급한 경우 소속 근로자 을의 평균임금이 200만원, 월 통상임금이 130만원이라면

`해설`

휴업수당으로 30만원 지급 평균임금 200만원 × 70% = 140만원 > 통상임금 130만원

→ 휴업수당으로 130만원을 지급해야 하므로,

통상임금 130만원 − 지급받은 임금 100만원에 대한 휴업수당(통상임금) = 30만원

실무적 적용에 있어서 항상 최저임금의 준수 여부를 신경 써야 한다. 만일 적용한 3개월 평균임금이 최저임금에 미달하는 경우는 최저임금이 기준임금이 될 수 있다. 즉, 휴업수당의 계산기준이 되는 임금은 최저임금보다 적어서는 안 된다. 이는 실무적으로 고려하지 않고 계산하거나 넘어가는 경우가 많은데, 근로감독관 감독 시에는 지적사항에 해당한다.

## ➩ 근로시간 단축, 유급휴일의 휴업수당

소정근로시간 이내로 근로시간을 단축하는 것은 부분휴업이며, 유급휴일은 휴업기간에 포함하여 휴업수당을 산정해야 한다.

휴업수당은 사업장 일부만 휴업하는 경우나 1일 근로시간 중 일부 근로시간을 단축하는 경우에도 해당될 수 있다(부분휴업).

## 소정근로시간 이내에서 근로시간을 줄이는 경우

줄어든 근로시간은 부분휴업에 해당하고 사용자 귀책사유가 있으면 휴업수당이 발생한다.

소정근로시간은 줄이지 않고 일부 근로시간을 단축한 사례 : 소정 8시간 → 근로 4시간/단축 4시간(부분휴업)

소정근로시간은 1일 8시간으로 유지한 채 실근로시간만 일시적으로 1일 4시간으로 줄이는 경우

→ 소정근로시간 중 근무하지 않은 4시간은 휴업에 해당해서 휴업수당 지급의무 발생

→ 임금 지급 = 근무 4시간분 + (근무하지 않은 4시간 × 평균임금 70%)

※ 소정근로시간 : 법정근로시간 내에서 당사자가 근로하기로 정한 시간

## 소정근로시간을 줄이고, 줄어든 소정근로시간만 근로하는 경우는 휴업으로 볼 수 없다.

소정근로시간 자체를 줄이는 사례 : 소정 8시간 → 소정 6시간

당초 소정근로시간인 1일 8시간을 취업규칙 변경 등 근로조건 변경 절차를 거쳐 1일 6시간으로 줄이는 경우

→ 줄어든 2시간은 소정근로시간이 아니므로 휴업에 해당하지 않음

→ 임금 지급 = 근무 6시간분

※ 근로시간 단축분의 임금삭감은 당사자간 자율 결정 사항임

## 소정근로시간 변경 없이 연장근로시간을 줄이는 경우, 휴업으로 볼 수 없다.

연장근로시간을 줄이는 사례 : 근무 10시간 → 근무 8시간으로 단축

당초의 근로시간인 1일 10시간 중 연장근로 2시간을 줄이고 소정근로시간인 8시간만 근무하는 경우

→ 줄어든 연장근로 2시간은 소정근로시간이 아니므로 휴업에 해당하지 않는다.

→ 임금 지급 = 근무 8시간분

※ 사용자가 경영상의 이유 등으로 법정근로시간을 초과하는 연장근로를 축소 또는 폐지하는 것은 근로조건의 불이익 변경에 해당하지 않으므로 그에 따른 취업규칙 변경 시 근로자의 집단적 동의를 얻을 필요가 없고 의견만 청취하면 될 것으로 사료되며, 연장근로 폐지의 의사표시를 분명히 하고 노무수령 거부 등 실제 연장근로를 시키지 않았다면 연장근로수당을 지급할 필요가 없음(근기 68207-286, 2003.3.13.)

## 휴업과 주휴일

휴업은 근로자의 근로제공 의사에도 불구하고 사용자의 귀책에 의해 발생한 것으로 근무하면 지급해야 하는 유급휴일은 휴업기간에 포함되고, 따라서 휴업수당을 지급해야 한다.

1주간의 소정근로일 일부를 휴업한 경우 휴업한 날을 제외한 소정근로일 전부를 개근하였다면 유급 주휴일을 부여해야 하며, 1주간의 소정근로일 전부를 휴업한 경우는 그 소정근로일 개근시 부여하는 유급 주휴일도 휴업 기간에 포함하여 휴업수당을 산정해야 한다(근기 68207 -1138, 1998.6.5).

## 휴업과 연차휴가일수 계산

연차유급휴가 부여 등의 소정근로일수 및 출근여부 판단기준(고용노동부 임금 근로시간 정책팀-3228, 2007.10.25.)에 따르면 사용자의 귀책사유에 의한 휴업기간은 특별한 사유로 근로제공의무가 정지되는 날 또는 기간으로 보고 있다.

따라서 휴업기간을 제외한 나머지 소정근로일수의 출근율이 80% 이상이면 연차휴가를 부여한다.

연차휴가일수는 휴업기간을 제외한 나머지 소정근로일수와 연간 총 소정근로일수의 비율에 따라 산정한다.

예를 들어 연간 총 소정근로일수 300일 중 휴업기간이 40일인 경우 해당 근로자가 통상적인 근로를 했을 경우 발생 연차휴가 15일

1. 연간 소정근로일수 300일에서 휴업기간 40일을 제외한 260일간 출근율이 80% 이상이면 연차휴가를 부여한다.

2. 이때 연차휴가 일수는 15일 × 260일(300-40)/300 = 13일이 된다.

① 휴업 기간을 제외한 소정근로일에 대한 출근율을 검토하여 연차휴가 부여 여부를 따진 후,

② 연차휴가 부여해야 하는 경우라면 휴업기간을 제외한 나머지 소정근로일수와 연간 총 소정근로일수의 비율에 따라 연차휴가를 부여한다.

---

출근일수 = [실 출근일자 + (업무상 재해기간 + 출산휴가기간 + 연차휴가 + 생리휴가 + 육아휴직 + 예비군 훈련기간 + 공민권 행사일)]

소정근로일수 = [365일 - (주휴일, 근로자의 날, 휴무일, 약정휴일, 휴업기간, 휴직기간 등)]

소정근로일수에는 포함되나 출근일수에는 제외되는 일수

= 업무 외 사유로 인한 병가기간, 징계로 인한 정직기간, 구속수감 기간 등

## ⭐ 조기퇴근 시킨 경우 휴업수당

업체가 매장에 손님이 없다는 이유 또는 공장에 일이 없다는 이유로 1일 8시간 근무지간 중 3시간 조기퇴근 시킨 경우에도 부분휴업에 해당하므로 3시간분에 대해서 휴업수당을 지급해야 한다.

## ⭐ 1주일 중 일부 또는 전부 휴업시 주휴수당과 휴업수당

1주일 중 일부 휴업의 경우 휴업한 날을 제외한 소정근로일 전부를 개근하였다면 1일분 주휴수당을 지급해야 한다.
반면 1주일 전부를 휴업한 경우는 그 소정근로일 개근시 부여하는 유급 주휴일도 휴업기간에 포함해서 휴업수당을 지급한다.
결국 1주일 중 일부 휴업 시에는 주휴수당이 발생하고, 전부 휴업 시에는 휴업수당이 발생하는 것이다.

# 휴업 시 고용유지지원금 지원

고용유지지원금은 경영난으로 불가피하게 고용조정을 해야 하는 경우 해고하지 않고 고용을 유지하는 경우, 정부가 일정 부분 인건비를 지원하는 제도이다. 즉, 휴업이나 휴직을 한다면 업종과 관계없이 신청이 가능하다. 단, 고용보험료를 체납하거나, 임금체불이 있는 경우, 3년 이상 계속하여 같은 달에 고용유지를 실시하는 경우에는 지원금이 지급되지 않으니 참고하시기 바랍니다.

휴업이 경우 근로시간이 평소 일하는 시간보다 20%이상 줄어드는 것을 의미한다. 예를 들어 평소 8시간 근무에서 5시간 근무로 축소되는 경우를 말한다.

휴직은 근로자의 신분을 유지하고 있되, 현재 일정 기간 동안 쉬는 경우를 말한다. 근무시간은 0시간이다.

| 구 분 | 내 용 |
|---|---|
| 유급휴업 | 전체 근로자 소정근로시간 합계 대비 20%를 초과하여 근로시간을 단축하는 경우다. |
| 유급휴직 | 1개월 또는 30일 이상 휴직을 부여하는 경우다. 이러한 경우 70% 이상의 휴업수당 및 휴직 수당을 지급해야 신청할 수 있다. |
| 무급휴업 및 무급휴직. | 일정 규모 이상 또는 30일 이상 무급 휴업 및 휴직을 실시하는 경우 심사위원회의 심사를 거쳐 최종 대상을 결정하여 지원하게 된다. |
| 유급휴업 및 휴직 | 근로자에게 지급한 수당의 2/3가 지원되며, 1일 한도는 66,000원이며, 기간은 최대 180일이다. 단 고용위기지역에 특별고용지원의 업종의 경우 최대한도는 7만원까지 지원이 가능하다. |
| 무급휴업 및 휴직 | 통상적으로 근로자 평균임금의 50% 범위 내에서 심사위원회가 결정하며. 이 또한 1일 한도는 66,000원이며, 기간은 180일이다. |

고용유지지원금은 수시로 변경될 수 있으므로 고용노동부 홈페지를 통해 수시로 변경사항을 확인하기를 바란다.

 **휴직(휴업)기간 중 (아르바이트) 소득이 발생하는 경우**

### 1. 무급휴직기간 중 소득발생
근로자의 이중취업으로 인하여 사업장에서 피해를 입었을 경우, 당해 근로자에 대한 시정요구, 제재(징계 사유, 징계 절차 등) 등에 대해서는 근로기준법에서 특별히 규정한 바가 없으므로 근로계약서, 취업규칙 등에서 규정할 수 있다는 것이 고용노동부 입장이다(근로기준팀-5759, 2007.8.3.).

따라서 '겸직 혹은 이중취업'은 근로기준법 등 노동관계법령상 금지하는 규정이 없으므로 법 위반의 문제는 발생하지 않을 것이고, 사업장의 단체협약 · 취업규칙 등에서 겸직 혹은 이중취업에 대하여 규정하고 있는 바가 있다면 그에 따르면 될 것으로 사료된다.

## 2. 고용유지지원금 수급시 소득 발생

고용노동부는 고용유지지원금 수급기간 중 근로자들이 타 사업장에서 근무하고 근로소득을 하루라도 얻는 경우 고용유지지원금 전체를 지급 중단 한다는 입장이다. 다른 사업장에서 근로소득을 얻는다면, 해당 근로자가 휴업 중인 현재 사업장에서 퇴직하고 다른 사업장에서 근무할 수 있음에도 그렇게 하지 않고 현 사업장에서 고용유지지원금을 부정수급하고 있는 것으로 보겠다는 의미로 해석된다.

일용직으로 일하는 경우 근로소득세는 감면될 수 있지만, 고용보험 및 산재보험에는 가입해야 하므로 이 또한 포함된다. 또한 원래 1주 15시간 또는 1개월에 60시간 미만으로 근로하는 경우 고용보험에 가입하지 않을 수 있지만, 고용노동부가 고용유지지원금 수급기간 동안 타 사업장에 근로하는 것을 엄격하게 판단해 부정수급으로 보는 입장이기 때문에 위와 같은 단시간 근로라도 부정수급에 해당될 수 있다고 생각하는 것이 안전해 보인다.

그리고 고용노동부는 향후 국세청의 자료를 받아, 원래 근로소득으로 신고해야 하지만 고용보험 가입 의무를 회피하기 위해 사업소득으로 신고한 것으로 보이는 소득 활동에 관해서도 전부 분석해 부정수급 여지가 있는 경우 환수하겠다는 방침이다. 다만, 휴업을 실시하기 전부터 일회성으로 강의, 기고 등 기타소득이나 사업소득 활동을 해오던 경우(본래에도 근로소득으로 신고할 성질이 아닌 활동)까지 고용유지지원금 수급 중 외부 근로로 판단하지는 않을 것으로 보인다.

위 내용은 현재까지 고용노동부에 유선 및 인터넷 질의를 통해 받은 답변을 기초로 한 것이고, 고용노동부의 공식적인 입장은 '사안마다 종합적으로 검토해 판단하겠다.'는 것이므로 개인의 구체적인 사례는 관할 고용센터에서 직접 부정수급이 될지 여부를 확인하는 것이 가장 정확하다.

## 3. 휴업수당을 받는 근로자가 타 사업장애서 아르바이트를 해 소득이 발생하는 경우

근로자아 사업장 휴업시 다른 사업장에 아르바이트를 제공하여 임금을 지급받았을 때 평균임금의 70%에 해당하는 휴업수당을 초과하는 액수에 대해서는 이를 휴업수당액에서 공제한다. 다만 고용지원금은 개별근로자가 아닌 사업장에 지급되는 것으로 개별근로자가 휴업기간 중 이중취업하여 타 사업장에 근로제공하더라도 사업장 취업규칙에 위반된 것이 아니라면 부정수급의 문제는 발생하지 않는다.

4. 육아휴직기간 중 아르바이트 소득발생

고용보험법 제70조 및 제73조에 따라 육아휴직 기간 중 다른 사업장에 '고용노동부 시행규칙에서 정한 기준에 해당하는 취업'을 한 경우 그 기간동안은 육아휴직 급여를 받을 수 없다.

〈고용노동부 시행규칙에서 정하는 기준에 해당하는 취업〉

※ 아래 요건 중 하나라도 충족하면 '취업'에 해당됨
1. 1주간의 소정근로시간이 15시간 이상인 경우
2. 자영업을 통한 소득 또는 근로를 제공하여 그 대가로 받은 금품이 육아휴직 급여 첫 3개월간 월 상한액 이상인 경우
관련 근거: 고용보험법 시행규칙 제116조

만약 육아휴직 기간에 취업한 사실을 육아휴직 급여 신청 시 신청서에 기재하지 않거나 거짓으로 작성하였다가 적발된다면, 다음과 같이 위반 횟수에 따라 육아휴직 급여지급을 제한한다.

〈위반 횟수에 따른 육아휴직 급여 제한 범위〉

• 1회 : 해당 취업한 기간동안에 해당하는 육아휴직 급여
• 2회 : 취업한 사실이 있는 월의 육아휴직 급여
• 3회 : 육아휴직 급여를 지급받았거나 받으려고 한 날 이후의 모든 육아휴직급여
관련 근거: 고용보험법 시행규칙 제118조의2

위 내용을 종합하여 보았을 때, 육아휴직 중에 아르바이트를 주 15시간미만으로 하고 급여가 월 150만원 미만이라면 고용보험에서 육아휴직 급여를 받을 수 있다.

육아휴직 중 주 15시간 이상 일하게 되거나 월 급여가 150만 원 이상 되었다면, 육아휴직 급여 신청 시 관할 고용센터에 알려야 한다. 알리지 않고 급여를 부정수급 받을 경우 적발 시 더 큰 불이익을 받을 수 있다.

# 18 임금명세서 작성 방법과 꼭 들어가야 하는 내용

임금명세서에는 임금의 구성항목과 계산방법, 근로소득세 및 4대 보험료 공제액, 단체협약에 따라 임금의 일부를 공제하는 경우 그 공제액 등을 기재해야 한다.

## 적용시기

급여지급일이 당월 말 혹은 다음 달 초로 정해진 사업장은 2021년 11월 급여분부터 교부 의무가 발생한다.

## 임금명세서 기재 사항

임금명세서에는 성명, 생년월일, 사원번호 등 근로자를 특정할 수 있는 정보, 임금지급일, 근로일수, 임금 총액, 총 근로시간 수, 연장근로, 야간근로 또는 휴일근로를 시킨 경우에는 그 시간 수, 기본급, 각종 수당, 상여금, 성과금, 그 밖의 임금의 항목별 금액, 임금의 각 항목별 계산방법 등 임금 총액을 계산하는 데 필요한 사항, 공제항목별 금액과 총액을 기재해야 한다.

사원별로 지급내역(기본급여 및 제수당)과 공제내역 및 차인지급액(공제 및 차인지급액)을 기재하며, 지급내역에는 기본급과 상여 및 각종 수당 지급액을 정기와 비정기적으로 구분해서 기재하고, 공제내역에는 근로소득세, 지방소득세, 사회보험 근로자부담분 및 그 외의 공제액을 기재한다.

지급금액 합계액에서 공제금액 합계액을 차감하여 차인지급액을 기재한다. 임금명세서에는 지급 및 공제되는 금액뿐만 아니라 산출근거 등을 기재해야 한다.

취업규칙이나 근로계약서에 기본적인 계산 방법이 있다면 공통적으로 기재하는 것도 무방하다. 다만 연장근로가 있는 등 변동이 있다면 계산에 필요한 근로시간 수 등 정보를 반드시 별도로 기재해줘야 한다.

| 구 분 | 내 용 |
|---|---|
| 근로자 특정 | 성명, 생년월일, 사원번호 등 |
| 임금총액 및 항목별 금액 | 기본급, 각종 수당, 상여금 등 항목별 금액 |
| 임금계산 기초사항 | 근로일수, 총 근로시간수, 연장·야간·휴일 근로시간수 |
| 임금공제 내역 | 근로소득세, 4대 보험료, 조합비 등 |
| 임금지급일 | 매월 1회 이상 일정한 날 특정 |

## 임금명세서 작성 방법

# 임 금 명 세 서

기간 0000-00-00 ~ 0000-00-00

지급일 : 0000-00-00

| 성명 | | 생년월일(사번) | |
|---|---|---|---|
| 부서 | | 직급 | |

## 세부 내역

| 지 급 | | | 공 제 | |
|---|---|---|---|---|
| 임금 항목 | | 지급금액 | 공제 항목 | 공제 금액 |
| 매월지급 | 기본급 | | 근로소득세 | |
| | 연장근로수당 | | 지방소득세 | |
| | 가족수당 | | 국민연금 | |
| | 정근수당 | | 고용보험 | |
| | 식대 | | 건강보험 | |
| 격월 또는 부정기 지급 | 상여금 | | 장기요양보험 | |
| | 명절상여금 | | 노동조합비 | |
| | 근속수당 | | 환급/기타공제 | |
| | 성과급 | | … | |
| 지급액 계 | | | 공제액 계 | |
| | | | 실수령액 | |

| 근로일수 | 총 근로시간수 | 연장근로시간수 | 야간근로시간수 | 휴일근로시간수 |
|---|---|---|---|---|
| 21 | 238 | 25 | 5 | 4 |

## 계산 방법

| 구분 | 산출식 또는 산출방법 | 지급액 |
|---|---|---|
| 연장근로수당 | 25시간×통상시급×1.5 | |
| 야간근로수당 | 5시간×통상시급×0.5 | |
| 휴일근로수당 | 4시간×통상시급×1.5 | |
| 근로소득세 | 간이세액표 적용 | |
| 국민연금 | 취득신고 월보수×4.5% | |
| 고용보험 | 과세대상임금×0.9% | |
| 건강보험 | 과세대상임금×3.495% | |
| 장기요양보험 | 건강보험료×12.27% | |
| | | |

※ 해당 사업장 상황에 따라 기재가 필요 없는 항목이 있을 수 있습니다.

210mm×297mm[일반용지 60g/㎡(재활용품)]

# 임 금 명 세 서

기간 0000-00-00 ~ 0000-00-00

지급일 : 0000-00-00

| 성명 | | 생년월일(사번) | |
|---|---|---|---|
| 부서 | | 직급 | |

## 세부 내역

| 지 급 | | | 공 제 | |
|---|---|---|---|---|
| 임금 항목 | | 지급금액 | 공제 항목 | 공제 금액 |
| 매월 지급 | 기본급 | 3,200,000 | 근로소득세 | 115,530 |
| | 연장근로수당 | 396,984 | 국민연금 | 177,570 |
| | 휴일근로수당 | 99,246 | 고용보험 | 31,570 |
| | 가족수당 | 150,000 | 건강보험 | 135,350 |
| | 식대 | 100,000 | 장기요양보험 | 15,590 |
| | | | 노동조합비 | 15,000 |
| 격월 또는 | | | | |
| 부정기 지급 | | | | |
| 지급액 계 | | 3,946,230 | 공제액 계 | 490,610 |
| | | | 실수령액 | 3,455,620 |

| 연장근로시간수 | 야간근로시간수 | 휴일근로시간수 | 통상시급(원) | 가족수 |
|---|---|---|---|---|
| 16 | 0 | 4 | 16,541 | 배우자 1명, 자녀 1명 |

## 계산 방법

| 구분 | 산출식 또는 산출방법 |
|---|---|
| 연장근로수당 | 16시간 × 통상시급 × 1.5 |
| 야간근로수당 | 0시간 × 통상시급 × 0.5 |
| 휴일근로수당 | 4시간 × 통상시급 × 1.5 |
| 가족수당 | 배우자 : 100,000원, 자녀 : 1명당 50,000원 |

※ 가족수당은 취업규칙 등에 지급요건이 규정되어 있는 경우 계산방법을 기재하지 않더라도 무방

앞의 임금명세서 양식은 단순 참고용으로 각 사용자 양식에 따라 자유롭게 수정해서 사용하면 된다. 다만 위의 임금명세서 기재 사항은 반드시 기입되어야 한다.

[작성 방법]

① (근로자 특정) 지급받는 근로자를 특정할 수 있도록, 성명, 생년월일, 사원번호 등 근로자를 특정할 수 있는 정보를 기재한다.

② (임금 총액 및 항목별 금액) 임금 총액, 기본급, 각종 수당, 상여금, 성과급 등 임금의 항목별 금액을 정기와 비정기로 구분해서 기재한다.

③ (항목별 계산 방법) 임금의 각 항목별 금액이 정확하게 계산됐는지를 알 수 있도록 임금의 각 항목별 계산방법 등 임금 총액을 계산하는데 필요한 사항을 기재한다.

정액으로 지급되는 항목은 계산 방법을 적지 않아도 된다. 예를 들어 매월 고정 20만원씩 지급되는 식대는 계산방법을 기재할 필요가 없다. 하지만 근로일수에 따라 매일 8,000원씩 지급되는 식대라면 근로일수 × 8,000원과 같이 계산 방법을 기재해야 한다.

④ (근로일수) 실제로 출근하여 근로한 날의 일수를 기재한다. 지각이나 조퇴를 한 경우도 근로일수에 포함되며, 토요휴무, 주휴일, 연차휴가일 등 실제로 근로를 제공하지 않은 날은 제외한다.

위 예시 21일은 실제로 버스 타고 지하철 타고 택시 타고 자가용으로 회사간 날을 의미한다.

⑤ (총 근로시간수) 토요일이 무급인 경우는 209시간, 유급인 경우는 226시간 또는 243시간을 기준으로 연장근로시간과 야간근로시간, 휴일근로시간을 합산해 기재한다(야간근로시간은 연장이나 휴일근로시간과 중복되는 경우도 있으므로 이는 고려해서 기재).

위 예시에서 238시간은 1일 8시간 주40시간 근로자의 유급근로시간

209시간 + 연장근로시간 + 휴일근로시간(야간근로시간 5시간은 연장 또는 휴일근로와 중복으로 인해 더하지 않은 것으로 판단)

[예시]

1일 8시간 주40시간 근로의 경우 : 209시간 = (40시간 + 8시간(주휴)) × 4.345주

1일 8시간 토요일 유급 4시간 주 40시간 근로의 경우 : 226시간 = (40시간 + 4시간 (토요일 유급) + 8시간) × 4.345주

1일 8시간 토요일 유급 8시간 주 40시간 근로의 경우 : 243시간 = (40시간 + 8시간 (토요일 유급) + 8시간) × 4.345주

예시 시간에 연장근로시간과 휴일근로시간을 더하면 된다.

일반적인 경우 : 09시~18시 사이에 연장근로와 야간근로시간이 겹치는 경우 야간근로시간은 연장근로시간과 중복으로 야간근로시간에는 적어도 총근로시간에는 합산하지 않는다.

예외적인 경우 : 22시~06시 사이에 8시간 이내로 연장근로에 해당하지 않는 경우 → 연장근로시간 0, 야간근로시간 8시간이 가산

⑥ (연장근로시간수, 야간근로시간수, 휴일근로시간수) 연장 및 야간, 휴일근로한 시간을 기재한다. 연장근로시간수 등을 기재할 때 할증률은 고려하지 않는다.

4인 이하 사업장 즉 5인 미만 사업장은 연장, 야간, 휴일근로시간에 대한 할증률을 적용되지 않으므로 이를 생략하고 적어도 된다.

즉, 10시간의 연장근로를 한 경우 10시간을 기재하는 것이지 할증률을 고려하여 15시간을 기재하는 것이 아니다.

실제 연장근로를 하지 않았어도 수당을 그대로 가져갈 수 있는 고정 연장근로수당(OT)이 있는 사업장(포괄임금 사업장)은 실제 연장근로시간과 상관없이 금액에 대한 연장근로시간 수로 계산 방법을 적으면 된다.

예를 들어 1주일에 10시간의 고정 연장근로수당(OT)이 포함된 포괄임금제를 운영하는 경우 연장근로수당의 표기방법은 10시간 × 4.345 × 시간당 통상임금 × 1.5로 표기한다.

그리고 포괄임금제의 경우 고정 초과근무와 추가 초과근무를 나누어 기재하는 방식이 유용하다.

⑦ (임금공제) 근로소득세, 4대 보험료, 노조회비 등을 공제할 경우 그 내역을 알 수 있도록 공제 항목별 금액과 총액을 기재한다.

⑧ (임금지급일) 「근로기준법」 제43조 제2항에 의거 매월 1회 이상 일정한 날에 임금을 지급해야 하므로 실제 임금지급일을 기재한다.

⑨ (통상시급) 통상임금 ÷ 유급 근로시간(소정근로시간 + 주휴시간)

[예시] 일 8시간, 주 40시간 근무시
40시간 × 120% × 4.345주 = 209시간

[예시] 일 7시간, 주 35시간 근무시
35시간 × 120% × 4.345주 = 183시간

[예시] 일 4시간, 주 20시간 근무시
20시간 × 120% × 4.345주 = 105시간

[예시] 월, 수, 금 각 6시간, 주 18시간 근무시
18시간 × 120% × 4.345주 = 94시간

[예시] 토, 일 각 8시간, 주 16시간 근무시
16시간 × 120% × 4.345주 = 84시간

⑩ (가족 수) 가족수당의 경우 가족수에 따라 지급금액이 달라진다면 계산방법에 가족 수 및 각각의 금액 등을 기재하는 것이 바람직

[예시] ① 부양가족 1인당 2만원, ② 배우자 4만원, 직계존비속 2만원 등 다만, 취업규칙이나 근로계약서에 특정 임금항목에 대한 지급요건이 규정되어 있는 경우에는 임금명세서에 이를 기재하지 않더라도 무방하다.

# 임금명세서 기재 예외 사항

임금명세서는 모든 근로자에게 교부해야 하나 계속 근로기간이 30일 미만인 일용근로자에 대해서는 생년월일, 사원번호 등 근로자를 특정할 수 있는 정보를 기재하지 않을 수 있으며, 상시 근로자 4인 이하 사업장의 근로자와 감시·단속적 근로자, 관리·감독 업무 또는 기밀을 취급하는 업무를 수행하는 근로자는 연장, 야간, 휴일근로에 대한 할증임금이 적용되지 않으므로, 연장·야간·휴일 근로시간 수를 기재하지 않아도 된다.

① 30일 미만인 일용근로자 : 생년월일, 사원번호 등 근로자를 특정할 수 있는 정보의 기재를 제외

② 상시 4인 이하 사업장의 근로자 또는 근로시간 적용 제외자 : 연장·야간·휴일 근로시간 수 기재를 제외

즉 30일 미만 일용근로자의 경우에는 "생년월일, 사원 번호 등 근로자를 특정할 수 있는 정보"를 기재하지 않을 수 있고, 근로시간 규정이 적용되지 않는 상시 4인 이하(5인 미만) 사업장의 근로자 또는 「근로기준법」 제63조에 따른 근로자에 대해서는 "연장·야간·휴일 근로시간 수"를 기재하지 않을 수 있다. 단, 총근로시간 수는 적어야 한다.

연장·야간·휴일 근로시간에 가산수당이 붙지 않아서 총근로시간만 알아도 임금체불 여부를 가릴 수 있기 때문이다.

# 근로시간 적용 제외자(근로기준법 제63조(적용의 제외))

이 장과 제5장에서 정한 근로시간, 휴게와 휴일에 관한 규정은 다음 각호의 어느 하나에 해당하는 근로자에게 적용하지 아니한다.

1. 토지의 경작·개간, 식물의 식재(植栽)·재배·채취 사업, 그 밖의 농림 사업

2. 동물의 사육, 수산 동식물의 채취·포획·양식 사업, 그 밖의 축산, 양잠, 수산 사업

3. 감시(監視) 또는 단속적(斷續的)으로 근로에 종사하는 사람으로서 사용자가 고용노동부장관의 승인을 받은 사람

4. 사업의 종류와 관계없이 관리·감독 업무 또는 기밀을 취급하는 업무

# 임금명세서 미교부시 과태료

임금명세서를 교부하지 않으면 500만원 이하의 과태료를 내야 한다 (최대 500만 원). 명세서 기재사항 중 일부를 누락하거나 사실과 다르게 기재해도 과태료가 부과된다.

임금명세서를 교부하지 않은 경우는 위반 횟수와 위반 정도에 따라 과태료가 다르게 부과되는 만큼 유의해야 한다.

임금명세서를 교부하지 않으면 1차 30만원, 2차 50만원, 3차 이상은 100만원이 부과된다.

임금명세서 기재사항 중 일부를 기재하지 않거나 사실과 다르게 기

재해도 1차 20만원, 2차 30만원, 3차 이상은 50만원이 부과된다. 이때 과태료는 임금명세서를 교부하지 않은 달에 대해서 1건의 위반으로 판단하는 것이 아니라 교부대상이 되는 근로자 1명을 기준으로 하는 만큼 그 금액이 상당히 클 수 있다.

| 임금명세서 미교부 유형 | 1차 | 2차 | 3차 |
|---|---|---|---|
| 임금명세서를 교부하지 않은 경우 | 30 | 50 | 100 |
| 임금명세서 기재 사항 중 일부를 기재하지 않거나, 사실과 다르게 기재하여 교부한 경우 | 20 | 30 | 50 |

## 임금명세서 보관과 주의사항

대리인을 통해 협의가 끝난 임금명세서를 전달받아 출력한 후 직원들에게 직접 전달할 경우 전달한 대상, 날짜, 시간을 정리한 리스트를 3년간 보관해야 한다. 출력 대신 이메일 또는 카카오톡으로 전달하는 것도 가능한데 이 경우도 메일로 발송하거나 카톡으로 전달한 기록을 3년간 보관해두는 것이 좋다.

이 과정에서 유의할 점은 노무 대리인에게 따로 자문받은 경우, 노무 대리인이 작성한 임금명세서를 세무 대리인이 그대로 신고를 진행했는지 반드시 확인해야 한다는 것이다. 때로 노무 대리인이 작성한 급여내역과 세무 대리인이 신고한 급여내역이 일치하지 않아 문제가 발생할 수 있기 때문이다.

# 임금명세서 작성을 세무사 사무실에서 대리해주나?

임금명세서 작성 및 교부에 관한 근거 법령은 근로기준법 제48조이다. 임금명세서 작성 업무를 세무사나 회계사가 대리하는 것이 근로기준법 또는 공인노무사법 위반이라고 볼 수는 없다. 다만, 임금명세서 기재사항 중 일부를 기재하지 않거나 잘못 기재한 경우 과태료가 부과되기 때문에 책임소재가 문제 될 수 있다.

또한 세무대리인은 각 기장거래처 소속 근로자의 연장, 야간, 휴일근로시간 수를 알 수 없을 뿐만 아니라, 근로기준법상 각종 수당산정에 대한 전문성도 없으므로, 임금명세서 작성은 각 사업장에서 스스로 하도록 하는 것이 바람직하다. 즉, 작성 및 교부는 기장거래처에서 직접 하도록 한다.

## 상호 간의 분쟁 시 소명자료

임금명세서 교부 의무화로 임금명세서를 받지 못하던 노동자는 임금의 정당성뿐 아니라, 임금체불 여부와 4대 보험은 공제 등을 확인할 수 있다.

특히 임금명세서는 임금체불 진정을 제기할 때 큰 역할을 한다. 임금체불 진정은 임금체불을 주장하는 사람이 입증해야 한다.

그러나 임금명세서가 없으면 노동시간과 체불임금 등을 증명하기 힘들고, 임금명세서를 받았더라도 연장·야간근로, 휴일근로수당을 명시하지 않으면 어느 부분을 입증해야 하는지 알기 어렵다. 반면, 개정 시행령에 따른 임금 명세서로는 입증이 훨씬 수월하다.

임금명세서 교부 의무 위반 시 500만 원 이하의 과태료가 부과되며 이는 5인 미만 사업장에도 동일하게 적용되니 모든 사업주는 이를 인지해야 한다.

## 질의 사례

Q 인트라넷에서 개략적인 명세서를 볼 수 있고, 근로시간이나 일부 항목은 개별적으로 확인할 수 있다. 이런 경우도 명세서를 별도 교부해야 하나?

A 근로자가 임금을 받을 때 명확하게 알 수 있게 해줘야 한다. 명세서에 명확하게 표시를 해줘야 한다. 다만 인트라넷 명세서 자체에서 세부 근로시간 항목과 계산식 등을 볼 수 있게 처리했다면 교부 의무를 이행한 것으로 볼 수 있다.

Q 건설 현장에서 일용근로자에게 명세서를 서면으로 받아 가라고 공지했지만 수령하지 않은 경우도 법 위반인가?

A 가급적 개별 교부를 해야 한다. 근로자 편의를 고려해 문자메시지나 카카오톡 등 SNS 메신저로 교부하는 것도 가능하다.

Q 취업규칙이나 근로계약서에 임금 계산 방법이 나와 있는데 매월 반드시 기재해야 하나. 취업규칙에 기재된 계산 방법을 임금명세서에 그대로 기재하면 안 되나?

A 근로자가 정보를 명확히 알 수 있게 해주자는 게 법 취지이므로,

매월 명세서에 계산 방법을 제공해야 한다. 취업규칙이나 근로계약서에 기본적인 계산 방법이 있다면 공통적으로 기재하는 것도 무방하다. 다만 연장근로가 있는 등 변동이 있다면 계산에 필요한 근로시간 수 등 정보를 반드시 별도로 기재해줘야 한다.

**Q** 고정 연장근로수당이 있을 경우, 실제 연장근로를 하지 않아도 연장근로시간 수를 계산방법에 기재해야 하나?
**A** 고정 연장근로수당은 실제 연장근로를 하지 않아도 지급되기 때문에 지급된 임금을 기준으로 연장근로시간 수를 적어주면 된다.

**Q** 매달 고정적으로 지급되는 기본급은 계산식을 적어주지 않아도 되는 걸로 안다. 만약 해당 월에 정직이나 결근 등으로 기본급에 변동이 있는 경우도 계산 방법을 적어줘야 하나?
**A** 기본급에 감액이 있는 경우는 출근일수나 시간 등에 따라 구성항목 별로 금액이 달라지는 경우이기 때문에, 계산방법을 기재해 줘야 한다.

**Q** 카카오톡이나 문자로 임금명세서를 교부해도 되나?
**A** 한글, 오피스, PDF 등 전자문서로 작성한 다음 이메일이나 카카오톡 등 전자적 방법으로 발송하는 것은 가능하다.

**Q** SMS, MMS등 문자메시지, 카카오톡 등 메신저도 전자문서에 해당하는지요?

**A** 전자문서에 해당한다. 전자문서법은 전자문서를 정보처리시스템에 의하여 전자적 형태로 작성, 송신, 수신 또는 저장된 정보로 정의하고 있으므로 모두 전자문서에 해당하게 된다.

**Q** 3.3% 프리랜서로 신고하는 직원도 임금명세서를 교부해야 하나요?
**A** 임금명세서는 근로기준법에 규정된 내용으로 근로기준법의 적용을 받는 근로자에게 교부해야 한다. 따라서 근로자가 아닌 실질적인 프리랜서에게는 교부하지 않아도 된다. 다만, 실질적으로는 근로자이지만 형식적인 프리랜서에게는 나중에 발생할 분쟁에 대비해 작성·교부하는 것이 좋으나 반대로 실질적 근로자라는 사실을 사업주 스스로 인정하는 모순이 발생하므로 사업자 스스로 판단해 결정한다. 나중에 혹시 실질적인 근로자로 판명되는 경우 임금명세서 미교부에 따른 과태료가 부과될 수도 있다.

**Q** 매월 1일부터 말일까지의 임금을 다음 달 10일 지급하는 경우 어떻게 작성하나요?
**A** 임금의 계산기준은 모든 회사가 매월 1일부터 말일까지 하지는 않을 것이므로 임금명세서의 교부 취지에 맞게 계산기간을 별도로 기재하거나, 취업규칙 등에 임금이 계산기간과 지급일이 정해져 있다면 임금지급일만 적어도 큰 문제는 없을 것으로 판단된다. 예를 들어 기간을 1일~30일로 적고 임금지급일을 10일로 적거나 취업규칙이나 근로계약서 등에 규정되어 있는 경우 임금지급일만 기재하면 된다.

Q 월 중간에 입사나 퇴사를 하는 경우 임금명세서 작성은?

A 월중에 입사나 퇴사를 하는 경우 다른 근로자와 다르게 임금계산 기간이 짧으므로 임금명세서의 작성기준이 된 임금계산기간을 별도로 표기한 후 해당 기간의 각종 임금과 공제내역을 1달 만근의 다른 근로자의 임금명세서 작성기준과 같게 작성하면 된다.

예를 들어 매월 1일부터 말일까지의 임금을 다음 달 10일 지급하는 사업장에 20일 입사자가 있는 경우 급여를 일할계산 해 20일~말일까지 만의 임금을 1달 만근의 다른 근로자의 임금명세서 작성 기준과 같게 작성해 10일 날 교부하면 된다.

# 19 임금대장

근로기준법은 사용자가 근로자별로 임금대장을 작성하도록 하고 있다.

임금대장은 국가 감독기관이 근로자에 대한 정보나 근로자 수를 쉽게 파악할 수 있다는 신속함이 있으므로 작성을 강제하고 있다. 사업장에 매해 행해지는 근로감독 시 임금대장을 본다면 한눈에 근로자 수와 급여정보 등을 파악할 수 있는 역할을 임금대장이 한다.

사용자에게 있어서도 임금대장은 근로자에게 나가는 급여를 명확히 파악할 수 있는 역할을 하므로 인건비에 대한 계획을 세울 때 쉽다는 점이 있다. 근로자의 경우도 자신이 지급받는 급여 액수나 항목 등을 손쉽게 확인할 수 있다.

임금대장은 사업장의 노사뿐만 아니라 행정기관의 행정적 업무에도 편리함을 주는 도구이므로 반드시 제대로 작성해 놓는 것이 좋다.

## 임금대장에 반드시 기재할 사항

임금대장에는 임금에 관한 사항뿐만 아니라 근로자에 대한 기본정보도 기입해야 한다.

근로자의 성명, 주민등록번호, 입사일자, 담당업무, 임금의 계산기초가 되는 사항, 근로일수, 근로시간, 연장·야간·휴일근로에 대한 근로시간, 상여금 등 근로시간 이외의 임금에 관한 사항 등이 기재되어 있어야 한다.

01. 성명

02. 주민등록번호

03. 고용 연월일

04. 종사하는 업무

05. 임금 및 가족수당의 계산기초가 되는 사항

06. 근로일수

07. 근로시간 수

08. 연장근로, 야간근로 또는 휴일근로를 시킨 경우에는 그 시간수

09. 기본급, 수당, 그 밖의 임금의 내역별 금액(통화 외의 것으로 지급된 임금이 있는 경우에는 그 품명 및 수량과 평가총액)

10. 법령 또는 단체협약에 특별한 규정에 따라 임금의 일부를 공제한 경우에는 그 금액

임금대장은 근로자에게 임금을 지급할 때마다 작성한다. 대부분 사업장에서 임금은 매월 정기적으로 지급하기 때문에 월별로 임금대장을 작성하는 것이 일반적이다.

임금대장 중 임금항목의 기재는 크게 어려울 것이 없다. 사전에 정해진 항목 및 금액, 그리고 추가적인 연장근로 실시 등으로 인해 추가수당이 발생한 경우는 그 내용을 기재하면 된다.

문제는 공제항목과 차인지급액(실수령액·영수액)의 계산이다. 사용

자는 근로자에게 임금을 지급할 때 기존 금액 그대로 지급하는 것이 아니고, 사용자가 납부해야 할 원천징수 세액과 근로자분의 사회보험료 등을 공제해야 한다.

근로자의 임금에서 미리 공제해야 할 사항으로는 기본적으로 근로소득세 및 지방소득세, 국민연금 보험료(근로자분), 건강보험 및 장기요양보험료(근로자분), 고용보험료(근로자분) 등이 있고, 경우에 따라 노조 조합비 등의 항목이 추가될 수 있다.

실제 부과된 보험료와 임금대장에 기재된 보험료 금액이 상이할 경우 임금체불(임금대장상 공제금액이 실제 부과금액보다 클 경우)이나 초과 지급으로 인한 환수(임금대장상 공제금액이 실제 부과금액보다 적을 경우) 문제 등이 발생할 수 있으므로 공제금액의 정확한 기재와 차인 지급액 계산이 무척 중요하다.

공제금액과 차인 지급액을 제대로 계산하여 기재하였다면 계산된 차인 지급액을 근로자에게 지급하고, 작성된 임금대장을 보관하도록 한다.

## 임금대장 보존 의무

사용자는 임금대장을 작성일로부터 3년간 보존해야 합니다. (위반 시 500만 원 이하 과태료 부과)

# 20 포괄임금제도 해설

포괄임금제는 소정근로시간에 대한 기본임금을 미리 산정하지 않고, 소정근로시간과 추가 연장근로시간에 대한 제 수당을 합한 금액을 월급여액이나 일당 임금으로 정해 근로자에게 지급하기로 하는 임금제도를 말한다.

근로계약서 작성 시 필수기재 사항인 소정근로시간을 기반으로 기본임금과 연장, 야간, 휴일근로수당을 정하도록 명시돼 있는 점으로 볼 때, 소정근로시간을 기반으로 임금을 정하지 않은, 포괄임금제는 사실상 근로기준법을 위반하는 임금제도라고 할 수 있다.

여기서 소정근로시간은 법정근로시간 (1주 40시간, 1일 8시간) 내에서 근로자와 사용자가 일하기로 정한 시간을 말한다. 이는 1주 근로시간인 40시간, 1일 8시간 내에서 근로자와 사용자가 근로시간을 정해야 한다는 것이다. 따라서 개정법 이후에는 소정근로시간에 따른 임금을 명시하도록 해 사실상 포괄임금제를 제한하고 있다.

포괄임금제의 모순은 '연장근로수당' 에서 발생한다. 내부분 회사는 연장근로수당을 한 달에 52시간을 추가 근로한다고 가정하거나 매주 12시간씩, 한 달 48시간씩 추가 근로하는 것으로 가정하고 산정한다.

# 포괄임금제가 허용되는 경우

2010년에 대법원은 포괄임금제 적용은 근로시간, 근로형태, 업무 성질, 임금산정 단위, 단체협약/취업규칙의 내용, 동종 사업장 실태를 종합적으로 고려해야 한다고 전했다.

## ⇩ 근로시간을 정확히 산정하기 어렵다.

일반적으로 제조업체에서는 근로시간 산정이 어려운 경우를 찾기가 어렵고, 근로자의 근로시간 산정이 불가능하더라도 포괄임금제가 유효하기 위해서는 개별근로자의 명시적 합의가 반드시 필요하다. 단순히 근로자가 아무 이의 없이 급여를 수령 했다는 사실만으로 합의가 이루어졌다고 보기 어려우며, 근로계약서에 명시적으로 기재해야 한다. 또한, 취업규칙이나 단체협약에 포괄임금제에 관한 규정이 있다고 해도 상호 간에 포괄 임금에 대한 약정 협의가 충분히 되었다고 객관적으로 인정받기 위해서는 반드시 개별근로자의 동의를 받아야 한다.

근로계약 체결 시 기본임금을 소정근로시간을 기준으로 정해야 하고, 근로시간 산정이 가능한 경우에는 원칙적으로 포괄임금제를 도입할 수 없다. 따라서 포괄임금제는 근로시간 계산이 어려운 감시단속적 근로자 등에게 적용되지만, 근로시간 산정이 가능한 근로자는 포괄임금제로 인정받기가 쉽지 않다.

대법원판결에 의하면 포괄산정임금 제도와 관련된 근로계약의 유효조건으로 ① 업무의 성질 등을 참작하여, ② 근로자의 승낙하에 매월 일정액을 제 수당으로 지급하는 내용의 계약을 체결하고 ③ 근로자에게 불이익이 없고 제반 사정에 비추어 정당하다고 인정될 때는 유효하다고 판시하고 있다.

업무의 성질은 작업과 휴식의 반복성과 변동성으로 실제로 근무했는지의 여부와 그 근무시간을 정확하게 확인하기 어려운 때(대판1991.4.23. 89 다카 32118), 사업장 밖에서의 장거리 운행으로 인한 실제 근로시간의 수를 파악할 수 없을 때(대판 1982.12.28. 다3120)로 보고 있다. 또한, 감시적 단속적 업무로써 24시간 휴식 없이 계속 근무하는 업무가 아니나 원칙적으로 근무 장소에서 이탈할 수 없는 것으로 한사람이 근무하기에는 부적합한 형태의 근로 형태의 경우에 그 형편과 요령에 따라 작업, 휴식, 수면을 반복하면서 명백한 작업 시간과 휴게시간을 구별하기 어려운 경우에도 유효하다(서울고법 1978.6.22. 77 나 1540).

이러한 업무는 근로기준법상 제시된 다음과 같은 업무라고 볼 수 있다.

① 감시 단속적 근로 : 감시 단속적 근로자로서 사용자가 고용노동부 장관의 적용 제외 인가를 받은 경우 근로기준법의 근로시간, 휴게, 휴일 규정을 적용하지 않는다. 이는 고용노동부 장관의 승인을 전제로 근로시간 적용이 제외된다.

② 사업장 밖 근로 : 근로자가 출장 및 기타 사유로 근로시간의 전부 또는 일부를 사업장 밖에서 근로해 근로시간을 산정하기 어려운 경우, 소정근로시간을 근로한 것으로 본다.

③ 재량근로 : 근로기준법의 재량근로 업무는 전문적 업무로 근로의 양보다는 질이나 성과가 중시돼 근로시간 산정이 어려운 업무를 말한다. 해당 업무를 소정근로시간으로 인정받기 위해서는 근로자대표

와의 서면 합의가 필요하다. 구체적 업무로는 연구개발이나 정보처리 시스템 설계나 분석업무, 신문이나 방송 등 기사의 취재 편성 업무, 디자인이나 고안업무, 방송이나 영화 제작의 프로듀서나 감독 업무 등이 있다.

## ⇨ 연장·야간·휴일근로가 예상될 때 실질적으로 필요한 근로임이 인정되어야 한다.

### 실근로시간 체크 방법

대다수 기업이 보안상 이유로 출입 과정에서 전자체크 방식을 운용하고 있다.

고용노동부는 근로감독 시 지문인식, 출퇴근 카드 등 전자기기를 이용한 입 · 퇴실 시간을 근로시간의 시작 · 종료로 보는 경우가 많다.

기업입장에서는 실제 근로한 시간의 입증 문제가 중요해진 만큼 정확하고 객관적인 측정방식을 위한 사내 지침 마련이 필요하다.

근로자의 사업장 체류 시간과 실제 근로시간을 구별하고 근로자 개인 용무를 위한 시간을 엄격히 관리할 필요가 있다.

1. PC-OFF 제 등 실질적 업무착수와 종료 관리
2. 연장근로 사전 신청과 승인
3. 출근, 휴게, 퇴근 시간을 개인이 사내 프로그램에 직접입력
4. 야근 없는 날을 특정, 불시 야간 점검
5. 보고 방식의 간소화(서면 · 구두)
6. 개인 용무로 인한 이동 시 출입 기록에 따라 근무시간에서 제외

실제 근로시간 측정 시 포괄임금제 약정이 법정수당에 미달하는지 검토한 후 포괄임금제가 유효하지 않으면 실제 근로시간을 기준으로 법에 따라 산정된 법정수당 이상을 지급해야 한다.

고용노동부는 사무직의 고정 연장근로 방식의 유효 및 무효 여부를 명확하게 밝히지는 않지만, 고정 연장근로 자체를 금지하지는 않는 것으로 해석된다. 즉, 고정 연장근로 방식은 인정하되 약정된 시간보다 실제 근로시간이 길 때 미달하는 부분을 추가 수당으로 지급해야 한다.

판례는 (실제 계산금액 ≤ 고정 연장근로 금액)일 경우 근로자에게 불이익함이 없어 임금체불이 아니라는 입장이다. 따라서 매월 단위로 연장근로시간을 사후 측정해 약정 금액과 비교하는 최소한의 과정이 필요하지만, 영세사업장의 경우 이마저 못하고 있는 것이 현실이다.

## 근로계약서에 최소한 기본급과 연장·휴일근로수당을 구분하고 있는지

사무직의 경우 대개 유효한 포괄임금계약으로 인정받지 못하므로 연장, 야간, 휴일근로수당이 포함되었더라도 수당을 다시 계산해 추가 지급해야 하는 문제가 발생할 수 있다.

고정연장근로 방식을 취하더라도 (기본급 + 연장근로 ○○시간 + 휴일근로 ○○시간)의 모습으로 최대한 상세히 구분해서 근로시간에 따른 임금 계산 근거를 만들어 두는 것이 좋다.

## 고정연장근로가 법률상 상한 기준인 주 12시간, 월 52시간을 초과하는지

고정 연장근로제를 운용하고 있는 사업장의 경우 고정 연장근로 또한 월 52시간 한도로 조정하는 것이 필요하다.

고정 연장근로는 월 52시간 한도로 조정하되, 1주 12시간을 초과할 수 없음에 주의해야 한다.

## 기본급의 책정

월 급여분을 먼저 법정수당으로 배분하고 나머지 부분을 기본급에 배정한다. 이때 주휴수당이 월급 근로자의 경우에는 포함되어 있으나 일용직, 임시직의 경우 1일 단위로 일당을 정하는 점에 유의하여 주휴수당은 미리 공제하여 별도 항목으로 배분 후 계산할 수도 있다.

## 포괄임금제라도 최저임금 미만이면 부당

포괄임금제도 최저임금에 못 미치는 금액을 지급하면 위법이다. 이와 관련한 판례가 있다.

2018년 대법원에서는 한 병원의 야간 경비직으로 근무하면서, 연장·야간근로 수당을 합한 금액을 월급으로 받는 포괄임금제 계약에 따라 월 100만 원~116만 원에 해당하는 임금을 받은 A 씨에 대한 판결을 내렸는데, 최저임금 미만을 확인하려면 소정근로시간을 확인해 근로자의 임금과 비교해 최저임금 미달인지를 확인해보아야 한다. 재판부에서는 최종적으로 다음과 같이 근로시간을 산정하여 해당 포괄임금이 최저임금 미만인지 아닌지와 지급액을 판단하였다.

① 연장·야간·휴일근로 등에 따른 가산임금을 고려한 근로시간을 추산해 월평균 소정근로시간을 산정

② 소정근로시간에서 포괄임금제로 지급받은 임금액을 나누어 산출된 금액이 최저임금 이상인지 확인

③ 주휴수당 시간은 근로기준법에서 정한 소정근로시간에 해당하지 않기에 합산하지 않는다.

위 계산에 따라 재판부는 A 씨가 지급받은 임금이 최저임금에 미치지 못한다는 점을 인정해 병원 측에게 임금을 마저 지급하라고 원심에 사건을 환송하였다.

 **포괄임금제인 경우 임금명세서 작성과 기본급과 고정OT를 나누는 법**

포괄임금제는 야간, 연장, 휴일근로를 별도로 계산하지 않고 일정 시간과 금액을 고정 초과근로수당으로 지급하는 형태로 기본급 + 고정OT로 구성이 되지만 실제로 이를 구분해서 인식하지 않는다. 즉 이것저것 따지지 않고 한 달 얼마로 포괄해서 임금을 책정한다.

그러다 보니 급여를 책정할 때나 추가 초과근무수당이 발생해 계산해야 하는 경우 실무자들이 기본급과 고정OT 부분을 나누는 데 상당히 힘들어하고 있다. 또한 2021년 11월 19일부터 임금명세서 작성 시에는 기본급과 고정OT를 구분해서 따로 표기해야 하고, 고정OT 산출 근거도 같이 작성해줘야 하다 보니 더욱 힘들어진 것이 현실이다.

기본급과 고정OT로 나누는 방법

월급 400만원(기본급, 고정OT, 직책수당 : 20만원, 식비 20만원)이고 여기에는 월 고정 연장근로시간 12시간분의 임금이 포함되어 있다고 가정하면(일 8시간, 주 40시간 사업장)

- 소정근로시간 = 40시간
- 유급 근로시간 = (40시간 + 8시간) × 4.345주 = 209시간
- 고정OT 유급 근로시간 = 12시간 × 1.5배 = 18시간(포괄임금제에서 1.5배가 아닌 1배로 해야 한다는 해석도 있지만, 실무상으로는 1.5배를 일반적으로 한다.)
- 총 유급 근로시간 = 227시간
- 통상시급 = (400만원 - 통상임금 제외항목) ÷ 227시간 = 약 17,620원
- 고정OT = 17,620원 × 12시간 × 1.5배 = 317,160원
- 기본급 = 400만원 - 고정 OT(317,160원) - 직책수당(20만원) - 식비(20만원)
  = 3,282,840원

참고로 고정OT 먼저 배분을 한 후 기본급을 마지막에 배분한다. 고정OT의 경우 근로기준법상 가산임금을 지급해야 하므로 이를 먼저 맞춘 후, 마지막에 산출된 기본급은 최저임금보다 많으면 문제가 되지 않는다.

임금명세서의 고정 OT란에는 산출근거로 17,620원 × 12시간 × 1.5배 = 317,160원을 작성하면 되고 추가로 6시간의 연장근로가 발생하는 경우 추가 연장근로란에 17,620원 × 6시간 × 1.5배 = 158,580원을 기입하면 된다.

## 포괄임금제와 연봉에 퇴직금 포함은 다른 것

연봉에 퇴직금이 포함된다고 해서 이것이 포괄임금제를 뜻하는 것이 아니다. 포괄임금제는 근로시간에 따라 발생하는 수당을 포함시키는 개념이고 퇴직금은 근로계약 종료 시 지급의무가 발생하는 지급금으로 둘은 구분돼야 한다.

그리고 1년 동안 지급하기로 약속한 연봉액에 퇴직금을 포함시켜서 지급하는 행위(퇴직금을 12개월로 나누어 월급에 더해 주는 것), 이른바 연봉 나누기 13은 근로자퇴직급여보장법(퇴직급여법)에 따라 무효가 된다.

퇴직금은 퇴직 시 지급되는 지급금인데 연봉에 퇴직금을 포함시킨다면, 재직 중 퇴직금 중간정산으로 이해할 수 있는데, 근로자퇴직급여보장법에서는 퇴직금 중간정산이 가능한 사유를 엄격히 정해놓았기 때문에 단순히 연봉에 퇴직금을 포함하여 지급하는 것은 위법이다.

## 회사의 대응 방안

고용노동부 진정 · 고소 · 고발사건이 점차 많아지고 있는, 추세이므로 포괄임금제로 운영하고, 있는 회사에서는 관리를 철저히 해서 리스크를 줄여나가야 한다.

회사가 지향해야 하는 관리사항은 아래와 같다.

❶ 현재 포괄임금제로 운영하는 회사의 경우, 포괄임금제가 유효한지 무효인지 따져보아야 한다.

❷ 유효하다면 그대로 사용하되, 무효라면 임금체계를 변경해야 한다.

❸ 모든 회사는 직원의 출퇴근 시간을 관리해야 한다.

❹ 약정한 초과근로보다 더 많은 초과근로가 발생했을 경우 별도의 수당을 지급해야 한다.

❺ 임금체계나 초과근로 관리 등을 시행하는 근거가 되는 근로계약서, 취업규칙 등을 정비해야 한다.

❻ 상시적인 고용노동부의 근로감독에 대비해야 한다.

## 근로자가 조퇴해서 연장근로를 정해진만큼 안 한 경우

포괄임금제란 노사 당사자 간 약정으로 연장 · 야간 · 휴일근로 등을 미리 정한 후 매월 일정액의 제 수당을 기본임금에 포함해 지급하는 것을 말하는 것으로, 포괄임금제로 지급되는 고정급(각종 수당포함)이 당해 근로자의 실제 근로시간에 따른 법정 연장·야간·휴일근로수당보다 적을 때는 그 차액을 추가로 지급해야 하는 등 근로자에게 불이익이 없어야 하나(근로조건지도과 -3072, 2008.8.6.),

실제 근로에 따라 제 수당을 공제키로 특별히 정한 경우가 아니라면 연장·휴일근로시간에 대해 근로기준법 규정에 따라 계산된 임금 및 수당이 포괄임금제로 지급되는 고정급보다 적다고 해서 이를 공제하는 것은 타당하지 않다(근로개선정책과-7771, 2013.12.13.).

따라서, 연장·휴일근로수당을 포함한 포괄임금제를 실시하면서 실근로에 따라 연장근로수당 등을 지급한다는 규정이 별도로 없다면, 사용자가 포괄임금제 실시 약정에 반해 근로자가 특정일 1시간을 조퇴하여 연장근로를 미실시 하거나. 과소 실시했다는 이유로 고정급 연장근로수당 등을 삭감 또는 공제하여 지급할 수는 없다고 판단된다.

# 21 퇴직금의 계산과 지급

| 구 분 | 해 설 |
|---|---|
| 대상 | 주 소정근로시간이 15시간 이상 근무하고, 하나의 사업장에서 1년 이상 계속 근로하는 모든 근로자 |
| 계산 | • 퇴직금은 평균임금을 기준으로 산정한다.<br>• 평균임금이 통상임금보다 적은 경우는 통상임금을 평균임금으로 본다. 결국 통상임금과 평균임금 중 큰 금액이 평균임금이 된다.<br>• 퇴직금 = 1일 평균임금 × 30(일) × (재직일수/365) |

| 지급 | |
|---|---|

| ~2010.11.30. | ~2012.12.31. | 2013.1.1.~ |
|---|---|---|
| 5인 미만 사업장 | | 모든 사업장 적용 |
| 적용 제외(지급 ×) | 50% 지급 | 100% 지급 |

| | |
|---|---|
| 지급 | • 특별한 사정이 있어 당사자 간 합의에 따라 지급기일을 연장하지 않는 한 퇴사일로부터 14일 이내에 지급한다. |
| 퇴직금 중간정산 | 퇴직금 중간정산 제한 관련 규정은 고용형태와 관계없이 적용되기 때문에 근로관계가 실질적으로 종료되지 않았음에도 불구하고 기간제근로자에게 매년 또는 매 계약기간 종료 시에 퇴직금을 지급하는 경우 중간정산 제한 규정에 위반될 수 있다.<br>유효한 퇴직금 중간정산 사유는 다음과 같다.<br>1. 무주택자의 주택구입 |

| 구 분 | 해 설 |
|---|---|
| | 2. 무주택자의 전세금 또는 임차보증금 부담<br>3. 본인, 배우자, 부양가족의 6개월 이상의 요양<br>4. 신청일부터 역산하여 5년 이내의 파산선고, 회생절차개시결정<br>5. 임금피크제 실시<br>6. 근로자와의 합의로 소정근로시간이 1일 1시간 또는 1주 5시간 이상 변경되고, 이에 따라 3개월 이상 계속 근로<br>7. 천재지변 등으로 인해 피해를 입은 경우<br>8. 근로기준법 개정에 따른 근로시간 단축으로 근로자의 퇴직급여 수령액이 감소될 수 있는 경우 |
| 매월<br>지급하는<br>퇴직금 | • 원칙적으로 월급이나 연봉에 퇴직금을 포함해서 지급하는 것은 퇴직금 지급으로서의 효력이 없다. 따라서 근로자가 퇴직하는 경우, 법에 따라 퇴직금을 계산하여 별도로 퇴직금을 지급해야 한다. |
| 퇴직금<br>미지급<br>약정 | • 퇴직금 일부나 전부를 포기하기로 약정하는 것은 무효이다. 따라서 입사 전이나 재직 중에 근로계약서나 서약서 등으로 퇴직금을 지급하지 않겠다는 상호 간 각서를 쓴 경우에도 퇴직할 때 퇴직금을 지급해야 한다. |
| 계약직에서<br>정규직으로<br>전환 | • 당사자가 자율적인 의사에 의해 근로계약기간의 만료로 근로관계가 유효하게 종료되었다면, 계약직 근로기간은 퇴직금 산정을 위한 계속근로기간에 포함되지 않는다.<br>• 계약직 근로자로 계속 근로관계를 유지하고 있는 상태에서 무기계약직 근로자로 전환된 경우라면, 이는 기간제에서 무기계약직으로 고용형태만 변경된 것에 불과하므로 계약직 근로자로 근무한 기간도 퇴직금 산정을 위한 계속근로기간에 포함되어야 한다. |

# 퇴직금 계산사례

| 퇴직금 계산서 | | | | | |
|---|---|---|---|---|---|
| 입 사 일 | 2011년 01월 01일 | | | | |
| 퇴 사 일 | 2022년 10월 16일 | | | | |
| 근 속 기 간 | 11 년 | 9 월 | 14 일 | 근속일수 : 4,306 일 | |
| 급    여<br>지 급 기 간 | 2022년 7월 16일<br>2022년 7월 31일<br>16일 | 2022년 8월 1일<br>2022년 8월 31일<br>31일 | 2022년 9월 1일<br>2022년 9월 30일<br>30일 | 2022년 10월 1일<br>2022년 10월 15일<br>15일 | 계<br><br>92일 |
| 기 본 급 | 1,000,000 | 2,000,000 | 2,000,000 | 1,000,000 | 6,000,000 |
| 제 수 당 | 100,000 | 100,000 | 100,000 | 100,000 | 400,000 |
| 식 대 수 당 | 100,000 | 100,000 | 100,000 | 100,000 | 400,000 |
| 자 격 수 당 | | | | | |
| 직 책 수 당 | | | | | |
| 계 | 1,200,000 | 2,200,000 | 2,200,000 | 1,200,000 | 6,800,000 |
| 상       여 | 3월 | | | 2,000,000 | 2,000,000 |
| | 6월 | | | 2,000,000 | 2,000,000 |
| | 9월 | | | 2,000,000 | 2,000,000 |
| | 12월 | | | 2,000,000 | 2,000,000 |
| | 합계 | | | 2,000,000 | 8,000,000 |
| 1년간 받은 연차수당 | | | | 1,500,000 | 1,500,000 |
| 3개월 평균 연차수당 및 상여금 = (8,000,000원 + 1,500,000원) ÷ 12 × 3 | | | | | 2,375,000 |
| 평 균 임 금 액 | 3개월간 임금총액 | 임금계 + 3개월간 상여금(6,800,000원 + 2,375,000원) | | | 9,175,000 |
| | 일평균임금 | 3개월간 임금총액 ÷ 일수(9,175,000원 ÷ 92일) | | | 99,728.26 |
| 퇴 직 금 | 99,728.26 × 30 × 근속일수 ÷ 365 | | | | 35,295,610 |

# 5인 미만 사업장의 퇴직금 계산

2010년 12월 1일 이전에는 5인 미만(4인까지) 사업장에 대해서는 퇴직금의 지급의무가 없었다. 즉, 5인 이상 사업장에 대해서만 퇴직금의 지급의무가 있었다.

그러나 법률의 개정으로 현재는 모든 사업장이 퇴직금을 받을 수 있게 되었다. 따라서 2010년 12월 1일 이전부터 5인 미만 사업장에 근무한 근로자의 퇴직금 계산 방법은 그 후 입사한 근로자와 퇴직금 계산 방법이 약간 차이가 난다.

**[상시근로자 5인 미만 사업장의 근속기간별 퇴직급여 지급]**

| 계속근로기간 | 퇴직급여 지급 |
|---|---|
| 2010.12.1. 이전 | 퇴직금의 지급의무가 없다. |
| 2010.12.1.~2012.12.31. | 평균임금 × 30일 × 계속근로기간 ÷ 365 × 50% 이상 |
| 2013.1.1.~ | 평균임금 × 30일 × 계속근로기간 ÷ 365 |

예를 들어 상시 5명 미만인 사업장에서 2009년 7월 1일에 입사하여 2022년 6월 30일까지 근무 후 퇴직하는 경우

해설

1. 퇴직급여 산정을 위한 계속근로기간 : 2010년 12월 1일~2022년 6월 30일(11년 7개월)
2. 50% 적용기간 : 2010년 12월 1일 ~ 2012년 12월 31일(761일)
3. 100% 적용기간 : 2013년 1월 1일 ~ 2021년 6월 30일(3,467일)
4. 퇴직급여 산정 : (30일분의 평균임금 × 761 ÷ 365 × 1/2) + (30일분의 평균임금 × 3,467 ÷ 365)

# 22 퇴직금 계산시 포함되는 연차수당

## 1년 이상 연 단위 연차수당 퇴직금 반영

연차휴가미사용수당은 입사 이후 1년간의 연차휴가 산정기간에 대해 출근율이 충족되면 입사 후 1년이 되는 시점에서 발생한다. 이를 1년간 사용할 수 있고 미사용시 2년이 되는 시점에서 연차휴가미사용 수당 청구권이라는 것이 발생하여 연차수당으로 지급받을 수 있는 권리가 생긴다. 따라서 퇴직금 산정시 포함되는 연차수당은 정상적으로 입사일로부터 2년이 되어 발생한 연차수당이며, 사업장에서 미리 연차휴가 미사용을 가정하여 임의적으로 지급하는 연차수당이나, 1년이 되는 시점에서 지급하는 연차수당은 퇴직금 산정 시 포함되지 않는다.

즉, 퇴직 전전년도 출근율에 의하여 퇴직 전년도에 발생한 연차유급 휴가 중 사용하지 않고 근로한 일수에 대해 지급받은 연차수당액의 3/12을 평균임금 산정 기준임금에 포함한다.

따라서 1년 이상 2년 미만의 근속 근로자의 경우 연차수당청구권 자체가 퇴직 전에 발생하지 않으며 퇴직으로 이미 발생한 연차휴가를 사용하지 못하니 그냥 수당이라는 명목으로 퇴직시 이를 지급하는 것이다. 즉 퇴직금 산정시 평균임금에 산입해야 할 연차수당은 없다.

| 구 분 | 퇴직금 계산시 포함 여부 |
|---|---|
| 전년도 발생 연차휴가를 당해연도 사용도중 퇴사로 인해 지급하는 연차수당 | 퇴직금 계산에 미포함 |
| 전전연도 발생 연차휴가를 전연도에 미사용해 당해연도에 지급해야 하는 연차수당 중 당해연도 퇴직으로 인해 받아야하거나 받은 연차수당 | 3/12을 퇴직금 계산을 위한 평균임금에 가산 |

예를 들어 2020년 1월 1일에 입사한 근로자가 2022년 1월 2일에 퇴사한 경우 2020년도 출근율 등에 의하여 2021년도에 부여받은 연차휴가 총 26일 중 10일을 미사용하고, 이를 2022년 1월 2일 퇴사시 연차수당으로 받는 경우 3/12을 퇴직금 계산 시 포함한다.

반면 2021년 1월 1일 입사자가 2022년 1월 1일 발생한 15일의 연차휴가 중 10일을 사용하고 2022년 2월 10일 퇴사하는 경우 받게되는 5일분의 연차수당은 퇴직금 계산에 포함하지 않는다.

## 1년 미만 월 단위 연차수당 퇴직금 반영

개정법에 따라 1년 미만 근로자에게 부여하는 연차유급휴가의 경우 1년 이상 연 단위 연차유급휴가와 달리 월 단위로 발생하여 입사일로부터 1년 안에 모두 사용해야 하며, 사용자가 연차휴가사용촉진을 하는 경우 미사용 연차휴가에 대해 연차수당의 지급의무도 없다.

만일 연차휴가사용촉진을 하지 않아 미사용 연차휴가에 대해서 연차수당의 지급의무가 발생한 경우 개정법에 따라 연차유급휴가 미사용수당이 입사일로부터 1년이 되는 시점에 지급되는 점을 고려하여 1년 미만 월단위 연차의 퇴직금 반영은 1년 단위 연차휴가와 동일하게 정산분의 3/12을 적용할 지 또는 퇴직 전 3개월 내 지급된 연차유급휴가미사용수당을 포함할지는 고용노동부의 유권해석에 따라 달라질 예정이므로 추가 검토가 필요한 사항이다. 하지만 최근 고용노동부 상담 사례상으로는 3/12을 퇴직금 계산시 포함하는 것으로 상담하고 있다.

예를 들어 2021년 11월 2일 입사자의 경우 1년 미만 연차휴가에 대해서도 입사일로부터 1년간 사용(2022년 11월 1일)하지 않아 퇴직함으로 인해 지급받는 1년 미만 미사용 연차휴가에 대해서도 3/12을 퇴직금 계산시 포함해야 한다.

# 23 주52시간 시행에 따른 퇴직금

## 주 52시간 전환에 따른 퇴직금 중간정산

퇴직금 중간정산의 요건으로 근로시간 단축으로 인한 퇴직 급여액 감소의 경우가 있다.

주의할 점은 근로시간 단축일 이전 1개월이 되는 시점부터 3개월이 경과되기 전까지만 해당 사유로 중간정산이 가능하므로 반드시 해당 기간 내 신청을 받아야 한다. 또한 중간정산이 가능한 근로자는 실제 근로시간이 단축되어 퇴직금이 감소되는 근로자로 한정되기 때문에, 근로시간이 단축됐으나 사용자의 임금보전 등으로 퇴직금이 감소되지 않은 근로자는 퇴직금 중간정산 대상이 아니라는 점도 유념해야 한다.

근로시간 단축 입법 시행에 따른 퇴직급여 감소로 인한 중간 정산은 퇴직금 제도에서만 허용되며, DB제도 및 DC제도에서는 허용되지 않는다.

퇴직금 중간정산 신청 시 근로자에게 어떤 서류를 받아야 하나?

사용자가 보유한 자료만으로 퇴직급여 수령액이 감소될 수 있는지 여부를 판단할 수 있으므로 중간정산 신청서 이외에 근로자에게 별도의 서류를 받을 필요는 없다. 중간정산신청서는 별도의 법정 서식은 없고 노사가 자유롭게 정해 사용이 가능하다.

그리고 근로자가 중간정산을 요구한다고 해서 사용자가 반드시 응해야 할 의무가 있는 것은 아니다. 다만, 중간정산을 거부하는 때도 근로자에게 퇴직급여가 감소할 수 있음을 미리 알리고 DC 제도로의 전환, 퇴직급여 산정기준의 개선 등 퇴직급여 감소 예방조치 의무는 이행해야 한다.

하지만 중소기업의 근로자는 중간정산을 거부할 경우 퇴사를 불사함으로 인해 인력난이 심각한 중소기업의 경우 재정적 어려움이 가중될 것으로 보인다.

| 확정기여형 퇴직연금제도(DC) 사업장 | 확정급여형 퇴직연금제도(DB) 사업장 |
|---|---|
| DC제도가 설정된 사업(장)의 경우 사용자가 매년 1회 이상 정기적으로 임금총액의 1/12 이상에 해당하는 부담금을 근로자의 계정에 납입하므로, 평균임금이 감소하더라도 근로자의 퇴직급여에 불이익이 없어 예방조치 의무의 대상이 되지 않는다. 따라서 52시간제 시행에 따라 별도 조치할 사항은 없다. | DB제도 도입 사업장에서 주52시간제 도입으로 근로자 임금이 감소하는 경우, ① 회사는 근로자에게 퇴직급여가 감소할 수 있음을 미리 알려야 한다. 이때, 이를 미리 알리는 방법은 퇴직급여가 감소할 수 있는 근로자 개인에게 우편, 전자메일, 서면 등의 방법으로 개별 통지하는 것이다. 근로자대표를 통한 통지나 사내 게시판 등을 통한 공지만으로는 사용자의 책무를 다했다고 보기 어렵다. |

| 확정기여형 퇴직연금제도(DC) 사업장 | 확정급여형 퇴직연금제도(DB) 사업장 |
| --- | --- |
| | ② 회사는 근로자대표와 협의를 통해 DC제도로의 전환, 퇴직급여 산정기준 개선 등 근로자의 퇴직급여 감소를 예방하기 위해서 필요한 조치를 해야 한다. |

# 주 52시간 전환에 따른 퇴직금 문제 해결 방법

1. 퇴직금 중간정산 이후에 퇴직금 제도 또는 확정급여형 퇴직연금제도(DB)를 확정기여형 퇴직연금제도(DC)로 전환할 수 있다.

DB 제도 가입자는 주 52시간 근무가 적용돼 퇴직할 때 평균임금이 낮아지면 DC 제도로 전환하는 것이 유리하다. 회사도 근로시간 단축이 시행됨에 따라 직원들에게 평균임금 하락으로 인한 퇴직급여가 줄어들 수 있음을 미리 알리고, DC 제도로 전환하는 등의 필요 조치를 해야 한다.

아직 퇴직연금제도에 가입하지 않은 기존의 퇴직금제도 근로자라면, 근로시간 단축으로 평균임금이 낮아져 퇴직금이 줄어드는 경우 중간정산이 가능하다. 하지만 중간정산을 하게 되면 은퇴 후 활용해야 할 퇴직금을 미리 다 써버릴 수 있어 IRP(개인형 퇴직연금) 등을 활용한 노후자금 관리가 필요하다.

이때 DC 전환은 기존 제도에 가입된 기간을 소급해서 전환해야 근로자에게 임금감소에 따른 불이익이 발생하지 않으므로, 반드시 가입기간을 소급하는 방식으로 전환해야 한다. 또한 소급분에 대한 부담금 산정은 소급하기로 한 날 이전 ① 1년간 연간 임금 총액의 1/12 과 ② 평균임금의 30일분 중 큰 금액에 과거 근로기간을 곱하여 산 정하여야 한다(퇴직연금복지과-3625, 2015.10.20, 퇴직연금복지과 -4668, 2015.12.23).

전체 근로기간을 소급하는 것이 재정 부담 때문에 어려울 경우, 과거 근로기간 전체를 일시에 가입기간에 포함시키지 않고 이를 일정 단 위로 나누어 순차적으로 가입기간에 포함시키는 방법도 활용해 볼 수 있다(퇴직급여보장팀-718, 2006.3.6.).

 **퇴직금제도 또는 DB 제도만을 설정한 사업(장)에서 DC 제도를 추가로 설정하고자 할 경우 절차**

퇴직금제도 또는 DB 제도만을 설정한 사업(장)에서 DC 제도를 추가로 설정하려는 것은 새로운 퇴직급여제도를 설정하려는 경우에 해당하므로 근로자 대표의 동의를 받아야 한다. 다만, 추가로 도입되는 DC 제도에 가입할 근로자의 범위가 구체적으로 한정되어 있다면, 해당 근로자의 과반수가 가입한 노동조합이 있는 경우 그 노동조합의 과반수 동의를 받아 DC 제도의 추가 설정이 가능하다. DC제도에 가입할 근로자의 과반수가 가입한 노동조합이 없는 경우에는 해당 근로자의 과반수 동의를 받아 DC 제도의 추가 설정이 가능하다.

2. 근로시간 단축 시점을 전후로 퇴직금 산정 기준일을 단축 시점과 실제 퇴사일로 나누어 구별하도록 규약을 변경할 수 있다. 노사 간의 협상을 통해 7월 1일 이전을 기준으로 1단계 퇴직금 산정을 했다면, 이후부터 퇴직 시점까지 2단계 퇴직금 산정을 별도로 진행하되, 퇴직 금 전체는 퇴직 시점에 지급하는 방안도 있다. 즉 시행 전과 시행 후

를 나누어 퇴직금을 산정하는 방법을 택할 수 있다.

대부분 사업장에서 아래와 같이 임금감소 전과 후의 계속근로기간을 나누어 평균임금을 각각 산정하는 방법으로 퇴직급여 산정기준을 개선하고 있다.

 **확정급여형 퇴직연금 규약 예시**

① 이 제도에 따른 급여수준은 가입자의 퇴직일을 기준으로 산정한 일시금이 계속근로 기간 1년에 대하여 30일분의 평균임금에 상당하는 금액이 되도록 한다.

② 제1항에도 불구하고 법률 제15513호 근로기준법 일부개정법률 시행에 따른 근로시간 단축으로 인하여 퇴직일을 기준으로 산정한 평균임금 수준이 근로시간 단축시점에서 산정한 평균임금 수준보다 낮아지는 경우, 다음 각호의 방법으로 산정한 금액을 합산한 금액을 이 제도의 급여수준으로 한다.

1. 근로시간 단축 전 계속근로기간 : 근로시간 단축일(ㅇ년 ㅇ월 ㅇ일)을 퇴직급여의 산정 사유가 발생한 날로 보고 단축 전 계속근로기간 1년에 대하여 30일분의 평균임금에 상당하는 금액

2. 근로시간 단축 후 계속근로기간 : 퇴직일을 퇴직급여의 산정사유가 발생한 날로 보고 단축 후 계속근로기간 1년에 대하여 30일분의 평균임금에 상당하는 금액

# 24 퇴직 전 퇴직금 지급과 관련해 알아두면 도움 되는 사항

## 퇴직금을 퇴사 전에 지급할 수 있나?

대법원 판례에 따르면 퇴직금 채권은 퇴사를 요건으로 발생하는 채권으로서, 퇴사 전에 아직 발생하지도 않은 채권을 미리 정산해 주는 것은 근로자퇴직급여보장법의 입법 취지에 맞지 않는다고 보면서, 퇴사 전에 지급한 퇴직금은 근퇴법에 따른 중간정산 사유에 해당하지 않는 한 원천적으로 무효라고 판시하고 있다.

### ☆ 퇴직금 중간정산 사유

① 무주택자인 근로자가 본인 명의로 주택을 구입하는 경우

② 무주택자인 근로자가 주거를 목적으로 「민법」 제303조에 따른 전세금 또는 「주택임대차보호법」 제3조의 2에 따른 보증금을 부담하는 경우. 이 경우 근로자가 하나의 사업에 근로하는 동안 1회로 한정한다.

③ 근로자가 6개월 이상 요양을 필요로 하는 다음의 어느 하나에 해당하는 사람의 질병이나 부상에 대한 의료비를 해당 근로자가 본인 연간 임금총액의 1천분의 125를 초과하여 부담하는 경우

가. 근로자 본인

나. 근로자의 배우자

다. 근로자 또는 그 배우자의 부양가족

④ 퇴직금 중간정산을 신청하는 날부터 거꾸로 계산하여 5년 이내에 근로자가 「채무자 회생 및 파산에 관한 법률」에 따라 파산선고를 받은 경우

⑤ 퇴직금 중간정산을 신청하는 날부터 거꾸로 계산하여 5년 이내에 근로자가 「채무자 회생 및 파산에 관한 법률」에 따라 개인회생 절차 개시 결정을 받은 경우

⑥ 사용자가 기존의 정년을 연장하거나 보장하는 조건으로 단체협약 및 취업규칙 등을 통하여 일정 나이, 근속 시점 또는 임금액을 기준으로 임금을 줄이는 제도를 시행하는 경우

⑦ 사용자가 근로자와의 합의에 따라 소정근로시간을 1일 1시간 또는 1주 5시간 이상 변경하여 그 변경된 소정근로시간에 따라 근로자가 3개월 이상 계속 근로하기로 한 경우

⑧ 주52시간 근무제 시행에 따른 근로시간의 단축으로 근로자의 퇴직금이 감소되는 경우

⑨ 재난으로 피해를 입은 경우로서 고용노동부 장관이 정하여 고시하는 사유에 해당하는 경우

위의 퇴직금 중간정산 사유에 해당하지 않는 한, 퇴사 전에 지급하는 퇴직금은 전부 무효이며, 퇴사 시 다시 퇴직금을 계산해 지급해야 한다.

그리고 무효가 된 기지급 퇴직금은 민사상 부당이득에 해당하며, 이를 반환받기 위해서는 법원에 '부당이득반환청구소송'을 제기해야 한다.


## 퇴직금을 월로 나눠서 지급하는 경우

퇴직금은 퇴사 시점에 발생하는 채권이기 때문에 퇴사 전에 지급한 퇴직금은 무효이고, 퇴사 시점에 근로자가 문제를 제기할 경우, 퇴사 시점의 임금으로 다시 평균임금을 산정해 퇴직금을 다시 지급해야

한다. 기지급한 퇴직금은 민사상 부당이득반환청구소송으로 받을 수밖에 없다.

그리고 월 급여에 퇴직금을 월할해 분할 지급하는 근로계약이 있다. 하지만 이 또한 결국 퇴직금 명목을 월 단위로 분할해 월 급여에 산입해 퇴사 전에 사전 지급한 것이기 때문에 당연무효로 판례 및 노동부에서는 보고 있다.

## 가불한 금원을 퇴직금과 상계 처리

매달 또는 분기별로 혹은 불특정한 날에 일정 금원을 가불신청서 작성을 통해 지급받고, 이에 대해 특정 날짜까지 변제하지 못할 경우 퇴직금에서 상계처리 한다는 각서 등의 합의서를 작성해 두었다면, 미리 지급한 가불금을 퇴직금과 상계처리하는 것은 가능하다.

# 25 계열사 전적 시 퇴직금과 연차휴가

전적은 근로자를 계열사 간(A 회사 → B 회사, 모회사 → 자회사) 인사이동을 실시할 경우를 말하며, 이 경우 퇴직금(퇴직연금) 및 연차유급휴가 산정을 위한 계속근로연수 문제가 발생한다.

즉, 전적은 근로자를 그가 고용된 기업으로부터 다른 기업으로 적을 옮겨 다른 기업의 업무에 종사하게 하는 것으로 종래에 종사하던 기업과 사이의 근로계약을 합의 해지하고 이적하게 될 기업과 사이에 새로운 근로계약을 체결하는 것이다.

## 전적의 합법적인 요건

전적은 근로계약상의 사용자의 지위를 양도하는 것이므로, 동일 기업 내의 인사이동인 전근이나 전보와 달라 특별한 사정이 없으면, 근로자의 동의를 얻어야 효력이 생기고, 직원의 동의 없는 일방적인 전적은 무효이다.

근로자의 동의를 전적의 요건으로 하는 이유는 근로관계에 있어서 업무지휘권의 주체가 변경되므로 인하여 근로자가 받을 불이익을 방지하려는 데에 있다.

사용자가 기업그룹 내의 전적에 관하여 근로자의 포괄적인 사전동의를 받는 경우는 전적할 기업을 특정하고(복수기업 이라도 좋다) 그 기업에서 종사하여야 할 업무에 관한 사항 등의 기본적인 근로조건을 명시하여 근로자의 동의를 얻어야 한다.

다만, 사용자가 기업그룹 내부의 전적에 관하여 근로자가 입사할 때 또는 근무하는 동안 미리 근로자의 포괄적인 동의(전적 동의서)를 받아두면 그때마다 근로자의 동의를 얻지 아니하더라도 근로자를 다른 계열기업으로 유효하게 전적시킬 수 있다.

사용자가 근로자의 동의를 얻지 않고 기업그룹 내의 다른 계열회사로 근로자를 전적시키는 관행이 있어서 그 관행이 근로계약의 내용을 이루고 있다고 인정하기 위해서는 그와 같은 관행이 기업사회에서 일반적으로 근로관계를 규율하는 규범적인 사실로서 명확히 승인되거나, 기업의 구성원이 일반적으로 아무런 이의도 제기하지 아니한 채 당연한 것으로 받아들여 기업 내에서 사실상의 제도로서 확립되어 있지 않으면 안 된다.

## 전적의 효력과 퇴직금 · 연차산정

### ⇨ 근로자로부터 동의를 얻어 전적을 실시한 경우

퇴직금 및 연차유급휴가 산정 등을 위한 기산일이 전적된 회사에서부터 새롭게 시작하는 것이 원칙이다.

전적은 종전에 종사하던 기업과 근로계약을 해지하고 새로운 기업과 근로계약을 체결하는 것으로서, 종전 기업과 새로운 기업에서의 계속

근로기간에 대해 전적 전후의 사용자가 각각 지급하는 것이 원칙이다. 다만, 전적 시 기업 간 약정과 근로자와의 합의를 통해 새로운 기업에서 종전 근로기간을 포함하여 계속근로기간을 산정하여 퇴직금을 지급할 수 있으며, 이 경우 퇴직급여충당금(적립금) 처리에 관하여 약정에 명시해야 한다.

A 회사에서 계속근로기간 1년 미만인 근로자가 B 회사로 전적한 경우, 원칙적으로 전적 전후 각각의 계속근로기간이 1년 이상인 경우 각 사용자가 퇴직급여 지급의무가 있으나, 전적 시 기업간 약정과 근로자와의 합의를 통해 새로운 기업에서 종전 근로기간을 포함하여 계속근로기간을 산정하여 퇴직금을 지급하기로 한 경우에는 A, B회사의 전체 계속근로기간이 1년 이상인 경우 B 회사에서 퇴직급여를 지급하여야 한다(퇴직연금복지과-2285, 2016.6.30.).

## ⇨ 회사에서 일방적으로 실시한 전적의 경우

퇴직금 및 연차유급휴가 산정 등을 위한 기산일 산정 시 최초 전적 전 회사의 입사일자를 기준으로 산정해야 한다.

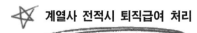 계열사 전적시 퇴직급여 처리

(회시 번호 : 퇴직연금복지과-411, 회시 일자 : 2020-01-29)
[질 의]
A사(DC형 퇴직연금제도)에서 B사(퇴직금제도)로 전적하는 근로자 甲의 퇴직급여 업무처리 방법
[회 시]

「근로자퇴직급여 보장법」 제4조에 따라 사용자는 퇴직하는 근로자에게 급여를 지급하기 위하여 퇴직급여제도 중 하나 이상의 제도를 설정하여야 합니다.

귀하의 질의내용 상 자세한 사실관계를 알 수 없어 명확한 답변은 어려우나, DC형 퇴직연금제도가 설정된 A사에서 퇴직금제도가 설정된 B사로 전적하는 경우, 甲의 퇴직급여업무처리 방법에 대한 것으로 사료됩니다.

전적은 종전에 종사하던 기업과 근로계약을 해지하고 새로운 기업과 근로계약을 체결하는 것으로, 종전 기업과 새로운 기업에서의 계속근로기간에 대한 퇴직급여는 전적 전후 사업장의 사용자가 각각 지급하는 것이 원칙입니다.

또한, 퇴직연금제도는 퇴직급여 지급을 위한 재원을 사외 퇴직연금사업자를 통해 보관·운용하여 근로자의 퇴직급여 수급권을 보장하는 제도로, 퇴직급여 지급을 위한 재원을 사내유보하는 퇴직금제도를 적용하는 사업장으로의 근로관계 이동 시 퇴직연금 적립금을 퇴직금 재원으로 사내 적립하여 통산하지 않도록 하고 있습니다.

따라서, A사는 전적 전 계속근로기간에 대하여 퇴직급여를 지급하고 B사는 전적 후 계속근로기간에 대하여 각각 퇴직급여를 지급하면 될 것으로 사료됩니다.

# 26 근무시간 변경시 퇴직금과 연차수당

## 근무시간이 줄어드는 경우

근로자의 소정근로시간이 단축된 상태로 퇴직시 단축된 근로시간에 비례하여 임금도 감소하므로 퇴직일을 기준으로 퇴직금을 산정하게 되면 통상적인 생활 수준을 반영하려는 평균임금의 취지에 어긋나게 된다.

이에 현행 근로자퇴직급여보장법은 소정근로시간의 감소로 근로자의 퇴직금액에 영향을 미치는 경우 사용자가 근로자에게 퇴직금이 감소됨을 통보하고 확정기여형 퇴직연금 제도를 도입, 별도 산정기준 마련 등 필요한 방법을 협의하도록 규정하고 있다. 따라서 퇴직일 직전 소정근로시간 단축으로 퇴직금이 감소하는 경우 사용자는 근로자에게 이를 알리고, 계속근로기간 중 전일제 근로기간에 대해 불이익이 발생하지 않도록 근로시간 변경 전후의 퇴직금을 각각 산정하여 합산하는 등 별도의 산정기준을 마련하되 통상의 생활수준을 반영할 수 있는 합리적 방안을 마련해야 한다.

아울러, 사용자가 근로자와의 합의에 따라 소정근로시간을 1일 1시간 또는 1주 5시간 이상 변경하여 그 변경된 소정근로시간에 따라 근로자가 3개월 이상 계속 근로하기로 한 경우에는 퇴직금 중간정산을 실시할 수 있다(퇴직연금복지과-1621, 2016.5.4.).

## 15시간 미만과 이상을 반복하는 경우

근로자퇴직급여보장법에 따라 사용자는 4주간을 평균하여 1주간의 소정근로시간이 15시간 이상이고 1년 이상 계속하여 근로한 경우 계속근로기간 1년에 대하여 30일분 이상의 평균임금으로 산정된 퇴직금을 지급해야 한다. 이때 소정근로시간이란 법정근로시간의 범위에서 근로자와 사용자 사이에 정한 근로시간을 말하므로, 실제 근로시간이 이에 미달 되거나 연장근로가 발생한다고 하더라도 실제 근로시간이 아닌 소정근로시간을 기준으로 판단해야 한다.

1주간 소정근로시간이 15시간 이상과 미만을 반복하는 근로자의 경우에는 퇴직일을 기준으로 이전 4주 단위씩 역산하여 1주 소정근로시간을 구하면 될 것이다(근로기준정책팀-4361, 2015.9.10.).

따라서 약정된 소정근로시간이 1주 15시간 이상인 경우라면 근로계약기간 중 공휴일이나 휴가사용 등으로 실제 근로시간이 1주 15시간 미만이라도 계속근로기간에 포함하여 1년 이상 근무한 경우 퇴직금 지급대상에 해당될 것이나, 1주 소정근로시간이 15시간 이상이거나 15시간 미만으로 반복된 경우라면 퇴직일을 기준으로 최초 근로계약시까지 4주 단위씩 역산하여 1주 소정근로시간이 15시간 미만인 기간은 제외하고 1주 소정근로시간이 15시간 이상인 기간이 1년을 초과하는 경우 해당 기간에 대해서 퇴직금을 지급해야 한다.

# 27 계약직에서 정규직으로 변경 시 퇴직금, 4대 보험, 연차휴가

## 퇴직금

### ▷ 계약직에서 정규직으로 전환 시 퇴직금

단순히 고용형태만 변경된 상황이고 하는 업무와 부서 등이 그대로 인 경우라면 이를 근로계약의 단절이라 보기는 어렵다(근로의 연속). 다만 일반적으로 기간제근로자에서 무기계약직이나 정규직으로 전환 되는 경우 새로운 채용 절차와 업무 책임성 등으로 인해 직군 자체 가 달라지고 그에 따라 근로조건의 변화가 발생해야 이전 기간제와 이후 무기계약직 근로기간을 달리 본다(계속 근로로 보지 않음).

이전 기간제 근로계약을 종료하고 새롭게 신규 채용 절차나 임용 절 차를 거쳐 무기계약직이나 정규직으로 전환되며 임금 테이블이나 복 리후생 등 근로조건에서 큰 변화가 일어나므로 계속근로가 아닌 경 우가 많다. 다만, 직군 및 임금 테이블 각종 복리후생적 금품 등이 동일한 상황에서 고용형태만 기간의 정함이 없는 정규직 근로자로 변경된 경우라면 이전 기간제 근로계약 기간과 연속하여 계속 근로 로 봐야 할 것이다.

결과적으로 당사자가 자율적 의사에 의해 근로계약 기간의 만료로 근로관계가 유효하게 종료되었다면, 계약직 근로기간은 퇴직금 산정을 위한 계속근로기간에 포함되지 않는다.

그러나 계약직 근로자로 계속 근로관계를 유지하고 있는 상태에서 무기계약직 근로자로 전환된 경우라면, 이는 기간제에서 무기계약직으로 고용형태만 변경된 것에 불과하므로 계약직 근로자로 근무한 기간도 퇴직금 산정을 위한 계속근로기간에 포함되어야 한다(임금복지과-591, 2009.6.15. 행정해석 참조).

## ⇨ 정규직 근로자를 촉탁직으로 전환 시 퇴직금

① 최초입사~정년퇴직 : 촉탁직 최초 전환 시 퇴직금 정산
② 촉탁직 입사~촉탁직 퇴사 : 퇴직금 정산

촉탁직 계약 시 일반적으로 정규직일 때보다 임금이 내려가는 것이 일반적이므로 평균임금을 기준으로 삼는 퇴직금의 경우 촉탁직 최초 전환 시 퇴직금 정산을 하는 것이 더 높은 임금에서 퇴직금을 지급받을 수 있으므로 근로자에게 유리하다. 반면 누진율에 따라 퇴직금을 계산하는 사업장의 경우에는 근로자가 불리할 수도 있다.

# 4대 보험

## ⇨ 계약직을 정규직으로 전환 시 4대 보험

계약직 여부에 대한 표시는 고용보험 취득 시에만 표시하게 되어 있는데 근로복지공단 사이트에서 근로자 내용변경신고를 통해 계약직

체크된 부분을 정규직으로 변경하는 것이 가능할 것이다. 다만, 정규직으로 전환되었으면 별도의 신고를 하지 않아도 상관없다. 정규직으로 전환 되었다면 실업급여를 받을 필요가 없고 따라서 실업급여 수급사유 중 계약만료라는 사유로 퇴사할 필요가 없을 것이므로 굳이 변경신고를 할 필요는 없다.

또한, 임금 변동이 있는 경우 4대 보험의 보수월액 변경신고를 해주는 것이 좋으며, 국민연금의 경우는 임금이 20% 이상 변동이 있을 때 근로자의 동의를 얻어야만 변경할 수 있다. 즉, 임금의 변동이 있는 경우 건강보험 고용보험 보수액 변경신청을 하는 것이 좋다.

## ⇨ 정규직을 계약직으로 변경 시 4대 보험

회사의 정규직 근로자를 계약직 근로자로 전환할 경우 보수월액 변경은 필수다. 이때 보수월액변경신고를 즉시 수행하여 연말정산을 수월하게 해야 한다.

정규직 근로자를 촉탁직으로 전환 시(고용보험-고용연장형 임금피크제 포함) 즉, 취업규칙에서 정한 정년을 채우고 촉탁직(계약직) 근로자로 고용을 연장하는 경우 해당 근로자는 동일한 장소, 동일한 사업장에서 계속 근로를 하는 경우가 많다. 이에 급여실무자가 촉탁계약이 종료되는 시점에 고용보험 상실신고하는 경우가 종종 발생한다. 이때 상실사유는 계약기간만료인데 전산상 확인되는 근속기간은 20년 이상인 경우가 많아서 고용센터와 오해를 불러일으킬 수 있다. 따라서 정년에 도달한 날에 상실신고를 하고 바로 촉탁직으로 취득신고를 하되 계약직에 체크해야 함에 주의해야 한다.

# 연차휴가

## ▷ 계약직에서 정규직으로 전환 시 연차휴가

계약직에서 정규직 전환시 앞서 퇴직금에서 설명한 별도의 전환 절차를 거치지 않았다면 별도의 계약으로 보기 어렵고, 계속근로기간이 이어진다고 봐 1년 미만에 대해서 100% 개근시 11일의 연차휴가와 1년 이상에 대해서 80% 이상 개근 시 15일의 연차휴가가 발생한다. 반면, 계약직에서 정규직으로 전환 시 근로계약의 단절 절차를 밟은 경우는 계약직으로 근로를 제공한 시점과 정규직으로 전환된 시점의 근속근로기간을 별도로 보므로 별도로 연차휴가를 산정해야 한다.

## ▷ 정규직 근로자를 촉탁직으로 전환 시 연차휴가

촉탁직은 정년퇴직 시점에 근로관계가 단절되므로 촉탁직 채용 전의 근속기간을 다 합쳐서 연차휴가를 산정하지 않고, 촉탁직 계약시점이 신입사원과 같이 재입사한 것으로 보아 촉탁직 최초 전환 시 신입사원과 같이 연차휴가를 계산한다. 다만, 촉탁직 전환 이후에는 가산되는 것이 원칙이다.

① 월 단위 연차휴가(1달 개근 후 다음 날 근로가 예정되어 있는 경우 1일) 총 11일
② 1년이 되는 시점에 촉탁직 연장 계약 시 연 단위 연차휴가 15일
③ 촉탁직 계약 1년이 되는 시점에 촉탁직 연장 계약 시 총 26일의 연차발생
④ 2년 15개, 3~4년 16개, 5~6년 17개 등 기존 신입사원 연차계산과 동일하다.

# 28 계약직 근로자 30일 전 해고예고

계약기간을 정하여 근로계약을 체결하는 기간제 근로자의 경우 계약기간이 만료되면 계약이 종료되므로 별도의 해고예고 없이 근로계약이 종료되는 것이 원칙이다. 다만 다음의 경우에는 기간제 근로자임에도 불구하고 30일전 해고예고를 해야한다(근로개선정책과-3232, 2013.05.31.).

## 계약기간 만료 전, 중도 계약 해지

기간을 정한 기간 내에 계약해지(해고)를 시키고자 하는 경우는 근로기준법에 따라 30일 전에 해고예고를 해야 한다. 즉, 기간제 근로자가 근태 불량 등으로 계약기간 중에 계약 해지를 하고자 할 사유가 발생한 때에는 정당한 계약 해지 사유가 있어야 함은 별론으로 하고 30일 전 해고예고를 해야 한다.

### 계약기간이 2년이 경과한 기간제 근로자에 대한 계약 해지

계약기간이 2년을 경과해 사용한 기간제 근로자의 경우 기간제 근로자 보호 등에 관한 법률 제5조(기간의 정함이 없는 근로자로의 전환)

에 의거 30일 전 해고예고를 해야 한다. 즉, 기간제 근로자로 2년 이상 근무한 경우는 기간을 정하지 않은 무기 계약근로자로 전환되어 사용자는 정당한 사유 없이 기간제 근로자를 해고할 수 없음은 별론으로 하고 30일 전 해고예고를 해야 한다.

## 정년 이후 촉탁계약직으로 수차례에 걸쳐 계약갱신하여 근무하다가 중도에 계약기간 만료로 인한 계약 해지

① 원칙 : 계약기간이 종료되면 30일전 해고예고 필요 없이 계약 해지가 가능하다.

기간제근로자 보호 등에 관한 법률 제4조(기간제근로자의 사용) ①항 단서 조항에 의거 만 55세 이상의 고령자의 경우 2년을 초과하여 사용할 수 있다. 즉, 만 55세 이상자의 경우는 매년 수 차례 계약이 반복 갱신된다고 하더라도 1년을 계약기간으로 둔 기간이 만료되어 별도의 계약연장 또는 계약갱신이 없으면 계약이 종료된다.

관련 법원(서울행정법원 2001구1080, 2002.05.14. 선고)은 "정년퇴직 후 1년 촉탁계약을 수회 갱신을 반복했다 하더라도 기간의 정함이 없는 근로계약이라고 할 수 없고, 별도의 재계약을 하지 않는 한 촉탁기간 만료일로 근로계약기간은 당연히 종료된다." 고 판시하고 있다.

따라서 만 55세 이상자와의 촉탁계약을 체결하여 수 차례 반복 계약을 체결하였더라도 계약기간 만료로 계약이 해지되는 경우는 별도의 30일 전 해고예고 의무가 없다.

② 예외 : 촉탁계약이 형식에 불과할 경우 사용자가 정당한 사유 없

이 계약기간 만료로 계약갱신을 거절하는 경우는 해고에 해당되어 30일 전 해고예고를 해야 한다.

관련 법원(대법원 2011.4.14. 선고 2007두1729 판결)은 "기간을 정한 근로계약서를 작성한 경우에도 예컨대 단기의 근로계약이 장기간에 걸쳐 반복하여 갱신됨으로써 그 정한 기간이 단지 형식에 불과하게 된 경우 등 계약서의 내용과 근로계약이 이루어지게 된 동기 및 경위, 기간을 정한 목적과 당사자의 진정한 의사, 동종의 근로계약 체결방식에 관한 관행 그리고 근로자 보호 법규 등을 종합적으로 고려하여 그 기간의 정함이 단지 형식에 불과하다는 사정이 인정되는 경우는 계약서의 문언에도 불구하고 그 경우에 사용자가 정당한 사유 없이 재계약의 체결을 거절하는 것은 해고와 마찬가지로 무효로된다.

그러나 근로계약 기간의 정함이 위와 같이 단지 형식에 불과하다고 볼 만한 특별한 사정이 없다면 근로계약 당사자 사이의 근로관계는 그 기간이 만료함에 따라 사용자의 해고 등 별도의 조처를 기다릴 것 없이 당연히 종료된다."

## 1년 계약직의 연차휴가

1년 계약직 직원이 1년간의 근무를 마치고 퇴사한 경우 연차휴가는 11일이 발생한다. 15일의 연차휴가는 1년간의 근로를 마친 다음 날 발생하며, 그다음 날에 근로하지 않는 경우는 발생하지 않는다.

2년 차 근로자에게 발생하는 15일의 연차휴가는 만 1년 근로일이 아닌 그다음 날 발생한다. 즉, 연차유급휴가를 사용할 권리는 전년도 1년간의 근로를 마친 다음 날 발생하므로, 15일의 연차휴가는 1년간의 근로를 마친 다음 날 발생하며, 그다음 날에 근로하지 않는 경우는 부여하지 않는다.

결론은 365일 근무한 경우 11일, 366일 근무의 경우 26일이 발생한다.

# 29 퇴직금 중간정산 목적으로 퇴직 후 재입사 시 체크 사항

## 퇴직금과 연차수당

퇴직금 중간정산을 위해 퇴직 후 재입사를 하면, 이전에 근속연수는 초기화된다고 봐야 한다.

근속연수가 문제되는 것은 퇴직금과 연차휴가의 문제이다. 합법적인 퇴직금 중간정산의 경우는 중간정산 이후 1년 미만의 근속연수에 대해서도 퇴직금의 지급의무가 있으나 퇴사 후 재입사의 경우 근속연수는 초기화되어 1년 미만 근무 후 퇴직시 퇴직금을 지급하지 않아도 된다.

반면 연차휴가의 경우도 초기화되어 1개월 개근시 1일의 월단위 연차(총11일)와 1년간 80% 이상 근무를 하게 되면 15개의 연차가 발생을 하게 된다.

사업주 처지에서는 1년이 되는 시점에, 많게는 11일의 연차를 더 지급해야 하는 문제가 발생할 수 있는, 반면 장기근속자의 경우 최초 3년 이후 매2년마다 1개의 연차가 가산되는데, 오래 근무할수록 연차의 개수가 늘어나 최대 25개까지 늘어나게 됩니다. 그러나 이런 이익이 사라질 수 있다.

그리고 미사용 연차에 대해 사업주는 퇴사 시점에 정산해 줘야하는 추가비용이 발생할 수 있다.

퇴직금 중간정산을 목적으로 2022.12.31.까지 퇴직금을 지급하면서 2023.1.1.로 전 근로자에 대하여 재입사에 따른 근로계약을 체결하였다 하더라도,

계속근로기간이란 '근로계약을 체결하여 해지될 때까지의 기간'을 의미하므로 재입사 이전 근무내용 및 형태 등이 동일하면서 단지 퇴직금 중간정산을 위해서 형식적인 절차에 불과하다면 이는 계속 근로로 보아 근로자의 전체 근무기간이 1년 이상의 경우 비록 재입사 이후 근무한 기간이 1년이 되지 않는다고 하더라도 당해 기간에 대한 퇴직금이 지급되어야 할 것으로 판단됩니다(퇴직급여보장팀-196, 2007.6.20.).

퇴직급여보장법 시행령 제3조(퇴직금 중간정산 사유)에 해당하지 않는 사유로 회사의 필요에 의해 또는 근로자의 요청에 의해 퇴직금을 지급할 경우 그 퇴직금은 퇴직금으로서 효력이 없어 무효가 되며, 퇴직금은 최초 입사일을 기준으로 산정하여 지급해야 하는 문제가 발생하므로 형식적인 중도 퇴직처리 및 재입사 형식으로 퇴직금을 지급하거나 법에 의한 퇴직금 중간정산 사유에 해당되지 않는 사유로 퇴직금을 중간정산하여 지급하는 사례가 발생하지 않도록 주의해야 할 것이다.

## 4대 보험처리

일단 퇴직을 하게 되면 국민연금, 건강보험, 고용보험, 산재보험 등 4대 보험에 대한 상실신고를 해야 하며, 4대 보험 퇴직정산, 연차정산 등의 정산과정도 거쳐야 하고, 다시 재입사 하게 될 경우 상실신고한 4대 보험에 대한 취득신고를 진행해야 하는 번거로움이 발생한다.

## 근로소득세 처리

중간에 퇴사하면 중도퇴사자 연말정산을 실시한 후 근로소득세를 신고·납부 해야 하며, 연말정산 시에도 중간퇴사자에 대한 연말정산을 진행해야 하므로 여러 가지로 번거로울 수밖에 없다.

## 분쟁의 씨앗이 된다.

물론 회사 측에서 근로자의 편의를 보아 퇴직금을 미리 정산해 준 것이나, 사용 관계가 종료되지 않고 지급된 금액은 퇴직금으로 볼 수 없어 혹시라도 근로자가 퇴직금을 받은 적이 없으니 퇴직금을 지급해 달라고 할 경우 퇴직금 지급에 관한 분쟁이 발생할 여지가 있다. 따라서 퇴직금 중간정산을 위해 퇴직 후 재입사 처리를 하는 경우 회사입장에서 피해를 줄이기 위해서는 근로자에게 사직서를 제출받고, 4대 보험 상실신고를 통해 4대 보험 정산을 한 후 퇴직금을 지급하는 방법을 채택한다. 또한 근로자에게는 퇴직처리 후 재입사하는 것이므로 재입사 이후 1년 안에 퇴사 시 퇴직금이 발생하지 않는다는 점도 알려주어야 한다.

# 30 퇴직연금(DB, DC)의 납입금액

## 확정급여형(DB형) 퇴직연금의 납입

확정급여형 퇴직연금(DB형)의 납입액은 일반적인 퇴직금의 계산방식과 같다고 보면 된다. 즉, 30일분의 평균임금 × 계속근로연수의 금액을 납입한다고 보면 된다.

## 확정기여형(DC형) 퇴직연금의 납입

퇴직급여법에 따르면 DC형 퇴직연금제도를 설정한 회사는 근로자의 연간 임금총액의 1/12 이상에 해당하는 부담금을 가입자의 DC형 퇴직연금 계정에 납입해야 하며, 이에 DC형 퇴직연금제도를 설정한 회사는 매년 1회 또는 매월 정기적으로 부담금을 납입해야 한다. 즉, 퇴직 시 평균임금으로 계산하여 퇴직급여를 산정하지 않는다.

여기서 임금은 근로기준법 제2조에서 정의된 '사용자가 근로의 대가로 근로자에게 임금, 봉급, 그 밖에 어떠한 명칭으로든지 지급하는 일체의 금품'을 말한다.

따라서 기본급과 장기근속 수당, 직책수당, 초과근무수당(연장근로,

야간근로, 휴일근로), 연차수당(연차휴가미사용 수당의 경우 전전년도 출근율에 따라 전년도에 발생한 연차휴가 미사용분을 올해 지급받은 것이라면 이를 임금총액에 포함)은 임금총액에 포함한다.

반면, 학자금과 의료비, 교통비의 경우, 자녀의 입학금이나 등록금에 대해 실비지원 또는 의료실비를 지원하고, 실제 업무에 드는 교통비를 정산하는 차원이라면 실비변상적 성격의 금품으로 임금총액에 포함되지 않으나, 취업규칙이나 근로계약을 통해 지급요건과 지급율을 정해 고정적으로 일정 금액을 지급한다면 이는 임금총액에 포함된다. 또한 사용자가 포괄임금제를 이유로 법정수당에 미달하는 금액을 기준으로 산정한 임금총액에 따라 DC형 부담금을 납입한 경우라면 법정수당을 포함한 임금총액을 기준으로 부담금을 산정·납입 해야 한다. 즉, 포괄임금제도를 채택하는 회사가 포괄임금을 이유로 법정수당에 미달하는 임금을 지급했다고 하더라도 법정수당을 기준으로 산정·납입 해야 한다.

$$총 부담금 = \frac{(각 연도별 계약 연봉 + 연차휴가수당 + 기타 지급 상여금, 수당 등)}{12}$$

연차수당 : (전전년도 출근율에 따라 전년도에 발생한 연차휴가 미사용분을 올해 지급받은 것 + 1년 미만 연차휴가 미사용 수당) × 3 ÷ 12

# 31 퇴직금 등 지연이자

근로기준법 제37조 제1항은 근로기준법 제36조에 따른 금품을 14일 이내에 청산하지 아니한 경우 그다음 날부터 지급하는 날까지 대통령령으로 정하는 이율에 따른 지연이자를 지급하라고 되어 있다.

다만, 동조 제2항은 천재사변, 그 밖에 대통령령으로 정하는 사유 발생시 지연이자 규정을 적용하지 않는다고 되어있다.

## 지연이자률

### ⇨ 민법 5% 이자가 적용되는 금품

임금 외에 금품에 대해서는 14일이 지나더라도 민법에 규정된 5%의 지연이자가 발생하게 된다. 예를 들어 교통비, 실비변상 성격의 식대가 이에 해당한다.

### ⇨ 근로기준법 20% 이자가 적용되는 금품

임금의 경우는 14일이 지나면 20%의 지연이자가 발생하게 된다. 퇴직금은 사후적 임금에 해당하므로 당연히 20%의 가산이자가 발생하

게 된다. 어떠한 금품이 임금에 해당하는지? 여부는

① 근로의 대상으로

② 계속적, 정기적으로 지급되고

③ 그 지급에 관하여 사용자에게 지급의무가 지워져 있다면 그 명칭 여하를 불문하고 임금에 해당하게 된다.

## 지연이자 계산방법

**지연이자 계산식 = 지연된 임금 × 20% × 지연일/365**

예를 들면 퇴직금이 500만원인 근로자가 5일간 퇴직금 지급이 지연 되었다면 지연이자는?

계산식 = 500만 원 × 20% × 5/365 = 13,698원, 즉 사용자에게 퇴직금 500만 원과 별도로 지연이자 13,698원을 청구할 수 있다.

당사자 간 합의로 지급기일을 연장했더라도 지연이자 지급의무를 면 할 수 있는 것은 아니다.

# 32 퇴사할 때 인수인계

퇴직 시 업무 인수인계에 대해서는 근로기준법 등 노동관계법령에서 별도 규정되어 있지 아니하므로, 퇴직자가 업무의 인수인계 없이 퇴직한다고 하더라도 노동관계법령상 위법은 아니다. 다만, 근로자가 인수인계 절차도 없이 갑작스레 퇴직하는 경우 회사 측에서는 근로자를 상대로 민법상의 채무불이행을 이유로 하는 손해배상 등을 청구할 수 있으므로, 인수인계 기간에 대해서는 회사 측과 협의를 통해 결정하는 것이 좋다.

퇴사는 민법에 따라 근로자가 퇴사의 의사를 밝히고, 사용자가 이를 수용할 경우 바로 효력이 발생한다.

그러나 사용자가 이에 대해 거부할 때는 30일이 지나야 사직의 효력이 발휘된다. 이 기간동안 일반적으로 인수인계가 이루어지며, 근로자는 사용자와 맺는 근로계약에 따라 의무를 성실하게 이행해야 한다.

1월이 경과 후 해당 근로자는 사용자와의 근로계약 관계가 종료되며 이후에는 인수인계 및 관련된 업무, 출근의 의무가 없으므로 이에 대한 법적 책임은 발생하지 않는다. 다만, 회사에 손해를 끼쳤을 경우 소송을 통해 회사가 손해배상청구를 할 수는 있다.

## 사직서 제출 후 다음 날 바로 안 나오는 경우

퇴직 1월 전 사전 통보 부분은 사전 협의 또는 배려에 따라 진행되는 부분이지, 실제로 근로자가 다음 날 퇴사하겠다고 전달하고 실제 출근하지 않을 때는 이를 제재할 법적 근거는 없다.

이는 근로기준법에서 강제근로를 금지하고 있기 때문이다. 만일 근로자의 즉시 퇴사로 인해 사용자 측에서 물질적 피해가 발생했다면, 민사소송을 통해 해당 근로자에게 손해배상을 청구할 수는 있지만, 사용자는 자신에게 발생한 손해를 구체적으로 입증해야 하고 정식으로 민사소송절차를 진행해야 한다. 물론 근로자는 무단결근 기간에 대해 평균임금 산정 기간에 포함돼, 퇴직금에 대한 불이익이 발생할 수 있다.

## 근로계약서에 인수인계 조항을 기재하는 경우

보통 근로계약서 또는 별도 서약서 등을 통해 퇴사 30일 전, 또는 60일 전에 퇴사 의사를 표명하고 인수인계를 성실히 수행한다는 식의 문구를 삽입하는 경우가 있다.

이는 상위법률 우선의 원칙 등에 따라 단순 협의 정도 수준으로밖에 볼 수 없다. 다만 상호협의를 통해 정한 일자 이전에 퇴사 의사를 표명하고 인수인계를 진행하지 않을 때는, 회사가 입은 손해에 대해 손해배상청구를 할 수는 있으나, 회사 측에서 이에 대한 피해를 구체적으로 입증할 수 있어야 한다.

# 33 직원 퇴직 후에도 보관해두어야 할 서류

## 계약서류 보존 의무

| 퇴사의 절차 |
| --- |
| 사직서를 제출받는다. |
| 4대 보험 상실신고를 한다. |
| 퇴직금과 급여정산을 한다. |
| 출입카드를 회수한다. |
| 원천징수영수증과 각종 증명서 (재직증명서, 경력증명서, 급여명세서 등)를 발급한다. |

근로기준법 제42조에서 회사는 근로자명부와 근로계약에 관한 중요한 서류(근로계약서, 임금대장, 임금의 결정·지급 방법과 임금계산의 기초에 관한 서류, 고용·해고·퇴직에 관한 서류, 승급·감급에 관한 서류, 휴가에 관한 서류 등)를 3년간 보존하도록 하고 있다. 이는 근로기준법상 임금채권의 소멸시효가 3년이라는 점에서 임금과 관련한 분쟁이 발생할 때는 관련 서류에 대한 입증책임이 사용자(회사)에게 있으므로 이를 법정 보존서류로 정하고 있는 것이며, 만일 이를 위반해 관련 서류를 보존하고 있지 않은 경우 500만 원 이하의 과태료 처분을 받는 것 이외에 관련 분쟁에 있어서 불리한 입장에 처할 수 있으므로 반드시 근로계약과 관련한 중요한 서류를 보존해

야 한다. 특히, 근로자명부와 근로계약서, 임금대장, 퇴직 관련 서류 등은 해당 근로자가 회사를 퇴직한 날부터 기산해 3년간 보존해야 하므로, 해당 서류를 반드시 보존해야 하고, 고용노동부 근로감독이 실시되는 경우에도 마찬가지로 3년간 서류까지 점검하게 된다는 점 도 유의해야 한다.

• 근로계약서
• 임금대장
• 임금의 결정 · 지급방법과 임금계산의 기초에 관한 서류
• 고용 · 해고 · 퇴직에 관한 서류
• 승급 · 감급에 관한 서류
• 휴가에 관한 서류
• 승인 · 인가에 관한 서류
• 서면 합의 서류
• 연소자의 증명에 관한 서류

## 사용증명서

근로자가 퇴직한 후에 새로운 직장에 재취업을 위하여 이력서를 작 성할 경우, 이전에 근무한 직장의 사용자가 근무경력 등을 증명하는 서류를 사용증명서라고 한다. 근로기준법 제39조에서는 "사용자는 근 로자가 퇴직한 후라도 사용 기간, 업무 종류, 지위와 임금, 그 밖에 필요한 사항에 관한 증명서를 청구하면 사실대로 적은 증명서를 즉 시 내주어야 한다."고 규정하고 있다. 퇴직 이유나 경영진의 판단과

관계없이 근로자가 일했던 경력을 인정받을 수 있다.

퇴직에는 임의퇴직(사직)뿐만 아니라 해고, 계약기간의 만료 등 모든 근로관계의 종료가 포함된다. 그렇다고 사용증명서를 꼭 퇴직 이후에 신청할 수 있는 것은 아니다. 재직 중에도 이직을 위해 사용증명서 발급을 요청할 수 있다. 회사는 이에 응해야 한다.

사용증명서에는 근로자의 퇴사 이유가 들어갈 수 있다. 그런데 퇴사 이유가 이직하는데, 악영향을 끼칠 수 있는 내용이라면 어떨까. 근로자를 채용하려는 회사에서 판단할 문제지만, '사내 직원과의 불화로 인한 권고사직' 같은 내용이라면 근로자에게 불리하게 작용할 수 있다. 이때 근로자는 이런 부분을 빼고 사용증명서를 발급해달라고 요청할 수 있다. 근로기준법은 사용증명서에 '근로자가 요구한 사항만 적어야 한다.'고 규정하기 때문이다.

회사가 사용증명서를 내어주지 않는다면 500만 원 이하의 과태료를 부과받을 수 있다. 또한 '근로자가 요구한 사항'만 기입하지 않고 다른 내용까지 넣는다면 과태료 대상이다.

사용증명서를 청구할 수 있는 근로자는 해당 회사에서 30일 이상 근무한 근로자에 한정되므로 1개월 미만 근무한 근로자가 사용증명서를 청구하더라도 회사는 반드시 발급할 의무가 있는 것은 아니다. 또한, 퇴직 근로자가 회사에 사용증명서를 청구할 수 있는 기한은 퇴직 후 3년 이내로 한정되는데, 이는 근로기준법상 사업주가 퇴직 근로자에 대한 서류를 보존하는 기간이 3년으로 정해져 있기 때문이다. 그러나 실무적으로는 대부분 회사가 그 이전의 경력에 대해서도 사용증명서를 발급하는 것이 일반적이다.

# 34 4대 보험료율

| 구 분 | 부담해야 할 금액 | | 부담 주체 | 실무상 납부방법 |
|---|---|---|---|---|
| 근로 소득세 | 매월 총급여 – 비과세 급여와 부양가족 수에 해당하는 간이세액표 금액납부 후 연말정산 | | 근로자가 전액부담 | 간이세액표의 80%, 100% 120% 선택납부 |
| 지방 소득세 | 근로소득세의 10% | | 근로자가 전액부담 | 근로소득세의 10%를 시·군·구에 납부 |
| 국민연금 | 사용자 | (급여 – 비과세 급여) × 4.5% | 사업주 | 고지금액으로 납부 |
| | 근로자 | (급여 – 비과세 급여) × 4.5% | 근로자 | 연말정산 없음 |
| 건강보험 | 사용자 | (급여 – 비과세 급여) × 3.545% | 사업주 | 일반적으로 고지금액으로 납부 후 연말정산 |
| | 근로자 | (급여 – 비과세 급여) × 3.545% | 근로자 | |
| | 건강보험료와 별도로 장기요양보험료를 (급여 – 비과세 급여) × 3.545% × 12.81%을 사용자와 근로자가 각각 납부 | | | |
| 고용보험 | 사용자 | (급여 – 비과세 급여) × 일정율 | 사업주 | 일반적으로 고지금액으로 납부 후 연말정산 |
| | 근로자 | (급여 – 비과세 급여) × 0.8% (2022년 7월부터 0.9%) | 근로자 | |
| 산재보험 | 사용자 | 산재보험료율 | 사업주 | 납부 후 연말정산 |
| | 근로자 | – | 없 음 | |

**건강보험료율** : 2021년 6.86%에서 2022년 6.99%, 2023년 7.09%로 변경(사업주 근로자가 각각 1/2 부담)

**장기요양보험료율** : 2021년 11.52%에서 2022년 12.27% 2023년 12.81%로 변경((급여 - 비과세 급여) × 3.545% × 12.81%)

**고용보험료율** : 2021년 1.6%에서 2022년 7월부터 1.8%로 변경(사업주 근로자가 각각 1/2 부담)

2022년 9월부터는 건강보험 소득월액보험료 개편으로 소득기준 3,400만 원에서 2,000만 원으로 변경되어 직장가입자 및 사업자의 건강보험부담이 대폭 증가

4대 보험 산정기준인 소득 = [기본급 + 성과급 + 시간외수당 + 연구수당 + 기타 수당] - [식대(월 20만원) + 보육수당(월 10만원) + 연구수당(월 20만원)]


4대 보험은 평소에 공단의 고지금액으로 공제하는 방법과 요율에 따라 공제하는 방법 중 하나의 방법을 선택해서 사용한다.

다만 고지금액으로 납부하는 방법이 편리함으로 인해 이 방법을 실무에서는 많이 사용한다.

하지만, 건강보험과 고용보험의 경우 퇴사자는 퇴직정산, 계속근로자는 연말정산을 거쳐 최종 부담액이 확정되는데, 이때는 요율에 의해 정산이 이루어진다.

결국 매달 고지금액은 확정된 금액이 아니며, 최종결정은 퇴직정산이나 연말정산을 통해 확정된다.

따라서 급여변동 시 보수월액변경 신고를 한 경우는 매달 납부하는 금액과 연말정산 금액의 차이가 크지 않을 수 있다.

# 35 근로자 수에 상관없이 적용되는 노동법

## 최저임금

최저임금은 최저임금법에 위해 근로자 수에 상관없이 적용된다.

## 근로계약서 작성

근로자를 채용할 때 근로계약서를 작성하고, 1부를 근로자에게 줘야한다.

특히 아르바이트 일용직 근로자의 근로계약서를 작성하지 않는다면, 즉시 과태료가 부과되니 꼭 작성해야 한다.

## 유급 주휴일 부여

주 소정근로시간 15시간 이상인 근로자가 일주일 소정근로일을 개근한 경우 1일의 유급 주휴일을 줘야 한다.

월급제 근로자의 경우 주휴수당이 월급에 포함된 것으로 보나, 시급제나 일급제의 경우 주휴수당이 시급이나 일급에서 포함되지 않았으므로 주휴수당을 별도로 계산해 지급해야 한다.

## 퇴직금 지급

2010년 12월 1일 이후부터 1년 이상 근무한 직원은 모두 퇴직금 지급대상이 된다.
임원의 경우 직원과 달리 임원 퇴직금 지급 규정에 의해 퇴직금을 받는다.

## 4대 보험 가입

4대 보험은 일정한 요건을 갖출 때는 근로자 수나 고용 형태에 상관없이 모두 가입해야 한다.

## 해고예고

해고는 사유와 상관없이 할 수 있다. 다만 해고 30일 전에 해고를 예고하거나 해고예고 수당을 지급할 의무가 있다.

## 출산휴가와 육아휴직

출산과 육아휴직 보장과 같이 모성을 보호하는 법 규정을 지켜야 한다.

**쉽게 배우는 인사쟁이 노무관리 교과서**

지은이 : 손원준

펴낸이 : 김희경

펴낸곳 : 지식만들기

인쇄 : 해외정판 (02)2267~0363

신고번호 : 제251002003000015호


제1판 1쇄 인쇄 2022년 02월 14일

제1판 1쇄 발행 2022년 02월 25일

제2판 1쇄 발행 2023년 01월 09일


값 : 16,000원

ISBN 979-11-90819-17-6 13320

본도서 구입 독자분들께는 비즈니스 포털

이지경리(www.ezkyungli.com)

1개월 이용권(2만원 상당)을 무료로 드립니다.

구입 후 구입영수증을 팩스 02-6442-0760으로 넣어주세요.

K.G.B

지식만들기

이론과 실무가 만나 새로운 지식을 창조하는 곳

서울 성동구 금호동 3가 839 Tel : 02)2234~0760 (대표) Fax : 02)2234~0805